예禮의 패턴:
조선시대 문서 행정의 역사

고문서연구총서 — 3

예禮의 패턴:
조선시대 문서 행정의 역사

박준호 지음

소와당

국립중앙도서관 출판시도서목록(CIP)

예의 패턴 : 조선시대 문서 행정의 역사 / 박준호 지음. – 서울 : 소와당, 2009
 p. ; cm. – (고문서연구총서 ; 3)

참고문헌과 색인수록
ISBN 978-89-960638-1-0 93910 : ₩20000

고문서[古文書]
문서 행정[文書行政]
조선 시대[朝鮮時代]
911.0091-KDC4
951.9002-DDC21   CIP2009002171

고문서연구총서는 고문서학의 발전을 기대하며 기초적인 연구 성과를 시리즈로 묶은 것입니다. 소와당笑臥堂에서는 본 총서의 취지에 맞는 새로운 연구 성과나 탁월한 학위논문의 출간 의뢰를 상시 접수합니다.

책을 내면서

이 책은 전통시대 문서 형식이 패턴화되는 법칙성으로, 시대에 따른 공문서 행정 체제의 변화 과정을 예제禮制를 중심으로 설명한 것이다.

이 책의 가치는 조선 초기 『홍무예제』의 문서 행정 체제를 기준으로 그 이전과 그 이후의 문서 행정 체제를 비교사적으로 정리한 데 있다. 그 결과 『경국대전』 문서 행정 체제의 효율적인 특징을 설명할 수 있게 되었다.

이 연구 성과로 조선시대의 문서 행정이 100년 가까운 시행착오와 고민을 통해 구축한 제도적 시스템의 구현이며, 문서 행정을 통해 효율적인 국가 통치 시스템을 정비하였다는 점을 명시하고자 한다. 더불어 조선 시대의 행정 체제는 굳이 내재적인 발전 과정이 있었다는 것을 주장하지 않더라도, 우리나라에서 조선시대의 전근대적이고 비효율적인 문서 행정이 단절되면서, 일본식日本式의 효율적 근대 공문서가 유입되었다는 막연한 추측성 결론을 미연에 방지하였으면 한다.

앞으로는 효율적인 체계를 구축한 조선의 행정 조직이 국가 위기 상황에서 보여주는 현실 대응 방식에 대해 연구하고자 한다. 오늘날 제기되는 행정 혁신에 대한 역사적인 근거 자료가 충분히 밝혀지고, 그 효용성이 설명되기를 바라는 마음에서 이 같은 생각을 하게 되었다.

끝으로 이 책이 나올 수 있도록 도움을 주신 분들께 깊이 감사드리고자한다. 지도교수이신 영산瀛山 박병호朴秉濠 선생님께서는 진정한 학자로서의 모습을 보여주시면서 늘 학문의 길을 일깨워주시고 인도해 주셨다. 선생님께서 인도해주지 않으셨다면 애초부터 이러한 연구는 불가능하였을 것이다. 2000년 고문서학개

론 수업을 마치고 수결手決을 전공하겠다고 찾아뵈었을 때 당신께서 찾아 놓은 많은 논문 자료를 아낌없이 주셨던 기억이 아직도 눈에 선하다.

아주 어려운 출판계의 상황에서 소와당 류형식 사장님은 전혀 상업적이지 않은 책을 출간하고자 하니, 출판 강국의 전통을 잇는 묵묵한 선구자가 아닐까 한다.

시골에 계신 부모님과 가족에 이 책을 보여드릴 수 있게 되어 더욱 감사하고 감사할 뿐이다.

2009년 여름
박준호

차 례

책을 내면서 6

【 그림으로 보는 시대별 문서의 패턴 변화 】................... 11

1. 통치의 기술 31

2. 복잡한 행이 방식 - 고려시대 문서 행정 37
    『고려사』「공첩상통식」의 착명·초압 39
    고려 후기 인사문서 - 사첩 54
    문서 행정의 특징 65

3. 조선화 과정 -『경국대전』이전의 문서 행정 71
    『홍무예제』체제의 도입 73
    공문서의 종류와 형식 78
        계달문서啓達文書 78
        하달문서下達文書 81
        상달문서上達文書 88
        평달문서平達文書 89
    인사 행정 문서 92
    문서 행정의 특징 117

4. 관·첩정 중심 체제 - 『경국대전』 이후의 문서 행정　125
『경국대전』 체제의 문서 행정　127
증시문서의 행이 체제　130
해유문서의 행이 체제　147
문서 행정의 특징　172

5. 문서 행정과 서명　179
예제체식으로서 착명·착압　181
『홍무예제』「서압체식」의 서명 방식　187
조선시대 법전 공문서식과 착명·착압　197
　『경국대전』　197
　『전률통보』　212

6. 예禮의 패턴 - 고문서학에 있어서 예의 문제　219

부록　227
국문초록 / 도판목록 / 표목록 / 참고문헌 / 찾아보기

【 그림으로 보는 시대별 문서의 패턴 변화 】

●―『홍무예제』체제

고첩故牒

조선 초기 사첩謝牒(사령장). 1403년(태종 3) 정전鄭悛을 통덕랑通德郞(종5품) 사간원司諫院 좌헌납左獻納 지제교知製敎에 임명하는 문서이다. 이 고첩은 『홍무예제』 체제를 수용한 조선 초기에만 한시적으로 사용되었던 것으로 뒤에 상급 관부에서 하급 관부에 하달하는 공문서이다. 『경국대전』 체제 이후에는 관關으로 바뀌게 된다.

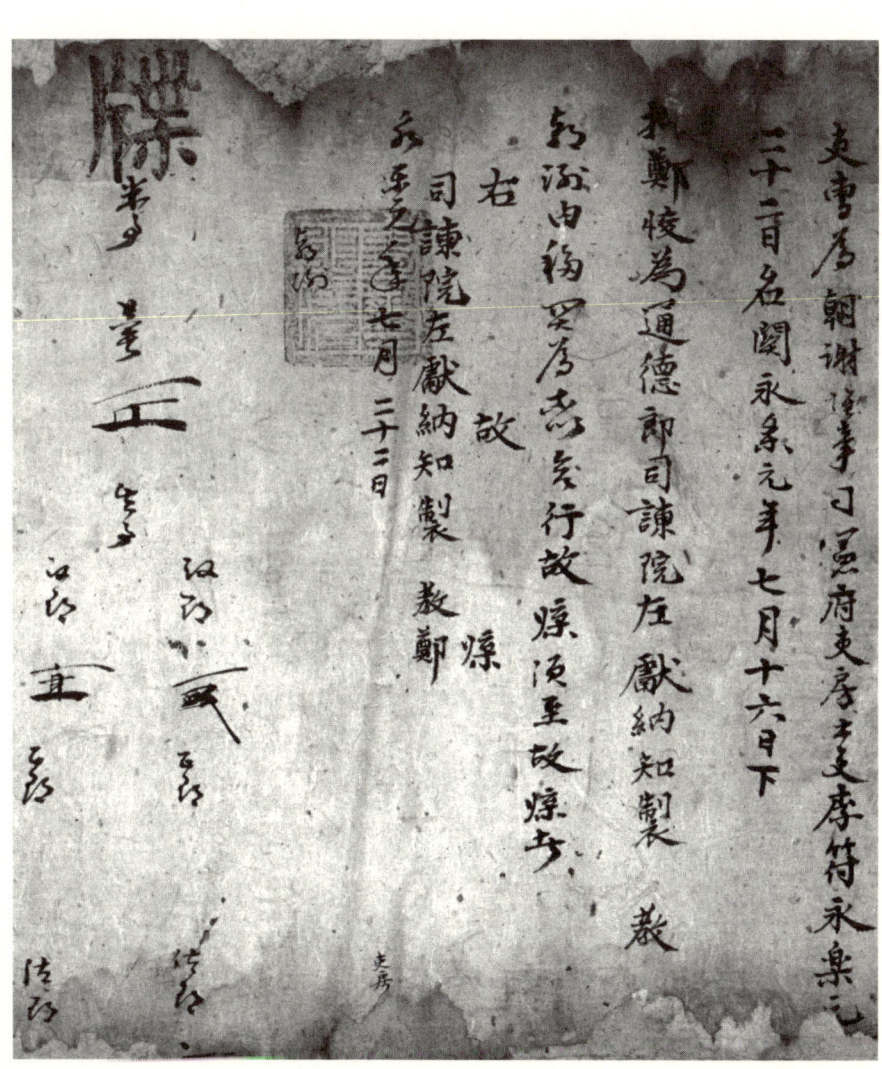

● ―『홍무예제』체제

관關

조선 초기 사첩謝牒(사령장). 1413년(태종 13) 정전鄭悛을 통정대부通政大夫 성균관成均館 대사성大司成에 임명하는 문서이다. 관關은 『홍무예제』체제로부터 시작해서 갑오경장 이후 공문식이 변화될 때까지 지속적으로 사용된 조선의 대표적인 공문서이다. 동급의 관부에서 문서를 주고 받을 때, 상급 관부에서 하급 관부로 문서를 하달할 때 사용하였다.

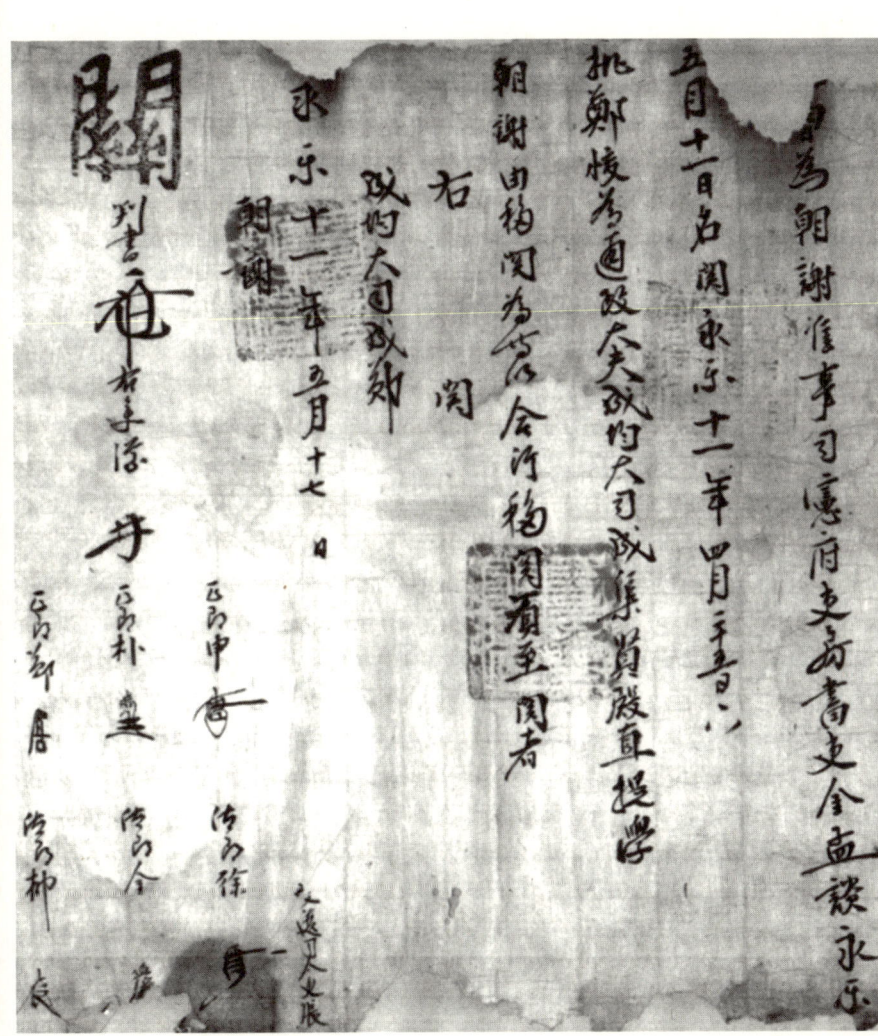

◉―『홍무예제』 체제

하첩下帖

조선 초기 사첩謝牒(사령장). 1423년(세종 5) 이점李點을 영천유학교도永川儒學敎導에 임명하는 문서이다. 하첩은 가장 말단의 관원 등에게 내리는 지시 명령서로, 역시 『홍무예제』 체제부터 사용된 조선의 대표적인 공문서 중에 하나이다.

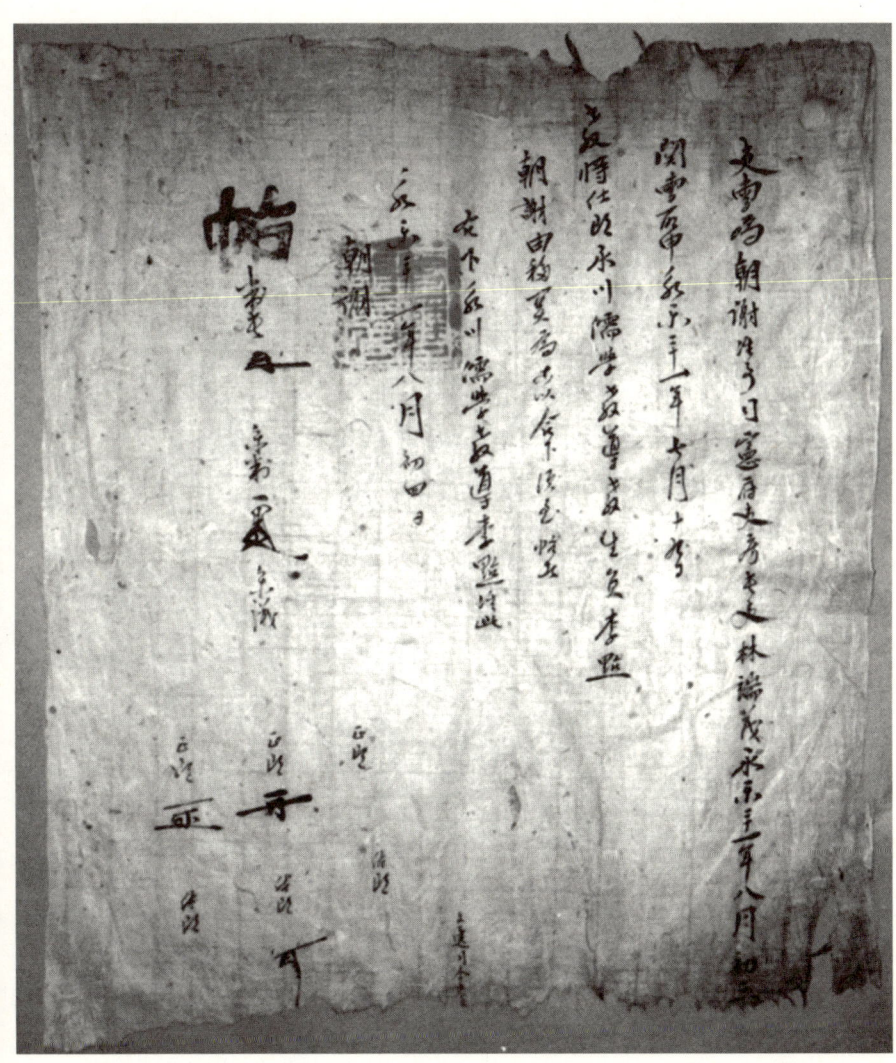

◉─『홍무예제』와 『경국대전』 사이의 과도기

첩牒

세조 연간의 인사문서. 1457년(세조 3) 배임裵袵을 진용교위進勇校尉에 임명하는 첩牒이다. 이 첩은 세조 연간에만 사용된 인사문서로『홍무예제』체제와 『경국대전』체제의 과도기적 특징을 보이는 공문서이다. 인사권을 국왕 중심으로 만드는 과정에서 등장한 인사 문서이다. 세조 연간에만 사용된 이러한 첩은『경국대전』체제 이후 〈오품이하고신〉으로 정착된다.

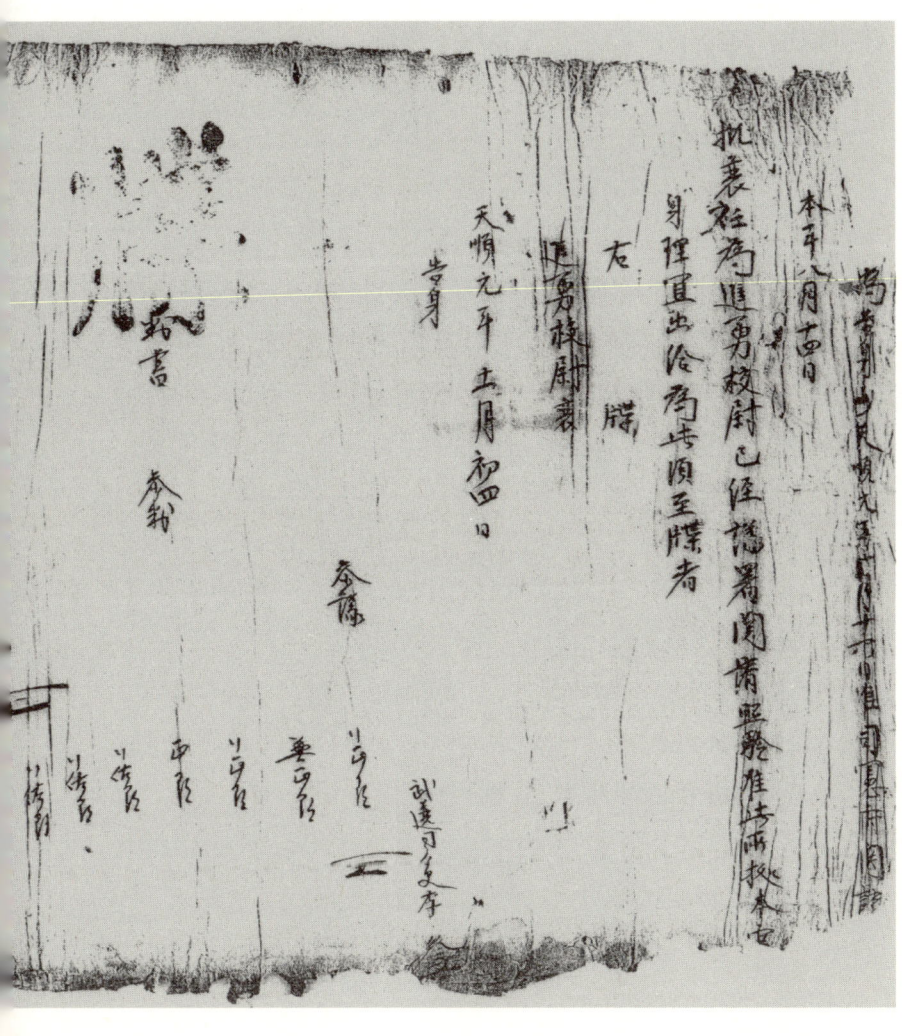

◉─『홍무예제』와 『경국대전』 사이의 과도기

위격違格 오품이하고신五品以下告身

『경국대전』 시행 직후의 위격문서違格文書. 1468년(세조 14) 정옥견鄭玉堅을 종사랑從仕郎에 임명하는 오품이하고신으로, 격식에 어긋난 위격문서이다. 『경국대전』 시행 후에도 초기에는 이처럼 법전 규정에 어긋나는 위격문서가 작성되었다. 하지만 위격문서는 차츰 사라지고 그 형식은 정형화되었다.

† 위격의 내용
 1. 이조에서 봉교한 날짜가 빠져있다.
 2. 문서에 결재한 이조 관원 중에 참판參判은 착압을 하였고, 정랑正郎은 착명을 하였는데, 오품이하고신에는 착명을 해야한다.

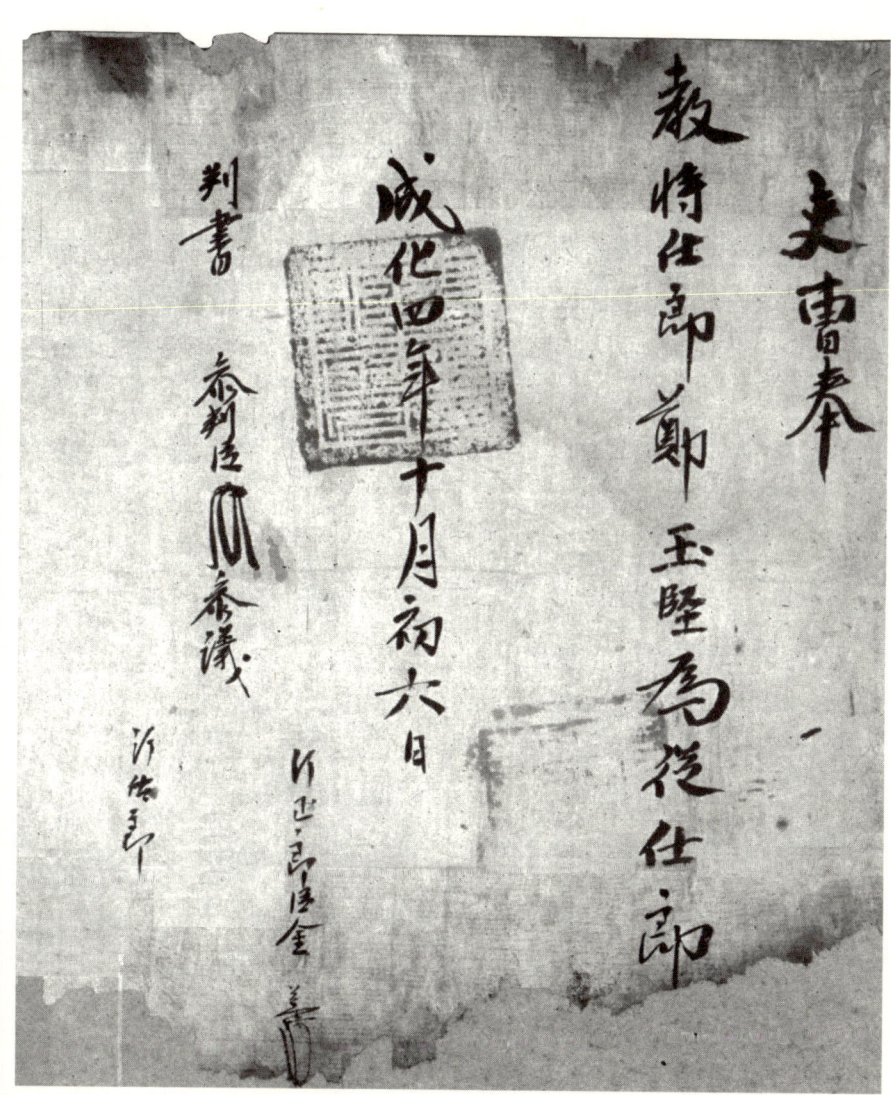

●─『경국대전』체제

오품이하고신 五品以下告身

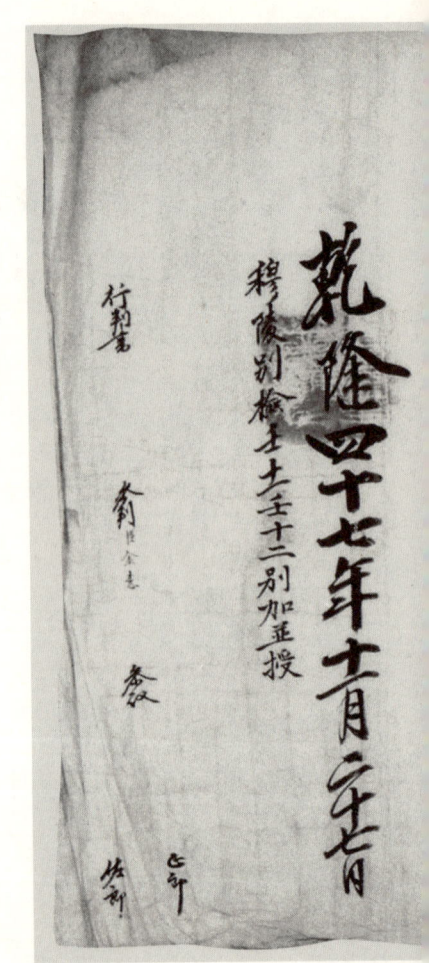

『경국대전』체제 이후의 인사문서. 1782년 (정조 6) 김치광金致光을 선무랑先務郞에 임명하는 오품이하고신五品以下告身이다. 『경국대전』시행 이후 작성된 인사 문서로 교지敎旨함께 인사문서의 정형화된 형식이다.

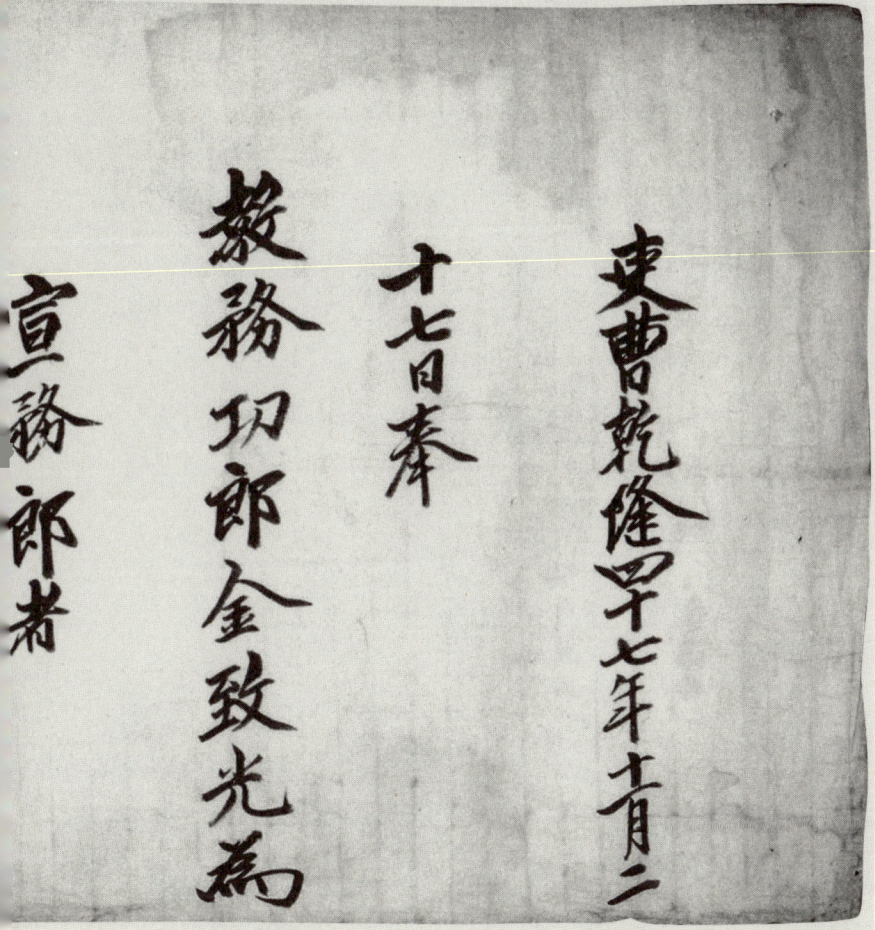

吏曹乾隆四十七年十二月二
十七日奉
教務功郎金致光爲
宣務郎者

●―『경국대전』 체제

관關

『경국대전』 체제의 평달·하달문서. 1756년(영조 32) 부평도호부사富平都護府使가 청산현감靑山縣監에게 통보한 관關으로, 청산현에 사는 한량 박만갑이 본영 중군에 자망하였다는 내용이다.

『경국대전』의 행정 공문서 체제는 관關·첩정牒呈을 중심으로 편성되었고, 그 중 관은 동급 관부 사이에서 주고 받거나 상급 관부에서 하급 관부에 문서를 하달할 때 사용하였다.

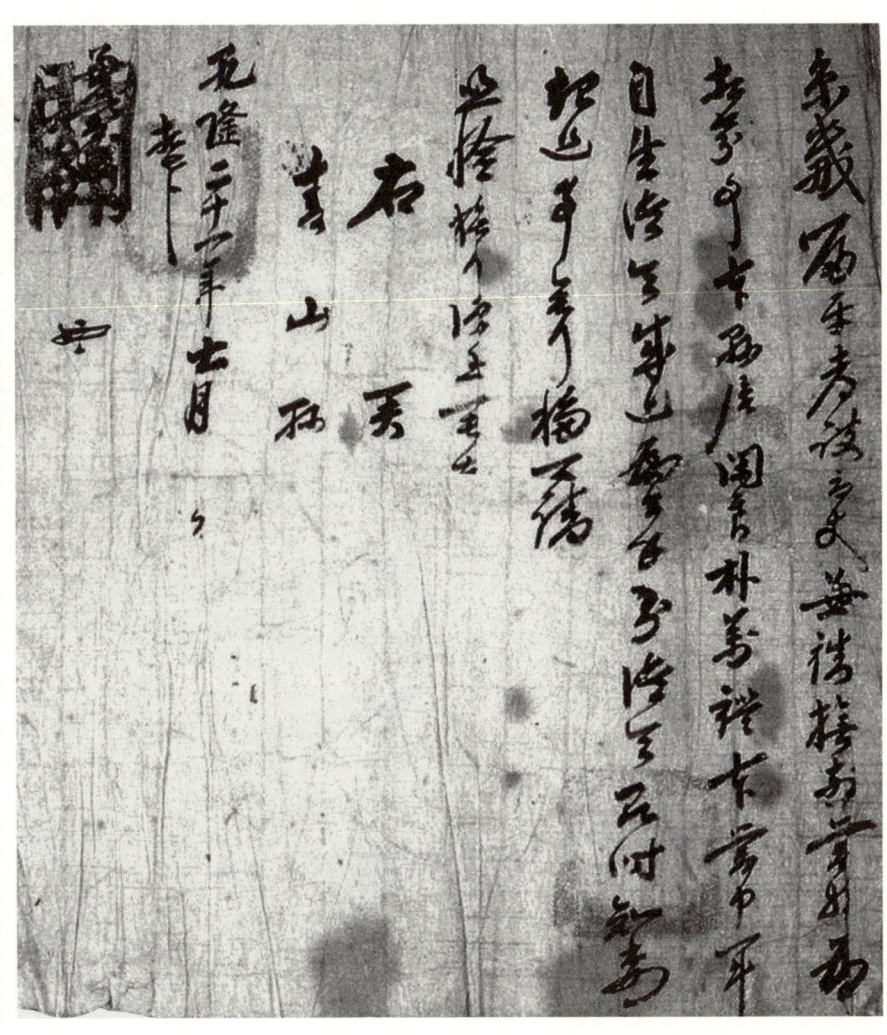

◉―『경국대전』 체제

첩정牒呈

『경국대전』 체제의 상달문서. 1889년 (고종 26) 안산군수安山郡守가 도순찰사都巡察使에게 보고한 첩정牒呈으로 월식에 대한 내용이다. 첩정은 관과 함께 조선에서 중추적으로 사용된 공문서로, 하급 관부에서 상급 관부에 문서를 보낼 때 사용하였다.

安山郡守爲牒報事今月十六日庚寅曉望月有食之
時依例看望救食而雲暗不見故食體多火不得
圖畵上使緣由牒報爲去乎粘移該曹爲乎爲
行牒呈伏請
照驗施行須至牒呈者
　右　牒　呈
都巡察使

●―『경국대전』체제

하첩下帖

『경국대전』체제의 하달문서. 갑인년甲寅年 현감縣監이 유학幼學 이정규李正圭에게 하달한 하첩下帖이다. 읍무邑務로 의논할 일이 있으니 향청鄕廳으로 오라는 내용이다. 하첩은 미관말직의 하부 조직에 하달하는 일방적인 지시 명령서였다. 『홍무예제』 체제부터 『경국대전』 체제까지 계속 사용되었다.

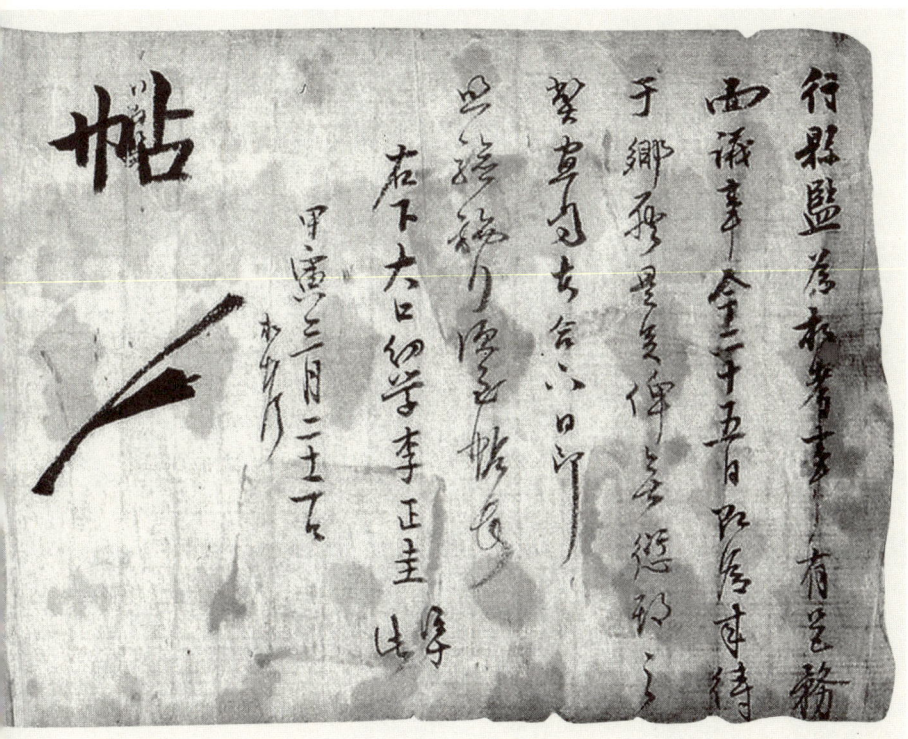

1

통치의 기술

하나의 국가 체제가 잘 유지되기 위해서는 상부 위정자의 정책적 결정 사항과 그 의지가 하부 구조에까지 왜곡 없이 전달되고, 그 전달된 내용이 제대로 실현되며, 그 실현된 최종 결과가 다시 상부 구조에 보고되는 과정이 원활해야 할 것이다. 마치 심장을 중심으로 혈관을 따라 온 몸에 혈액이 전달되는 것과 비슷한 모습이라고 할 수 있을 것인데, 중간 단계에서 외부든 내부든 모종의 문제점이 발생할 경우 전체적인 관계성을 깨는 심각한 결과가 발생할 수도 있을 것이다.

예나 지금이나 정책적 결정 사항은 오로지 행정 문서를 통해 시행되었기 때문에 행정 관료들은 가능한 모든 수단과 방법을 강구하여 행정 문서의 체계를 효율적으로 운용하고자 노력하였다. 현재 남아있는 전통시대의 행정 문서를 살펴보면 이러한 일련의 노력을 이해하는데 별 어려움이 없다.

임진왜란이라는 초유의 국난을 겪고 있을 때조차 의주까지 피란을 갔던 선조宣祖(1552~1608)는 유지有旨라는 공문서를 통해 최전선에 있는 조선 관료들에게 명령을 하달하였고, 그 명령을 받은 이들은 또한 전선의 상황을 장계狀啓와 같은 문서로 수시 보고하였다. 지금까지도 안동 하회의 류성룡 柳成龍(1542~1607) 종가인 충효당忠孝堂에는 선조로부터 류성룡에게 하달된 유지가 수십 점 전하고 있을 정도이다.

그렇다면, 고려나 조선의 관료들은 어떤 방식의 행정 문서 체계를 만들고 운용하였을까.

그간『홍무예제洪武禮制』가 문서 행정의 역사에서 차지하는 의미가 제대로 규명되지 않았을 때는 그 특징을 밝히기에 어려운 점이 많았다. 하지만 최근『홍무예제』와 조선 초기 공문서 시스템에 대한 일련의 연구가 집적되면서,『홍무예제』를 사이에 둔 이전 고려시대의 문서 행정과 이후 조선시대『경국대전經國大典』의 문서 행정 체제의 특징이 비교사적으로 정리될 수 있었다.

본 연구는 바로『홍무예제』를 정점에 두고 "고려 – 조선 초기 – 조선 중기"로 이어지는 문서 행정 역사의 특징을 서술한 것이다.

고려시대의 문서 행정은『고려사高麗史』「공첩상통식公牒相通式」의 내용을 통해 그 면모를 파악할 수 있고, 이를『홍무예제』의 문서 행정 체제와 비교했을 때 두 가지 특징으로 압축된다. 하나는 고려시대가 초기에는 당송제唐宋制를 따르다가, 원元 간섭기 이후 원제元制에 기초하는 문서 행정 시스템을 운영하였다는 것이다. 또 하나는 그럼에도 고려적인 문서 행정은『홍무예제』체제보다는 문서 행정의 효율성이 떨어진다는 것이다.

조선 초기는 명제明制를 수용하여『홍무예제』에 기초하는 문서 행정 시스템을 구현하였다. 하지만 조선 초기라는 혼란스럽고 어수선한 분위기에서『홍무예제』의 문서 행정 체제는 차츰 조선화되어 가는 과정을 겪고 있었다. 여기에는 조선과 명의 외교 문서 문제와 조선의 왕권과 신권의 대립 구도에서 파생되는 인사 행정 문서의 변화가 시스템 구현에 많은 영향을 주었다. 비록 조선 초기의 문서 행정이 고려시대보다 효율적이었다고 이야기할 수는 있으나, 그 근저에는 아직도 미흡하고 예외적인 조항이 여러 곳에서 보인다.

조선 중기 『경국대전』 체제가 완성되면서 조선의 문서 행정 시스템은 최고의 효율성을 실현한다. 수십 종의 공문서를 관關·첩정牒呈 중심 체제로 압축하였으며, 그 운용도 품계品階 하나만으로 기준을 설정하여 간명한 문서 행정 체제를 수립하게 된다.

그렇다면, 무슨 까닭으로 문서 행정 시스템의 구현이 그토록 어렵고 문제시 되었던 것일까.

지금처럼 단일 기안 문서가 내부 결재와 외부 시행문 등으로 형식적 차별 없이 사용되면 그만인데, 당시에는 그렇지 않았던 것이다. 공문서를 작성하는 관청의 지위와 이를 수령하는 관청의 지위에 따라서 다종한 형식의 문서를 사용하였던 것이고, 이 때문에 각종 법전류에는 끊임없이 문서 형식에 대한 규정을 마련할 수밖에 없었던 것이다.

이러한 문제는 전통적 사회가 상하의 위계에 따라 예식禮式으로 형식을 마련하였기 때문에 발생하였던 것이다. 문서의 형식 요소인 서명署名이나 서체書體, 투식套式, 종이, 인장印章 등 모든 것은 예식에 의거하여 상급자와 하급자를 구분하였다. 그리고 그 구분에는 일관하는 패턴이 있었는데, 이를 "예禮의 패턴"이라고 명명할 수 있다. 고문서학古文書學의 많은 학문적 연구는 결과론적으로 예의 패턴을 실증적으로 규명하는 것이라고 이야기할 수도 있을 것이다.

2
복잡한 행이 방식

고려시대 문서 행정

1. 『고려사』「공첩상통식」의 착명·초압

고려시대의 문서 행정 제도에 관한 연구는 결정적인 실마리를 제공해주는 1차 자료가 부족하여 여러모로 어려움을 겪고 있다. 특히 문헌 기록도 거의 남아 있지 않아서 그 어려움을 가중시키고 있다. 이 같은 상황에서『고려사 高麗史』「공첩상통식公牒相通式」은 부족한 자료를 보완할 수 있는 거의 유일무이한 문헌 기록이라고 할 수 있다.

『고려사』「공첩상통식」에서 정작 가장 많은 내용을 차지하는 것은 관청에 따라 형식을 달리하는 서명署名에 대한 규정이다. 「공첩상통식」에서는 경관京官과 외관外官을 나누어 공문서 행이行移 과정에서 위계位階에 따른 서명 방식을 규정하고 있다.

행이에 따라 서명 방식을 규정한 「공첩상통식」의 내용을 보면, 서명이 문서 행정에서 차지하는 형식적 중요성이 매우 컸음을 쉽게 알 수 있다. 그렇다면 무슨 이유로 문서 행정 제도를 설명하면서 서명 방식에 대한 이야기를 장황하게 하였을까. 이 문제를 풀어내기 위해서는 「공첩상통식」에서 이야기하는 서명 방식에 대한 하나하나의 내용 분석과 정확한 용어 개념의 이해가 선행될 필요가 있다.『고려사』「공첩상통식」경관京官의 내용을 보면 다음과 같다.

내사문하內史門下와 상서도성尙書都省이 육관제조六官諸曹와 칠시七寺·삼감三監에 문서를 출납出納할 때에 문하시랑門下侍郎 이상은 불성초압不姓草押하고, 습유拾遺 이상은 착성초압着姓草押하며, 녹사錄事·주서注書·도사都事·내위內位는 착성명着姓名한다. 육관제조와 칠시·삼감이 삼성三省에 대해서 시랑侍郎과 소경少卿 이하는 구위성명具位姓名하고, 어사御史와 경卿 이상은 착성초압着姓草押한다. 육관제조가 칠시와 삼감에 대해서 원외랑員外郎 이상은 착성초압着姓草押한다. 칠시와 삼감이 육관제조에 대해서 소경少卿 이하는 구함성명具銜姓名한다. 칠사와 삼감이 제서국諸署局에 대해서 승丞과 주부注簿는 착성초압着姓草押한다. 제서국이 칠시와 삼감에 대해서 직장直長 이상은 착성명着姓名한다. 제하국서諸下局署가 삼성과 제조諸曹·식목式目·칠시·삼감에 대해서 직장 이하는 구위성명具位姓名한다. 이부吏部와 대성臺省이 육관제조와 칠시·삼감에 대해서 문하시랑평장門下侍郎平章 이하 습유 이상은 착성초압着姓草押하고, 녹사는 구함성명具銜姓名한다. 이부와 대성이 제서국에 대해서 녹사와 주서는 착초압着草押한다. 제서국이 삼성에 대해서 직장 이상은 구함성명具銜姓名한다.[1]

내용을 보면 잘 알 수 있듯이, 공첩상통의 내용은 문서를 주고받는 과정에서 서명署名의 방식을 설명한 것이다.

여기서는 착명着名·착압着押에 대해서 다양한 이칭이 사용되었는데, 불

---

[1] 內史門下尙書都省 於六官諸曹七寺三監出納 門下侍郎以上 不姓草押 拾遺以上 着姓草押 錄事注書都事內位 着姓名 六官諸曹七寺三監 於三省 侍郎少卿以下 具位姓名 御史卿以上 着姓草押 六官諸曹 於七寺三監 員外郎以上 着姓草押 七寺三監 於六官諸曹 少卿以下 具銜姓名 七寺三監 於諸署局 丞注簿 着姓草押 諸署局 於七寺三監 直長以上 着姓名 諸下局署 於三省諸曹式目七寺三監 直長以下 具位姓名 吏部臺省 於六官諸曹七寺三監 門下侍郎平章以下拾遺以上 着姓草押 錄事 具銜姓名 於諸署局 錄事注書 着草押 諸署局 於三省 直長以上 具銜姓名. 『高麗史』 卷84 志38 刑法1 公式 公牒相通式 京官.

발급 관청	발급자 직위	서명 방식	문서 수령 관청
내사문하·상서도성	문하시랑 이상	불성초압	육관제조·칠시·삼감
	습유 이상	착성초압	
	녹사·주서·도사·내위	착성명	
육관제조·칠시·삼감	시랑·소경 이하	구위성명	삼성
	어사·경 이상	착성초압	
육관제조	원외랑 이상	착성초압	칠시·삼감
칠시·삼감	소경 이하	구함성명	육관제조
	승·주부	착성초압	제서국
제서국	직장 이상	착성명	칠시·삼감
	직장 이하	구함성명	삼성
제하국서	직장 이하	구위성명	삼성·제조·식목·칠시·삼감
이부·대성	문하시랑평장 이하 습유 이상	착성초압	육관제조·칠시·삼감
	녹사	구함성명	
	녹사·주서	착초압	제서국

[표-1] 『고려사』 「공첩상통식」 경관직에 규정된 서명 방식.

성초압不姓草押·착성초압着姓草押·착성명着姓名·구위성명具位姓名·구함성명具銜姓名·착초압着草押의 각기 다른 6가지 서명의 용례가 그것이다.

불성초압은 성姓을 쓰지 않고 초압草押만을 한다는 의미이며, 착성초압은 성을 쓰고 초압을 한다는 의미이다. 착성명은 성명姓名을 기입하는 것으로 성은 정서로 정확하게 쓰되 명名은 조선시대의 착명과 같이 쓰는 것이다. 이름자를 쓸 경우에는 '착着'자가 생략되고 성명이라고만 기재된다. 구위具位와 구함具銜의 개념적 차이는 지금으로서 무엇이라 확정하기가 어렵다. 초압은 조선시대의 착압에 해당되는 것으로, 초서의 난필亂筆로 착압을 만들기 때문에 초압이라고 부른 듯하다.[2] 이상의 내용을 문서 발급 관청

2 「공첩상통식」에 보이는 초압草押이 착압着押과 같은 의미인 것은 착성명·착성초압·착성명서

과 수령 관청에 따라 정리해 보면 [표-1] 상급 관청에서 하급 관청으로 문서를 하달할 때는 주로 초압을 하였으며, 반대로 하급 관청에서 상급 관청으로 문서를 상달할 때는 주로 성명만 기입했던 것을 알 수 있다. 문하시랑 이상은 불성초압을 하는 것으로 볼 때, 가장 높은 단계는 성을 쓰지 않고 초압만 하는 것이 상례였다. 반면에 내사성의 주서는 육관제조에 문서를 보내면서 착성명하였는데, 이는 성을 쓰고 그 아래에 착명을 한 것이다. 이와 같이 고려시대의 착명·초압 규정은 위계位階에 따라 구분되었다. 그래서 가장 높은 위계에서는 불성초압하였고, 그 아래로는 착성초압·착성명·구위성명·구함성명의 순서로 사용하였다.

문서의 상통 과정에 따른 서명 규정은 경관京官에 비해서 외관外官이 더 복잡한 양상을 보이고 있다. 「공첩상통식」 외관의 내용을 보면 다음과 같다. (인용문의 번호는 [표-2]의 번호와 동일하다.)

별명別命 사신使臣이 목牧과 도호都護에 대하여 마땅히 '某使貼某牧·都護'라고 한다.

① 맡은 일이 중요하고 기사記事와 하전下典을 갖춘 칠품七品 이상의 사신使臣은 목과 도호에 대하여 착성초압着姓草押하고, 팔품八品의 사신은 착성명서着姓名署한다. 비록 육六·칠품七品의 사신이라도 맡은 일이 중요하지 않고 인리人吏와 하전을 갖추지 않았으면 구함착성명서具銜着姓名署한다.

② 목과 도호가 칠·팔품의 사신에 대하여 부사副使 이상은 착성초압着姓草押하고, 이하는 착성명着姓名한다. 목과 도호가 맡은 일이 중요

의 표현은 있으나 착성서着姓署의 표현은 없다는 사실에서 확인할 수 있다. 다시 말해 서署가 착압의 의미로서는 착명과 함께 있을 경우에만 표현되었으며, 독자적으로 사용될 때에는 초압으로 표현되었다.

한 사신에 대하여 상참常叅 이상의 사使만 착성초압着姓草押하고, 부사 이하는 착성명着姓名한다.

③ 별명 사신이 중도호中都護·지주知州·방어防禦·현령縣令·진장관鎭將官에 대하여 비록 기사와 하전이 없더라도 육·칠품의 사신은 착성초압着姓草押하고, 팔품의 사신은 착성명서着姓名署한다. 별명 사신이 진장鎭將과 현령縣令에 대해서 착성초압着姓草押한다.

④ 중도호·지주·방어·현령·진장관이 칠·팔품의 사신에 대하여 착성초압着姓草押하고, 부사副使 이하는 착성명서着姓名署한다. 중도호·지주·방어·현령·진장관이 맡은 일이 중요한 사신과 상참常叅 사신에 대하여 모두 착성명着姓名한다.

⑤ 삼군병마사三軍兵馬使가 서경유수관西京留守官에 대하여 판관判官 이상은 착성초압着姓草押하고, 이하 관원은 착성명서着姓名署한다.

⑥ 동서순검사東西巡檢使가 유수관留守官에 대하여 부사 이상은 착성초압着姓草押한다.

⑦ 유수관이 중군병마사中軍兵馬使에 대하여 유수는 착초압着草押하고, 부유수는 착성명着姓名한다. 유수관이 좌우동서도순검사左右東西都巡檢使에 대하여 부유수 이상은 착초압着草押하고, 판관 이하는 착성명着姓名한다.

⑧ 서경감군사西京監軍使가 중군병마사에 대하여 착성着姓하고, 서경감군사가 동서순검사에 대하여 착초압着草押한다.

⑨ 서경 유수와 삼군병마사가 감군監軍에 대하여 판관 이상은 착성초압着姓草押한다.

⑩ 동서도순검사東西都巡檢使가 감군에 대하여 부사 이상은 착성초압着姓草押한다.

⑪ 서경 유수·삼군병마사·동서도순검사·도부서都部署가 팔목八牧·이대도호부二大都護府·제도부관諸道府官에 대하여 아울러 모두 착

성초압着姓草押한다.
⑫ 팔목과 이대도호가 삼군병마사와 서경유수관·감군사·동서도순검사·동서해순찰사東西海巡察使에 대하여 착성명着姓名하고, 팔목과 이대도호가 제도부서諸都部署에 대하여 사使는 착성초압着姓草押하고, 부사 이하는 착성명着姓名한다.
⑬ 중도호·지주 이하 제도외관諸道外官은 병마사兵馬使·서경유수관·동서도순검사·동서해순찰사·도부서에 대하여 착성명着姓名한다.
⑭ 중군병마사中軍兵馬使가 좌우군동계도순검사左右軍東界都巡檢使에 대하여 판관 이상은 착성초압着姓草押하고, 이하는 착성명着姓名한다.
⑮ 좌우군동계도순검사가 중군병마사에 대하여 사는 착성초압着姓草押하고, 부사 이하는 착성명着姓名한다.
⑯ 경상도순검사慶尙道巡檢使·서해순찰사西海巡察使·맹주도지병마사猛州都知兵馬使가 서경유수와 감군사에 대하여 부사 이상은 착성초압着姓草押하고 이하는 착성명着姓名한다.
⑰ 제도부서가 서경유수관·감군사에 대하여 참參 이상의 관원이 도부서부사都部署副使가 된 자로 부사 이상은 착성초압着姓草押하고, 참외원叅外員이 부사가 되었으면 착성초압着姓草押하며, 부사 이하는 착성명着姓名한다.
⑱ 유수관·감군사가 제도부서에 대하여 판관 이상은 착성초압着姓草押하고, 이하는 착성명着姓名한다.
⑲ 삼도순찰사병마사가 중군병마사에 대하여 착성명着姓名하는데, 오직 삼품 이상의 순찰병마사巡察兵馬使는 착성초압着姓草押한다.
⑳ 삼군병마사·제도부서가 경상도서해순찰사·맹주도지병마사에 대하여 착성초압着姓草押한다.
㉑ 제도부서가 삼군병마사에 대하여 착성명着姓名하고, 제도부서가 좌

우군병마사左右軍兵馬使에 대하여 삼품 이상의 사가 대장군大將軍으로 문반文班의 경卿과 감監을 겸직한 경우에는 착성초압着姓草押하고, 이하는 착성명着姓名한다.

㉒ 서경유수가 신성장申省狀에 대하여 착성초압着姓草押하고, 부유수 이하 감군사·동서도순검사 등의 별명 사신과 제도외관은 비록 삼품 이상이라도 착성명着姓名한다.

㉓ 진장·현령·감창監倉·역순관驛巡官은 방어진防禦鎭의 사 이상 관에 대하여 구함착성명具銜着姓名한다.[3]

「공첩상통식」 외관직의 서명 규정을 문서 발급 관청과 수령 관청에 따라

---

3 別命使臣 於牧都護 當云 某使貼某牧都護 ① 奉使事重 備記事下典 七品以上使 着姓草押 八品使 着姓名署 雖六七品使 奉使事輕 無人吏下典者 具銜着姓名署 ② 牧都護 於七八品使 副使以上 着 姓草押 以下 着姓名 於奉使事重使 及常叅以上獨использ 着姓草押 副使以下 着姓名 ③ 別命使臣 於中 都護知州防禦縣令鎭將官 雖無記事下典 六七品使 則着姓草押 八品使 則着姓名署 於鎭將縣令 着 姓草押 ④ 中都護知州防禦縣令鎭將官 於七八品使 副使以下 着姓名署 於奉使事重使 及常叅使 則皆着姓名 ⑤ 三軍兵馬使 於西京留守官 判官以上 着姓草押 以下員 着姓名署 ⑥ 東西 巡檢使 於留守官 副使以上 着姓草押 ⑦ 留守官 於中軍兵馬使 留守着姓草押 副留守 着姓名 於左右 東西都巡檢使 副留守以上 着姓草押 判官以下 着姓名 ⑧ 西京監軍使 於中軍兵馬使 着姓 於東西巡 檢使 着姓草押 ⑨ 西京留守三軍兵馬使 於監軍 判官以上 着姓草押 ⑩ 東西都巡檢使 於監軍 副使以 上 着姓草押 ⑪ 西京留守三軍兵馬使東西都巡檢使都部署 於八牧二大都護府諸道府官 並皆着姓 草押 ⑫ 八牧二大都護 於三軍兵馬使及西京留守監軍東西都巡檢使東西海巡察使 着姓名 於 諸都部署 使着姓草押 副使以下 着姓名 ⑬ 中都護知州以下諸道外官 於兵馬使西京留守官東西都 巡檢使東西海巡察使都部署 着姓名 ⑭ 中軍兵馬使 於左右軍東界都巡檢使 判官以上 着姓草押 以 下 着姓名 ⑮ 左右軍東界都巡檢使 於中軍兵馬使 使着姓草押 副使以下 着姓名 ⑯ 慶尙道巡檢使 西海巡察使猛州都知兵馬使 於西京留守及監軍使 副使以上 着姓草押 以下着姓名 ⑰ 諸都部署 於 西京留守官監軍使 叅以上員 爲都部署副使 則副使以上 着姓草押 叅外員 爲副使 則着姓草押 副 使以下 着姓名 ⑱ 留守官監軍使 於諸都部署 判官以上 着姓草押 以下 着姓名 ⑲ 三道巡察使兵馬 使 於中軍兵馬使 着姓名 唯三品以上巡察兵馬使 着姓草押 ⑳ 三軍兵馬使諸都部署 於慶尙道西海 巡察使猛州都知兵馬使 着姓草押 ㉑ 諸都部署 於三軍兵馬使 着姓名 於左右軍兵馬使 則三品以上 使 以大將軍兼义班卿監者 着姓草押 以下 着姓名 ㉒ 西京留守 於申省狀 着姓草押 副留守以下監 軍使東西都巡檢使 與 別命使臣及諸道外官 雖三品以上 着姓名 ㉓ 鎭將縣令監倉驛巡官 於防禦鎭 使以上官 具銜着姓名. 『高麗史』 卷84 志38 刑法1 公式 公牒相通式 外官.

	발급 관청	발급자 직위	서명 방식	문서 수령 관청
1	별명 사신	7품 이상 사신(奉使事重, 備記事·下典)	착성초압	목·도호
		목·도호	착성명서	
		별명 사신	구함착성명서	
2	중도호·지주·방어·현령·진장관	부사 이상	착성초압	7·8품 사신
		삼군병마사	착성명	
		동서순검사	착성초압	봉사사중 사신
		유수관	착성명	
3	서경감군사	6·7품 사신 (비록 기사·하전이 없어도)	착성초압	중도호·지주·방어·현령·진장관
		서경유수·삼군병마사	착성명서	
		동서도순검사	착성초압	진장·현령
4	서경유수·삼군병마사·동서도순검사·도부서	팔목·이대도호	착성초압	7·8품 사신
			착성명서	
			착성명	봉사사중奉使事重 사신 및 상참사신
5	삼군병마사	판관 이상	착성초압	서경유수관
		이하 관원	착성명서	
6	동서순검사	부사 이상	착성초압	유수관
7	유수관	유수	착초압	중군병마사
		부유수	착성명	
		부유수 이상	착초압	좌우동서도순검사
		판관 이하	착성명	
8	서경감군사		착성	중군병마사
			착초압	동서순검사
9	서경유수·삼군병마사	판관 이상	착성초압	감군
10	동서도순검사		착성초압	감군
11	서경유수·삼군병마사·동서도순검사·도부서		착성초압	팔목·이대도호부·제도부관

[표-2] 『고려사』「공첩상통식」외관직에 규정된 서명 방식.

	발급 관청	발급자 직위	서명 방식	문서 수령 관청
12	팔목과 이대도호		착성명	삼군병마사·서경유수관·감군사·동서도순검사·동서해순찰사
		사	착성초압	제도부서
		부사 이하	착성명	
13	중도호·지주 이하 제도외관		착성명	병마사·서경유수관·동서도순검사·동서해순찰사·도부서
14	중군병마사	판관 이하	착성초압	좌우군동계도순검사
		판관 이하	착성명	
15	좌우군동계도순검사	사	착성초압	중군병마사
		부사 이하	착성명	
16	경상도순검사·서해순찰사·맹주도지병마사	부사 이상	착성초압	서경유수와 감군사
		부사 이하	착성명	
17	제도부서	참 이상의 관원이 도부서 부사가 된 자로 부사 이상	착성초압	서경유수관·감군사
		참외원이 부사가 된 자	착성초압	
		부사 이하	착성명	
18	유수관·감군사	판관 이상	착성초압	제도부서
		판관 이하	착성명	
19	삼도순찰사병마사		착성명	중군병마사
		삼품 이상의 순찰병마사	착성초압	
20	삼군병마사·제도부서		착성초압	경상도서해순찰사·맹주도지병마사
21	제도부서		착성명	삼군병마사
		삼품 이상의 사가 대장군으로 문반의 경과 감을 겸직한 경우	착성초압	좌우군병마사
		이하	착성명	
22	서경유수	신성장에 대하여	착성초압	※
	부유수 이하 감군사·동서도순검사 등의 별명 사신과 세노외관	비록 삼품 이상이라도	착성명	※
23	진장·현령·감창·역순관		구함착성명	방어진의 사 이상 관

복잡한 행이 방식 47

정리하면 [표-2]와 같다.

이와 같이 「공첩상통식」의 외관직에 대한 서명 규정은 경관직 규정에 비해 더욱 복잡하다. 경관직 서명 규정에는 보이지 않던 방식으로 착성명서着姓名署·구함착성명서具銜着姓名署·착성着姓·구함착성명具銜着姓名 등이 있다.

여기서 주목되는 가장 중요한 용례는 '착성명서'·'구함착성명서' 등에 보이는 '착명서着名署'이다.(착명서는 특히 조선 전기 고문서에서 용례가 많이 나타난다.) 이는 착명着名과 착서着署의 줄임말로, 착서는 곧 착압(초압)을 의미하는 말이다. 고려시대에는 착명과 착압을 동시에 하는 것을 '착명초압着名草押'이라고 하지 않고 '착명서着名署'라고 하였으며, 이러한 용례는 조선 중기까지도 종종 확인된다. 조선 초기 『조선왕조실록』에 나타나는 착서의 용례를 보면 다음과 같다.

> 그 항수行首에 대하여 한 등等의 차이가 나는 자를 포함하여 한 등等을 격隔한 이하의 자는 모두 착명着名만을 하고 착서着署하는 것을 허락하지 않는다.[4]

위 기록에서는 착명과 착서를 구분하고 있으며, 착서는 아무 문서에나 함부로 할 수 없는 것으로 되어 있다. 즉 하급 지위에 있는 관원은 상급 지위에 있는 관원에게 착명만 하는 것이고, 착서(착압; 초압)를 허락하지 않는다는 뜻이다. 이는 착명·착압이 예식禮式에 관련된 사항임을 보여주는 실록 기사이기도 하다.

착명서의 용례에 관련해서 가정 26년(1547) 남한립南漢粒의 처 박씨 유

---

4 與其行首差一等外 隔一等以下者 俱着名不許着署, 『太宗實錄』卷7, 太宗 4年 4月 丙子.

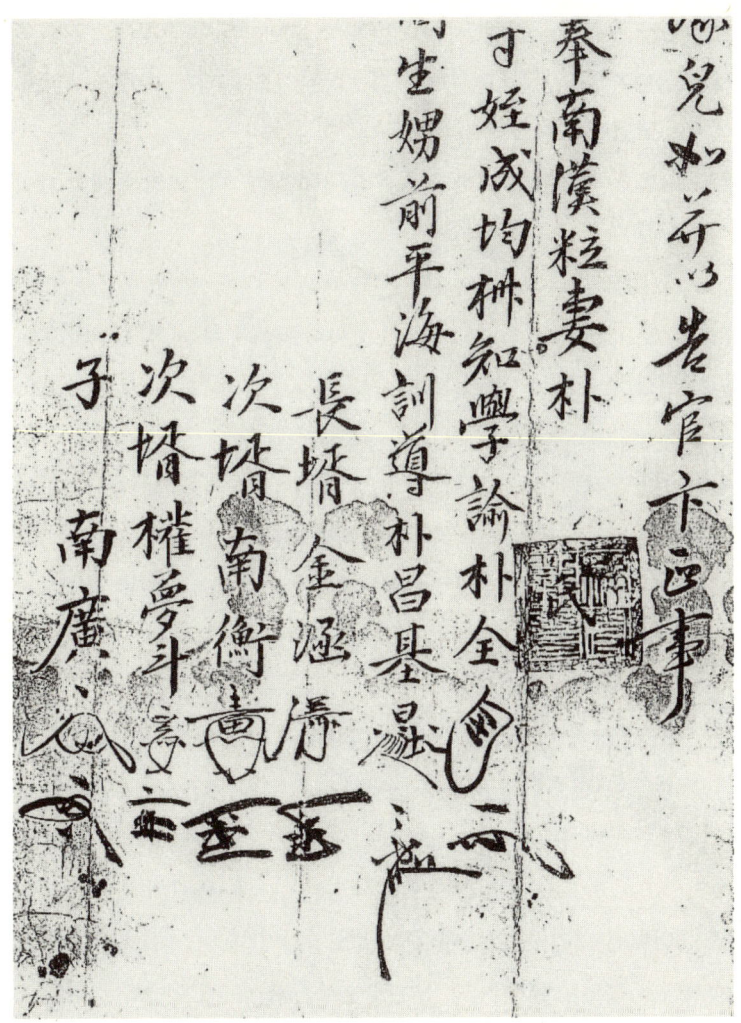

[도-1] 박씨 유서(부분). 남한립 처 박씨 유서에 있는 착명서의 용례를 볼 수 있다. 장서長壻와 차서次壻 등의 성명姓名·착명着名·착서着署가 있다.

서遺書에서도 그 실례를 확인할 수 있다. 박씨유서는 비록 관청에서 사용된 공문서는 아니지만, 일반적인 사문서私文書에서도 착명서의 개념이 보편적으로 사용되었던 사실을 확인시켜 준다.

박씨 유서에는 착명서에 대한 내용과 문서에 실제 착명서의 형식이 보이고 있어 주목된다.

> 가정 26년 정미 정월 초6일 …… 이 문서의 아래에 모두 착명서着名署하도록 시켰거니와 …….[5]

박씨 부인은 유서에서 참석한 자서子壻들에게 모두 착명서着名署하라고 지시하였다. 위의 내용은 그 지시사항이며, 따라서 유서의 말단에는 참석한 자서들이 착명서를 하였다. [도-1]을 보면 유서에서 나타난 착명서란 곧 착명과 착압을 가리키는 것임을 명확히 알 수 있다.

이를 보완하는 자료가 경주 독락당 소장 만력 연간 결송입안이다. 결송입안에는 초사招辭를 전사해 놓은 것이 대다수인데, 초사에는 심문에 응한 사람이 착명을 하여 초사의 공증성을 담보하고 있다. 초사는 재판의 처결 주체인 해당 관청의 수령이 접수하는 것이기 때문에 일반 백성은 초사에 착압을 할 수 없다. 반드시 착명을 함으로써 지위가 높은 관원에게 일반 백성은 예禮을 다했던 것이다. 그런데 독락당 소장의 만력 연간 결송입안에 전사된 초사에는 전사 담당 서리가 잘못 써서 지운 표시가 있어 중요하다.

---

5 嘉靖貳拾陸年丁未正月初陸日 …… 同文記末端 幷只着名署令是在果 ……. 1544年 南漢粒 妻 朴氏 遺書. 한국학중앙연구원 장서각 고문서실 조사자료.

[도-2]의 음영 표시 부분은 이춘수李春壽·이준李浚·이순李淳이 초사에 '착명'을 한 것에 대한 내용인데, 이를 '착명서'로 잘못 기재했기 때문에 착압에 해당되는 '서署'를 지운 것이다. 이를 통해서 착명서의 서는 착압을 지칭하는 것임을 다시 확인할 수 있다.

결과적으로 고려시대 경관의 공첩 상통 과정에서는 초압을 하는 것과 착명을 하는 두 가지 용례로 대별된다. 문서에 초압을 하는 것은 상급자의 신표 방식이며, 착명을 하는 것은 하급자의 신표 방식이었던 것이다.

[표-1]을 통해 확인되듯이 고려시대에는 문서를 행이하면서 발급 주체와 수령 주체가 소속된 관청과 관직 등에 따라 착명·착압(초압)을 다르게 하였다. 따라서 착명·착압은 문서 발급 관청의 관원 직위에 따라 규정되었을 뿐이고, 관원의 직위에 앞서 일괄하는 품계品階의 구별을 배제하는 것이 특징적이다. 이는 조선시대『경국대전經國大典』체제에서 관원의 품계에 따라 문서의 종류와 서명 방식을 규정한 것과는 효율성의 측면에서 현격한 차이가 있다. 다시 말하면「공첩상통식」의 내용을 바탕으로하는 고려시대 서명 방식은『경국대전』체제에 비해서 상당히 복잡한 측면이 있음을 부인할 수 없다.

고려는 통일된 성문법전成文法典의 제정 없이 필요에 따라 개별적으로 법령을 제정하고 공포했다.[6] 따라서 공문서의 상통 과정에 따른 원칙도 대부분 개별적인 규정을 따랐을 것으로 보인다. 이와 같은 현상은 문서의 행정 체계 전체를 하나의 정식으로 구성하지 못하였기 때문에 나타나는 현상이다. 다시 말해서 고려적高麗的인 문서 행정의 특징은 체제가 복잡하였고, 또한 비효율적인 측면이 있었다는 것을 입증하는 것이다. 고려시대 문서 행

---

6 朴秉濠,『韓國의 傳統社會와 法』, 서울大學校出版部, 1985, pp. 24~26.

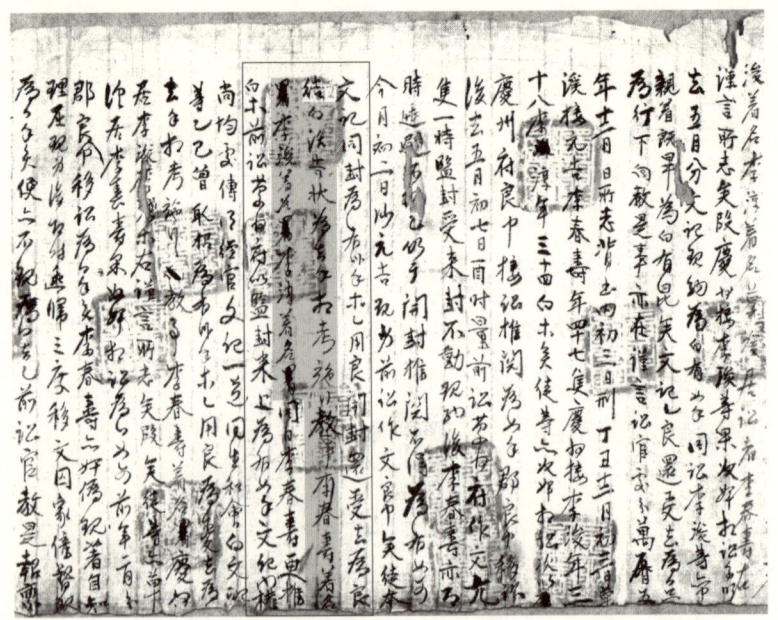

[도-2] 만력 연간 결송입안 전사본(부분). 착명서着名署를 쓰고 서署를 지운 용례. "李浚着名署"를 써 놓고, 끝에 있는 "署"을 먹으로 검게 칠해서 지웠다.(음영은 필자)[7]

정에 있어서 착명·착압은 문서의 행이 과정에 따라 분화되어 시행되었다. 그리고 행이 과정에 따라 분화된 문서 행정은 모두 문서 발급 주체와 수령 주체의 위계질서를 기준으로 하고 있다. 그래서 최고 높은 위계에서 문서를 발급할 때는 초압草押을 하였으며, 차츰 성姓의 기재 여부, 관품官品의 기재 여부, 착명과 착서의 기재 여부 등에 따라서 세세히 분화되었다.[7]

---

7 『嶺南古文書集成』II, 嶺南大 民族文化研究所, 1992, pp. 272~274.
   음영 부분은 다음과 같다.
   白活告狀爲去乎相考施行敎事李春壽着名
   (署)李浚着名(署)李淳着名(署)

52 예의 패턴

고려시대에는 경관京官과 외관外官의 다
종한 공문서를 문서 발급 주체와 수령 주체의
관직 및 소속 관청 등에 따라 다양하게 구분
하고 착명·착압을 분화시킨 특징이 있다. 이
는 문서의 행이 과정에서 지나치게 형식 위주
로 착명·착압의 사용 기준을 설정한 것에서
찾을 수 있다. 행정의 편의와 효율성을 전제
할 때, 고려시대의 문서 행정 체계는 상당히
복잡하고 비효율적인 측면이 강했음을 부인
할 수 없는 이유가 여기에 있는 것이다. 이와
같은 고려시대의 문서 행정 제도는 조선 건국
후 『경국대전』 체제의 완성과 함께 일신되며,
새로운 조선적朝鮮的 제도를 만들어 가기 시
작한다.

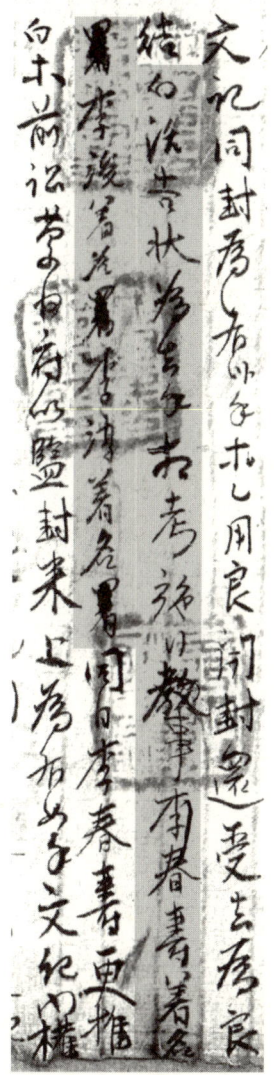

[도-2]의 부분.

2. 고려 후기 인사 문서—사첩謝牒

고려 후기 사첩謝牒은 전사傳寫 문서로 4점이 남아 있다. 동일 인물의 문서가 2점씩 있는데, 작성 시기는 1376년부터 1387년까지로 한정된다.[8] 선행 연구가 있음에도 불구하고 문서의 내용에 대해서는 더 심화될 필요가 있다.

사첩은 서경署經과 연계된 것으로 중추원中樞院에서 발급한 인사 '관련' 문서이고, 인사 문서(사령장)는 사첩과 별도로 존재했다는 것이 현재까지 기본적인 연구 경향이다.[9] 그러나 고려 후기 사첩을 인사 관련 문서로만 이해하는 것은 고려 후기와 조선 전기의 연결성을 부정하지 않는 한 성립될 수 없다. 앞에서 이미 설명하였듯이 조선 초기 사첩은 그 자체가 인사 문서였으며 일정한 형식의 변화를 거쳐 오품이하고신五品以下告身으로 정착되었기 때문이다. 그 변화의 핵심 동력은 대간臺諫의 서경권과 국왕의 인사권의 갈등이다. 이들 양자는 첨예한 대립 구도를 가지고 있어서 서경권이 강화되면 국왕의 인사권이 약해지고, 반대로 국왕의 인사권이 강해지면 서경

---

[8] 노명호 외, 『韓國古代中世古文書硏究』 上, 서울대학교출판부, 2000, pp. 93~100.
[9] 박재우, 「高麗時期의 告身과 官吏任用體系」 『韓國古代中世古文書硏究』 下, 서울대학교출판부, 2000 및 박재우, 「15세기 인사문서의 양식 변화와 성격」 『역사와현실』 59, 2006.

권은 약화되었다.

따라서 고려 후기 사첩도 그것이 원元의 영향을 받았던, 아니면 고려의 독특한 문서 형식이었던 간에 대간의 서경을 전제하는 인사 문서 자체였던 것이다. 고려 후기의 사첩이 조선 개국 이후 『홍무예제』의 공문서 형식을 받아들여 고첩故牒·평관平關·하첩下帖의 공문서 투식을 따르는 조선 초기 방식의 사첩으로 분화되었던 것이며, 이들 문서 형식은 『경국대전』이 확정되면서 오품이하고신식으로 최종 정착되었던 것이다.

이자수李子脩에게 발급된 두 점의 사첩을 분석해서 고려시대 사첩의 특성을 살펴보자.[도-3.1]

B문서의 경우, 기두起頭의 '司上朝謝科準'에 대한 의미를 먼저 명확하게 할 필요가 있다. 류종혜柳從惠 사첩을[도-3.2] 참고하면, 과科는 사斜를 잘못 베껴 쓴 것이다.[10]

'司上朝謝斜準'에 대한 이해는 연구자마다 조금씩 다르다. 그러나 이 부분에 대한 정확한 해독을 하지 못하면 문서의 발급 주체를 파악하는 데 문제가 있으며, 문서 발급 주체에 대한 정확한 이해가 없다면 문서의 행이 체제를 포함하는 전반적인 문서 행정 구조를 파악하는 것은 사실상 불가능하다.

이에 대하여 '사司의 조사朝謝에서 확인하여 준함'과[11] '모사某司 소장所藏의 조사첩朝謝牒 원본과 대조하여 틀림없음을 인증 받은 등본 정도의 의미'로[12] 해석하는 경우가 있다. 두 연구 모두 본문 중의 당후관堂後官에 근거하여 사司는 밀직사密直司가 확실하다는 결론을 내리고 있다.

---

10 斜는 '증명'의 의미를 가진 이두이다. 박성종, 『朝鮮初期 吏讀 資料와 그 國語學的 硏究』, 서울대학교 박사학위논문, 1996, pp. 108~109.
11 노명호 외, 앞의 책, p. 98.
12 矢木毅, 「高麗時代の銓選と告身」『東洋史硏究』 59卷 2號, 平成12年(2000), p. 243.

B	A
司上朝謝科準 司憲府錄事崔子霖　洪武十五年十一月日名帖洪武 十五年三月廿五日下　批李子脩爲通憲大夫判典儀 寺事朝謝由出納爲等以施行印準唱 テ押 茡 押	司憲府錄事　安天壽　洪武九年十月日名帖洪武 九年七月十二日下　批李子脩爲奉順大夫判書雲 觀事朝謝由出納爲等施行印準唱 權知 堂後官　押
1382년(우왕 8)	1376년(우왕 2)

[도 3.1] 이자수 사첩.

고려 후기와 조선 초기 제도의 틀이 연속성을 가지고 있다면, 조선 초기 사첩은 고려시대의 것에 비해 문서 발급 주체에 대해서 보다 명확하게 기재하고 있다. 조선 초기 사첩의 기두起頭는 '吏曹爲朝謝准事'와 같이 시작된다. 이는 '이조吏曹에서 조사朝謝를 확인함'의 의미이다. 조사는 곧 서경署經을 의미하는데,[13] 조사(서경)의 주체는 대간이며, 대간의 이관移關 문서를 확인하여 궁극적인 인사문서를 이조에서 발급한다는 의미가 된다.

따라서 고려시대 사첩도 이와 같은 패턴으로 '사司에서 조사(서경)를 확인함'으로 해석해야 할 것이다. '사司의 조사'라면 사司가 밀직사일 경우, 밀직사가 서경의 주체 관청이 되는 것인데 이는 밀직사의 소관 업무와 맞지 않는다. 아니면 추가적으로 밀직사와 서경의 관계에 대해서 논증을 해야 할 필요가 있다. 또한

[도 3.2] 1383년(우왕 9) 류종혜 사첩

---

13 考之前後典章 經濟六典 祖宗之法也 一曰 朝謝 考四祖署經 一曰 臺省刑曹員……. 『成宗實錄』 卷 156, 成宗14年 7月 乙未.

'사司에서 소장한 조사첩'이란 해석은 상上의 의미(~에 보관)에 주목한 것인데, 일단 조선 초기 사첩의 표현과는 다르고, 공문서의 시작은 '兵曹爲相考事'와 같이 언제나 문서 발급 관청이 주체적으로 기재되는 특징에 비추어도 옳지 않다. 본 문서에서의 상上은 '~에서'의 의미 정도로 풀이하는 것이 좋을 것 같다.

그러면 고려 후기 사첩에서 사司는 어느 관청을 지칭할까? 선행 연구에서는 A문서의 당후관堂後官을 근거하여 사司는 밀직사라는 결론을 내리고 있다. 그렇다면 밀직사(중추원)에서 인사 문서를 발급한다는 의미가 되는데, 문헌 기록만을 본다면 밀직사는 본래 인사 문서를 관장하는 곳은 아니다. 규정대로 하면 오히려 밀직사보다는 전리사典理司일 가능성도 있다. 또한 4점의 전사 문서에서 당후관이 나오는 문서는 1점뿐이라는 사실도 주목할 필요가 있다. 하지만 다음 1380년(우왕 6)의 『고려사』 기록을 보면 고려시대의 인사 행정은 조선시대와는 여러 면에서 달랐던 것으로 보인다.

> 6년 6월에 간관諫官 이숭인李崇仁 등이 말하기를, "근년에 관작官爵이 실직實職과 첨설직添設職이 서로 섞여 그 사첩謝牒에는 다만 당후관의 서명署名만 있고 인신印信이 없으니 후일에 반드시 가짜가 범람함이 있을까 두렵습니다. 바라건대 동반東班은 전리사典理司에서 서반西班은 군부사軍簿司에서 각각 인신을 찍고 서명하여 발급하게 하소서."[14]

당후관의 서명만 있는 사첩은 위조가 쉽기 때문에 앞으로 문관은 전리사에서, 무관은 군부사에서 관인을 찍고 담당 관원이 서명하여 사첩을 발급하

---

14 六年六月 諫官李崇仁等言 近年官爵眞添相雜 其謝牒 但有堂後署而無印信 恐後日必有假濫 乞東班典理司 西班軍簿司 各令印信署給,『高麗史』卷75 志29 選擧 銓注 選法 辛禑 6年 6月.

자는 내용이다. 그 내용을 보면, 당시까지는 전리사(조선시대 이조)나 군부사(조선시대 병조)에서 인사 문서를 발급하지 않았던 것을 알 수 있다. 당후관이 배속된 밀직사에서 어느 정도 인사 문서를 발급하였을 것이라는 추측이 가능한 기록이다.

앞 장에서 언급하였듯이, 고려시대의 구전 인사 문서는 밀직사에서 관여하고 있었다. 하지만 현존하는 사첩이나 『고려사』 등의 기록을 근거한다면, 밀직사의 인사 행정 참여 정도는 더욱 광범위하였던 것으로 보인다. 그러나 B문서의 경우는 착압着押만 두 곳에 전사傳寫되어 전하는데, 이는 A문서와 다른 형식이다. 그리고 전리사 같은 곳은 문관의 인사 행정 때문에 만들어진 관청인데, 밀직사가 이를 전적으로 대행하였다면 전리사 등을 존속시켰을 까닭이 없을 것이다. 따라서 밀직사만이 인사 행정에 오로지 참여하였던 것은 아닌 듯하다. 한 점은 밀직사에서, 다른 한 점은 전리사에서 주체가 되어 인사 문서를 발급하였을 개연성도 있을 것이다. 이러한 여러 경우를 조합해보면, 결과적으로 고려 후기 인사문서의 발급은 아마도 조선시대의 그것보다는 더욱 복잡하면서도 일관성 없이 시행되었을 것으로 추측된다.

여하튼 고려시대의 사첩은 기본적으로 사헌부의 서경署經 관련 공문서를 접수한 이후에 최종 인사 문서를 발급하고 있다. 이와 같은 패턴은 조선 초기 사첩과 동일한 것이다.

A의 봉순대부(奉順大夫; 정3품)와 B의 통헌대부(通憲大夫; 정2품)는 높은 품계임에도 모두 사첩의 형식으로 인사문서를 발급하였던 것은 『실록』의 기사처럼 고려시대는 1품에서 9품까지 모두 서경을 경유하기 때문이다. 만약 사첩이 인사에 관계된 문서라면, A처럼 고관을 지냈던 인물들의 인사 문서는 왕지王旨 혹은 또 다른 형식의 인사 문서가 존재했어야 한다. 하지만 현전하는 유관한 인사 문서는 고려시대의 왕지 3점밖에는 존재하지 않는다.

E	D	C
教旨 幼學許惜生員三等第 七人入格者 洪武庚申三月二十日	王旨 □祐爲神號衛 保勝攝護軍者 至正四年四月二十九日	王旨 金天富爲嘉善大夫工曹典書者 至元五年正月　日
1380년(우왕 6)	1344년(충혜왕복 5)	1339년(충숙왕복 8)

[표- 3] 고려시대 왕지 전사 문서.

그렇다면 현 시점에서 고려시대 왕지와 관련한 내용을 더 고민할 필요가 있다. 왜냐하면 고려시대에 왕지가 존재할 경우 사첩 이외의 인사 문서가 있다는 것이 성립되기 때문이다. 하지만 지금까지 알려진 고려시대 왕지는 진위 문제를 심각하게 생각할 필요가 있다.

지금까지의 내용을 토대로 한다면, 고려 후기 인사 문서는 대간의 서경을 경유한 사첩과 국왕의 구전口傳을 밀직사에서 담당하여 발급하는 임명장이 있었다. 그리고 간접적이기는 하지만 전사傳寫된 고려 후기 사첩 4점이 현전하고 있다.

문제는 현재까지 조사된 고려 후기 왕지 3점이다. 고려시대 왕지는 남권희南權熙 교수에 의해 조사된 바 있다.[15] [표- 3]

C와 E는 이미 남권희 교수의 논고에서도 진위에 문제점이 있음을 지적하고 있다. C는 1991년에 간행된 『김해김씨세보金海金氏世譜』 부정공효선파

15　南權熙, 『高麗時代 記錄文化 研究』, 淸州古印刷博物館, 2002, pp. 496~497.

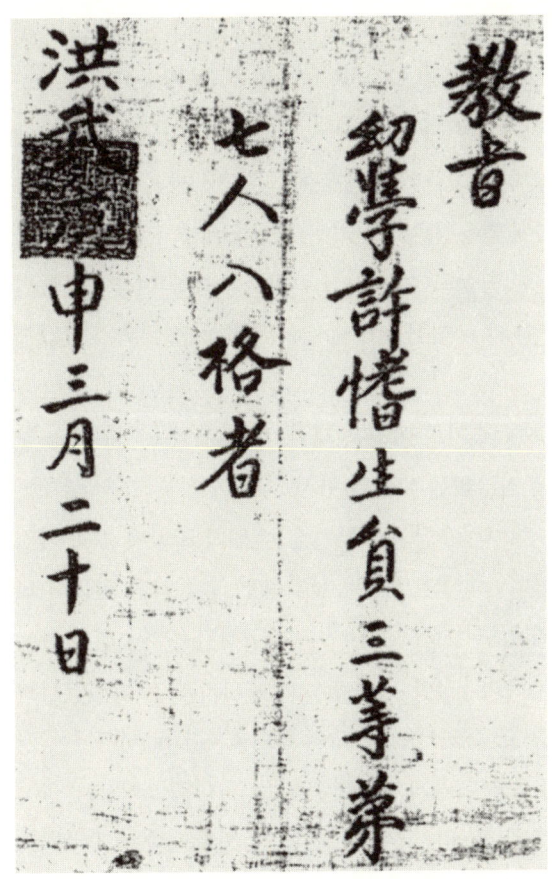

[도-4] 허기 생원 백패. 허기許愭가 생원生員 3등 제7인에 입격하는 내용의 백패白牌이다. 체제나 형식, 지질紙質 등 거의 모든 면에서 위조문서의 형식을 보이고 있다.

편副正公孝先派編』에 수록되어 있는 전사傳寫 문서인데, 고위 관직을 지낸 김천부金天富에 대한 기록이 다른 사료에는 전무하기 때문에 후대에 누군가에 의해 소삭되었을 것으로 보고 있다. E는 실제 문서기 전히고 있는 것이지만, 체제나 형식 모두 고려 후기의 것과 일치하지 않는다.[16] [도-4] 문서의 시작을 교지敎旨로 하고 있는 것은, 문서가 최소한 15세기 이후에 작성된 것임을 의미하는 것이기도 하다. 교지와 왕지의 용어 외에도 연호 뒤에 간지干支를 쓴 점, 어보御寶의 치졸한 모양 등에서 위조문서의 근거를 찾아낼 수 있다. 두툼한 필획에 역동성이 떨어지는 서체를 보면, E는 조선 후기에 만들어진 위조문서임이 확실하다. 지나친 위선爲先 의식과 양반 문화의 흠모, 족보 편찬 등의 근거 자료 제공을 위해 이와 같은 위조 행위가 있었을 것이다.[17]

진위의 여부를 결정하는 데 가장 어려운 것이 D이다. D는 '□우□祐'를 보승섭호군保勝攝護軍에 임명하는 내용의 왕지이다. 특히 '□우'가 섭호군의 벼슬을 지냈던 사실이 『여지승람輿地勝覽』 등에 전하고 있어 그 문서의 진실성을 보완해주고 있다. 하지만 반대로 생각하면, 실존하던 인물의 교지를 만들 때 이미 작성되었던 기록물의 내용을 참고하였을 가능성도 있는 것이다. 『여지승람』의 기록과 1장만 전하고 있는 왕지의 관직명이 일치하는 것은 어찌되었던 두 자료 중 하나는 또 다른 하나를 참고로 하여 작성되었을 개연성이 크다는 것을 의미하기 때문이다.

인사 문서로서 조선 초기 왕지가 시행되기 이전의 사첩謝牒은 그 자체로서 고유한 인사 문서의 역할을 하였다. 현존하는 고려시대의 사첩이 봉순대부(정3품)·통헌대부(정2품)와 같이 고관이 받는 문서였음에도 조선 초기 왕지와 동일한 형식의 인사 문서가 별도 존재하지 않는 점은 고려시대 왕지의 존재에 대해 회의를 갖지 않을 수 없게 한다. 문중에서 보관하는 조상의

16　이 문서가 처음 소개된 논문은 다음과 같다. 이종일, 「光州 陽川許氏家의 古文書 硏究」, 『향토문화』 18, 1998.
17　박준호, 「위조僞造·모록冒錄 호적戶籍의 사례」, 『고문서-호적류』, 국립중앙박물관, 2005, pp. 25~26.

소중한 인사 문서를 왕지와 같은 본래 인사 문서가 아닌 왕지를 발급 받기 위해 오고간 공문서로 대신하고 있다는 가정은 쉽게 수긍할 수 없다. 따라서 사첩이 본래의 인사 문서 자체였을 것이라는 가정은 여기에서 출발하는 것이다.

고려 후기와 조선 초기의 제도적 연관성을 전제한다면, 조선 초기 서경권의 범위에 따라 발급 패턴이 달라지는 사첩에 특히 주목하지 않을 수 없다. 1413년(태종 13) 4월에는 1품에서 9품까지 모두 대간의 서경을 받은 다음에 교첩을 받아야 했고,[18] 같은 해 10월에 4품 이상은 다시 왕지로 발급받았다.[19] 1413년 5월 통정대부 성균관 대사성이었던 정전鄭悛에게 사첩의 형식으로 사헌부의 서경 사실을 기재한 평관平關이 하달된 것은 이러한 사실에 부합되는 현전하는 거의 유일한 공문서이다.[20] 현재까지 공개된 정전에게 발급한 인사 문서에는 고려시대 사첩 형식의 문서와 왕지가 혼재되어 있지만, 동일한 관직 임명에 관한 문서가 한 점도 없다는 것은 사첩 그 자체가 인사 문서의 역할을 하였음을 의미하는 것이다.

이와 같은 정황으로 볼 때, 고려 후기는 제도사적인 측면에서 왕지라는 문서 자체가 존재할 수 없다. 고려 전기의 경우 인사 문서로는 관고官誥가 사용되었지만, 원간섭기 이후 고려에서는 관고가 사용되지 않았던 것으로 보인다.[21] 원간섭기 이후 작성되었던 고려시대의 인사문서 형식은 1품에서 9품까지 모두 대간의 서경을 거친 문서가 작성되었던 것으로 볼 수 있다. 현

---

18 復告身之法 司諫玄孟仁 執義金孝孫等 詣闕上言 頃者 臣等疏請自一品至九品告身署經臺省之事 已下政府擬議 而政府僉議 已合矣 乞允許 從之, 『太宗實錄』卷25 太宗 13年 4月 癸丑.
19 命復四品以上官敎法 命曰 朝謝之法 古史無之 宜復四品以上官敎之法 初安省李天祐李之崇柳廷顯告身 爲臺省所不署 故有是命, 『太宗實錄』卷26 太宗 13年 10月 戊辰.
20 당시 당상관이었던 정전에게 교첩을 발급한 공문서는 다음 책에서 처음 소개되었으나, 남권희, 『高麗時代 記錄文化 硏究』, 청주고인쇄박물관, 2002, pp. 500~501.
21 박재우, 「15세기 인사문서의 양식 변화와 성격」『역사와현실』59, 2006, p. 59.

전하는 4점의 고려시대 사첩은 정2품에서 종4품까지 고위 관직을 지낸 인물들에게 내려진 사령장이다. 조선 개국 이후 4품 이상의 관원에게 서경을 배제한 왕지를 내리기 이전까지 모든 관원은 대간의 서경을 경유한 사첩을 발급받음으로써 인사 문서를 대신하였던 것이다.

3. 문서 행정의 특징

행이行移는 문서를 발급하고 수령하는 아문衙門의 위계 관계에 따라 자咨·첩정牒呈·관關·차부箚付·지휘指揮 등의 서로 다른 공문서를 사용하는 것을 말한다. 예를 들어, 2품 아문에서 상급 아문으로 문서를 상신할 경우, 동등한 아문으로 문서를 보낼 경우, 3품 이하 아문으로 문서를 하달할 각각의 경우에 따라서 문서의 형식과 사용 방식이 달라지는 것을 뜻한다. 또한 문서를 수령한 기관은 이에 대한 조치 사항을 회보回報하는데, 이 역시 각 아문의 위계에 따라 문서의 종류와 형식과 사용 방식이 달라진다. 이러한 문서 행정과 관련한 일련의 제도적 용어를 행이行移라고 부른다.

고려시대 문서 행정의 특징을 파악할 수 있는 행이行移 공문서는 지금까지 한 점도 전하지 않는다. 그래서 단편적인 기록 등을 통해서 추측할 수밖에 없는 실정이다. 중국과의 교류를 전제하는 선에서 이해한다면, 고려 초기에는 당송제唐宋制의 문서 행정에 바탕을 둔 문서 행이가 중심축이었을 것으로 추정되며, 후기에는 원제元制 문서 행정을 상당 부분 수용하였을 것으로 보인다.

『고려사』에는 문서 행이에 대한 몇몇 중요 정보를 제공하고 있나. 987년(성종 6)에는 국왕의 명으로 주장奏狀과 행이공문식行移公文式을 상정케

하였다는 기록이 있다.²² 그 후 얼마간 고려시대 문서 행정을 파악할 수 있는 기록은 전하지 않는다. 그리고 1279년(충렬왕 5) 『고려사』 기록에 의하면, 당시 원元의 행이 체제가 고려에 그대로 수입되고 있다.

충렬왕忠烈王 5년 5월 원元 중서성中書省 첩牒에 이르기를, "보내온 문서에 의거하여 행이行移의 체례體例를 조득照得하였다. 품계가 같은 아문에서는 평첩平牒으로 문서를 주고받는다. 정종正從은 같다. 3품은 4품에 대하여 모두 금고첩今故牒을 보내고, 3품은 6품 이하에 대하여 모두 지휘指揮를 보낸다. 4품은 5품에 대하여 평첩平牒을 쓰고, 4품은 6품과 7품에 대하여 금고첩今故牒을 보내고, 4품은 8품 이하에 대하여 모두 지휘指揮를 보낸다. 회보回報하는 경우에는 4품은 3품에 대하여 첩정상牒呈上을 보내고, 6품 이하는 3품에 대하여 모두 신申을 보낸다. 6품은 4품에 대하여 첩정상牒呈上을 보내고, 7품 이하는 4품에 대하여 모두 신申을 보낸다. 무릇 공사公事에 관한 일로 서로 통속統屬되어 모두 반드시 지휘指揮를 보내는 것을 제외하고, 통속 관계가 아니라면 전항前項의 체식體式에 따라 행이行移한다."라고 하였다.²³

원元에서 이와 같은 내용의 공문서를 보냈다는 것은 고려가 원과 주고받는 문서의 격식이 원元의 규정에 맞지 않았기 때문이다. 아마도 충렬왕 5년 이전의 고려는 송宋의 문서 행정 체제를 따르고 있었을 가능성이 크다.

기록에 표현된 행이 공문서는 모두 5종으로 금고첩今故牒·지휘指揮·첩

22　秋八月乙卯 命李夢游 詳定中外奏狀及行移公文式.『高麗史』卷3, 世家3, 成宗 6年 丁亥.
23　忠烈王五年五月 元中書省牒云 據來文 行移體例照得 品同往復用平牒 正從同 三品於四品並今故牒 六品以下皆指揮 四品於五品用平牒 於六品七品今故牒 八品以下指揮 如回報 四品於三品牒呈上 六品以下並申 六品於四品牒呈上 七品以下並申 凡干公事 除相統屬 並須指揮外 若非統屬 照依前項體式行移.『高麗史』卷84 志38 刑法1 公牒相通式.

발송 아문	문서 명칭	수신 아문
동품同品	평첩平牒	동품同品
3품	금고첩今故牒	4품
	지휘指揮	6품 이하
4품	첩정상牒呈上	3품
	평첩平牒	5품
	금고첩今故牒	6품 / 7품
	지휘指揮	8품 이하
6품 이하	신申	3품
6품	첩정상牒呈上	4품
7품 이하	신申	4품

[표-4] 『고려사』 「공첩상통식」 충렬왕 5년(1279) 기사의 행이 내용.

정상牒呈上·평첩平牒·신申이 그것이다. 이들 5종의 공문서를 다시 상달上達·평달平達·하달문서下達文書로 분류하면, 상달문서로 사용된 것이 첩정상牒呈上과 신申이며, 평달문서로 사용된 것은 평첩平牒이고, 하달문서로 사용된 것이 금고첩今故牒과 지휘指揮이다. 평달문서는 경우에 따라서 상달문서의 의미를 겸하기도 하였지만, 엄격한 의미로 볼 때는 이를 상달문서의 역할까지 겸했다고 보기에는 무리가 있는 것 같다.

「공첩상통식」의 행이 공문서는 거의 전적으로 원제元制에 기준한 것이었다. 원의 간섭이 시작되면서부터 고려는 원의 문서 행정 체제로 전환하였을 것이라고 생각된다. 당시 원의 문서 행이 체제는 『대원성정국조전장大元聖政國朝典章』의 규정을 통해 그 전모를 파악할 수 있다.

품계가 같은 아문에서는 평첩平牒으로 문서를 주고받는다. 〈정종正從은 같다.〉 3품三品은 4품四品과 5품五品에 대하여 금고첩今故牒으로 보내고, 3품이 6품六品 이하에 대해서는 모두 지휘指揮를 보낸다. 회보回

[도-5] 『대원성정국조전장』에 보이는 원대 공문서 행이 체제.

報하는 것은 4품은 3품에 첩상牒上을 보내고, 5품은 3품에 첩정상牒呈上
을 보내고, 6품 이하는 3품에 모두 신申을 보낸다. 그 사품은 5품에 평첩
으로 문서를 주고받고, 4품은 6품과 7품七品에 대하여 금고첩을 보내고,
4품은 8품八品 이하에 대하여 지휘를 보낸다. 회보하는 것은 6품은 4품
에 첩정상을 보내고, 7품 이하는 모두 신을 보낸다. 5품은 6품 이하에 대

수신\발송	3품	4품	5품	6품	7품	8품	9품
3품	平牒	牒上	牒呈上	申	申	申	申
4품	今故牒	平牒	平牒	牒呈上	申	申	申
5품	今故牒	平牒	平牒	牒上	牒呈上 (司縣幷申)	申	申
6품	指揮	今故牒	今故牒	平牒	平牒	牒上	牒呈上
7품	指揮	今故牒	今故牒	平牒	平牒		牒上
8품	指揮	指揮	指揮	今故牒	平牒	平牒	
9품	指揮	指揮	指揮	今故牒	今故牒	平牒	

[**표-5**] 『대원성정국조전장』의 행이 체제.

하여 금고첩을 보내고, 회보하는 것은 6품은 5품에 첩상을 보내고, 7품은 5품에 첩정상을 보내고, 〈7품의 사현司縣은 모두 신을 보낸다.〉 8품八品 이하는 5품에 모두 신을 보낸다. 6품은 7품에 평첩으로 문서를 주고받고, 6품은 8품에 금고첩을 보낸다. 회보하는 것은 8품은 육품에 첩상을 보내고, 9품九品은 6품에 첩정상을 보낸다. 그 7품에서 8품에, 그리고 8품에서 9품에는 평첩으로 문서를 주고받고, 7품에서 9품에는 금고첩을 보낸다. 9품에서 7품으로 회보하는 것은 첩상으로 보낸다.[24]

정리된 표를 통해서 알 수 있듯이 원元의 문서 행이 체제는 각 품계에 따라 다양하게 규정되는 특징이 있다. 5종의 공문서를 품계에 따라 구분하였지만 일관하는 법칙성을 찾기는 어려운 듯 하다. 기본적으로는 예禮의 정형

---

24 品同往復平牒〈正從同〉三品於四品五品並今故牒 六品以下皆指揮 回報者 四品牒上 五品牒呈上 六品以下並申 其四品於五品往復平牒 於六品七品今故牒 八品以下指揮 回報者 六品牒呈上 七品以下並申 五品於六品以下今故牒 回報者 六品牒上 七品牒呈上〈七品司縣並申〉八品以下並申 六品於七品往復平牒 於八品今故牒 回報者 八品牒上 九品牒呈上 其七品於八品 及八品於九品往復平牒 七品於九品今故牒 回報者牒上.『大元聖政國朝典章』 吏部 卷之八 公規二 行移.

화된 패턴을 따르고 있다 하더라도 운용상의 비효율적 요소는 감수해야 할 것이다. 앞으로 서술하겠지만,『경국대전』체제의 문서 행이 방식과 비교하면 복잡하고 효율성이 떨어진다는 것을 쉽게 알 수 있다. 이러한 원의 행이 체제를 수용한 고려의 문서 행이도 그다지 효율적이었다고는 할 수 없을 것 같다.

원의 영향을 받은 고려 후기의 문서 행정 체제는 조선 건국 후 명明의『홍무예제』를 중심으로 하는 문서 행정 체제를 들여오면서 본격적인 조선화朝鮮化의 길을 걷기 시작한다.

3
조선화 과정

『경국대전』 이전의 문서 행정

1. 『홍무예제』 체제의 도입

조선이 새롭게 개국되었더라도 일정 기간의 공문서 체제는 고려의 유습을 거의 그대로 따랐을 것이다. 태조는 즉위 교서에서, '국호는 이전대로 고려라 하고, 의장과 법제는 한결같이 전조前朝의 고사故事에 의거 한다.'라고[1] 천명했듯 왕조의 교체에 따른 공문서 체제의 정비에도 다소의 시간이 필요했다.

고려의 공문서 유제를 답습한 조선은 그 규정을 법전에 성문화 하였다. 『경제육전經濟六典』에는 이와 관련한 세부 규정이 있었을 것이지만, 지금은 실록 기사를 통해 관련 규정이 있었다는 사실만 확인할 수 있다.

○ 그 문자(문서)는 낭청郎廳의 원리員吏들이 『육전六典』에 따라 상통相通하고……[2]
○ 그 문자상통文字相通의 방식과 늠급廩給·아봉衙俸의 수량은 『경제육전經濟六典』에 한결같이 따른다.[3]

---

1 國號仍舊爲高麗 儀章法制 一依前朝故事. 『太祖實錄』 卷1 太祖 1年 7月 丁未.
2 其文字, 郎廳員吏, 依六典相通……. 『太宗實錄』 卷3 太宗 2年 1月 己亥.

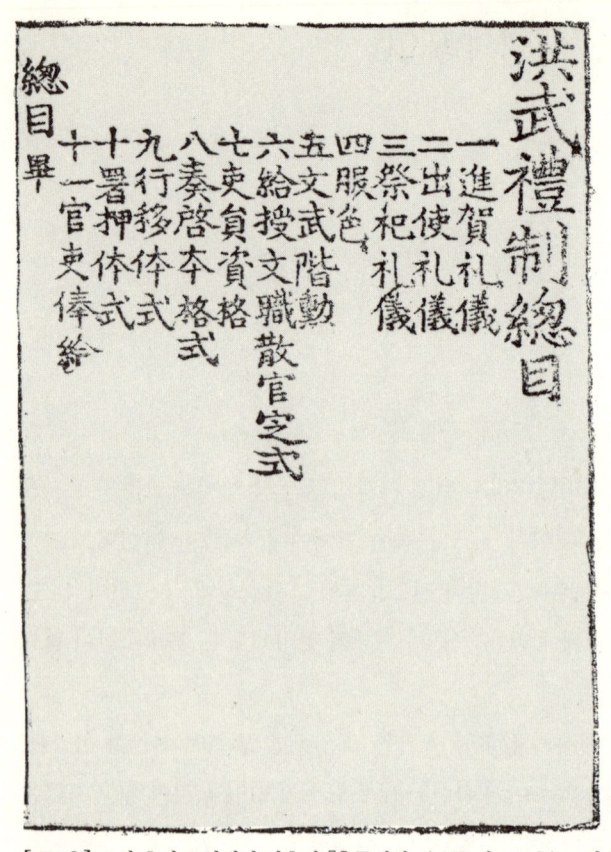

[도-6] 조선 초기 조선에서 인출된 『홍무예제』.(보물 제1079호) 조선은 명에서 『홍무예제』를 들여와서 목판으로 인쇄한 후 널리 보급하였다.

조선 초기 고려식 문서 행정의 유제遺制는 차츰 명나라를 중심으로 하는 조선적인 체제로 변화하기 시작한다. 그리고 그 중심에는 『홍무예제』가 자리하고 있었다. 『홍무예제』는 조선이 개국하면서 필요했던 여러 예

---

3. 其文字相通之式, 廩給衙俸之數, 一依經濟六典之例. 『太宗實錄』 卷6 太宗 3年 閏11月 壬戌.

식례式禮의 기본 틀을 제공한 책이다. 본래 중국 명明에서 만들어진 것이지만, 조선은 이를 거의 그대로 수용하여 조선 자체적으로 책을 인출하기까지 이른다.

『조선왕조실록』의 내용을 보면 『홍무예제』는 조선에서 크게 두 범주의 예식에 많이 참조되었다. 가장 보편적으로 활용된 것은 제례의祭禮儀와 관련된 각종 예식에 기본적인 근거로 사용된 것이다. 제례의에 관련한 내용이 『홍무예제』에 대한 실록 기사의 대부분을 차지하고 있는데, 이는 고제古制에 대한 시왕지제時王之制로서 조선 초기 여러 제례의식祭禮儀式을 정비하는 과정에서 『홍무예제』가 크게 준용되었던 것을 의미한다.[4]

제례의와 관련한 실록의 기사를 제외하면 『홍무예제』는 조선 초기 문서 행정 체계를 만드는 데 많이 활용되었다. 『홍무예제』의 「주계본격식奏啓本格式」, 「행이체식行移體式」, 「서압체식署押體式」은 모두 공문서의 기본 규식을 정비하는 주요 내용이다.

조선 초기 문서 행정과 관련하여 『홍무예제』가 어느 정도의 역할을 하였는지 아래 실록 기사를 보면 잘 알 수 있다.

○ 지금 본조本朝의 행이 체제는 중국의 제도를 한결같이 따랐다.[5]
○ 국조國朝의 일체 문자격식이 모두 『홍무례제』에 의하는데, 호구격식만은 아직도 전조前朝의 구제舊制를 답습하니 미편未便한 것 같습니다. 예조에서 상정詳定하게 하십시오.[6]
○ 지금 『홍무예제』나 『대명률』에 '우右는 모사某司에 신申한다.'고 한 것

---

4 金海榮, 「朝鮮初期 國家 祭禮儀의 정비와 『洪武禮制』」『淸溪史學』 9, 1992.
5 今本朝行移體制 一遵中朝之制. 『世宗實錄』 卷75, 世宗 18年 12月 壬午.
6 國朝一應文字格式 並依洪武禮制 獨戶口格式 尚仍前朝舊制 似爲未便 乞下禮曹詳定. 『太宗實錄』 卷30, 太宗 15年 11月 戊申.

이나, '현縣에서 주州에 신申하고, 주州에서 부府에 신申한다.'와 같은 예들도 역시 신하가 임금에게 알린다는 뜻이 아니고 순전히 아문간衙門間에 쓰는 것이 분명하다.[7]

○『홍무예제』에 의하여 각사各司에서 소신所申한 것을 계본啓本이라 개칭하였다.[8]

실록의 내용에서 확인되듯 조선 초기 문서 행정의 원칙은 『홍무예제』를 기본으로 하고 있다. 또한 실록에서는 『홍무예제』와 관련한 기사가 세종 32년(1450)을 마지막으로 더 이상 보이지 않는다.[9] 이는 『홍무예제』가 조선 초기에 국한하여 제도를 새롭게 정비하는 과정에서 참조되었을 뿐, 제도가 어느 정도 정비된 이후에는 거의 활용되지 않았음을 의미한다.

실제 『홍무예제』에 규정되어 있는 명대 공문서는 아주 다양하다. 이 모든 문서가 조선에서도 그대로 사용되었는지 지금으로서는 확언할 수 없다. 다만 앞서 살펴본 실록의 기사와 같이 문서 행정에 있어서 많은 부분 『홍무예제』의 형식과 체제를 참고하였을 것으로 볼 수는 있는 것이다.

다음 실록 기사는 조선 초기 『홍무예제』를 중심으로 하는 공문서 체제와 관련하여 상당히 중요하고 의미 있는 내용이다.

각품各品의 배읍拜揖 예도禮度와 문자상통식文字相通式을 고쳐 정하였다. 예조에서 장신狀申하였다.

"……. 종1품從一品 아문衙門과 종1품從一品 사신使臣과 정正·종2품從2품

7　今洪武禮制大明律 如曰 右申某司 縣申州 州申府之例 亦皆非臣下達君上之辭 而全用於衙門明矣. 『世宗實錄』卷61, 世宗 15年 閏8月 壬申.

8　依洪武禮制 各司所申 改稱啓本. 『太宗實錄』卷33, 太宗 17年 閏5月 丁丑.

9　『世宗實錄』卷127, 世宗 32年 1月 乙巳.

二品 사신이 1품一品 아문衙門에 대하여는 첩정牒呈을 보내고, 각 아문과 사신이 동등同等한 곳에 대하여는 평관平關을 보내고, 한 등等 이상 높은 아문에 대하여는 첩정牒呈을 보내고, 그 항수行首와 더불어 한 등의 차이 외에 한 등을 격隔한 이하의 사람은 모두 착명着名하고 착서着署를 허락하지 않고, 각 아문이 한 등을 격한 이하 아문에 대하여서는 차부箚付를 사용하고, 사신과 수령守令도 같고, 대소사신大小使臣이나 차사원差使員이 수령에게 대하여는 각각 직품職品에 따라 또한 동등同等 · 차등差等 · 격등隔等의 예례를 쓰고, 각관各官의 수령이 각 주군사州郡司에 대하여는 하첩下帖을 사용하도록 하소서."하니, 그대로 윤허하였다.[10]

인용문에서 제시하고 있는 다양하고 새로운 문서 행정은 고려의 유습을 답습하고 있던 『경제육전』의 구체제가 『홍무예제』의 새로운 체제로 재편되는 과정을 보여준다. 우선 13세기 원元의 영향을 받은 금고첩今故牒이나 첩정상牒呈上과 같은 공문서가 전혀 사용되지 않으며, 인용된 모든 공문서의 명칭과 행이 체제는 『홍무예제』의 규정에 준하고 있다.

조선 개국 후 일정 기간이 경과한 이후 조선의 공문서 행정은 전적으로 『홍무예제』의 규정을 따르게 되었으며, 문헌 자료와 실물 고문서로 현재까지 확인할 수 있는 공문서는 대략 차부箚付 · 조회照會 · 고첩故牒 · 하첩下帖 · 관關 · 자咨 · 첩정牒呈 · 정장呈狀의 8종류이다. 모두 『홍무예제』의 규정을 충실하게 반영하는 공문서만 현재까지 전하고 있다.

10　更定各品拜揖禮度 及文字相通式 禮曹狀申 …… 從一品衙門 從一品使臣 正從二品使臣 於一品衙門 行牒呈 各衙門及使臣於同等者 平關 差一等以上衙門 牒呈 與其行首等一等外 隔一等以下者 俱著名 不許著署 各衙門於隔一等以下衙門 用箚付 使臣及守令同 大小使臣差使員於守令 各以職品 亦用同等差隔等例 各官守令 各於州郡司用下帖 允之, 『太宗實錄』 卷7 太宗 4年 4月 丙子.

2. 공문서의 종류와 형식

조선 초기에 사용되었던 주요 공문서를 복원하는 것은 현존 자료가 극히 제한적인 상황에서 쉬운 일만은 아니다. 대부분 간접적인 자료를 통해 형식을 추정할 수밖에 없는데, 『홍무예제』와 『조선왕조실록』은 가장 기본이 되는 텍스트가 될 것이고, 이외에도 외교 문서를 관장하던 승문원에서 만든 외교문서 주석서인 『증정이문집람增定吏文輯覽』을 통해 명明에서 사용되었던 공문서의 용어를 비교적 상세히 살펴볼 수 있다. 이 세 가지 자료를 바탕으로 한다면, 조선 초기에 사용되었던 공문서의 종류와 형식은 어느 정도까지 복원될 수 있을 것으로 생각한다.

계달문서啓達文書

장신狀申 · 계본啓本 · 계목啓目
조선 초기에 사용된 계달문서는 장신狀申 · 계본啓本 · 계목啓目이 있다. 계본에 관해서는 『홍무예제』에 그 문서식이 전한다.
　계본啓本은 명明과의 외교 관계가 성립되면서부터 사용되었던 공문서이다. 따라서 원元의 간섭하에 있던 고려에서는 그 문서를 확인할 수 없다. 그러나 태종太宗 연간에는 장신狀申이라는 공문서가 국왕에게 올리는 계달문서啓達文書로서 사용되었다.

> 신민臣民 사이에 상통하는 서장書狀의 형식을 임금 앞에서 사용함은 마땅치 않으니, 바라건대 상언上言으로 상서上書를 대신하고, 계본啓本으로 장신狀申을 대신하고, 계목啓目으로 소식消息을 대신하게 하소서.[11]

위 내용을 통해서 계본이 쓰이기 이전에 장신이 사용되었던 것을 알 수 있고, 소식消息에 대신한 계목啓目의 존재도 확인된다. 『경국대전』의 규정에는 계목은 2품 아문 등이 작은 일로 국왕에게 올리는 공문서로 되어 있다.[12] 이렇듯 계목은 『경국대전』체제 하에서 사용되던 계달문서의 한 종류였다.

> 금후로 부득이한 큰 일은 장신狀申으로 보고하고, 작은 일은 직계直啓하여 친히 품품稟하라.[13]

앞서 언급하였지만, 태종 연간에 장신은 계본으로 바뀌었다. 계목이 『경국대전』의 규정대로 작은 일을 아뢰는 것이라면, 여기에서 이야기하는 직계直啓는 계목을 의미하는 것이거나, 계목은 초기적인 형태의 어떤 것이었다고 볼 수 있다. 『홍무예제』에는 장신과 계목에 대한 그 어떤 내용도 없는 것으로 보아, 이들 문서는 고려적인 또는 원의 문서 형식을 계승한 공문서

---

11 臣民間相通書狀之式 不宜用之於上前 乞以上言代上書 啓本代狀申 啓目代消息. 『太宗實錄』卷 24, 太宗 12年 12月 己巳.
12 大事啓本 小事啓目. 『經國大典』「用文字式」.
13 今後不得已大事則狀申 小事則直啓親稟. 『太宗實錄』卷1, 太宗 1年 3月 壬午.

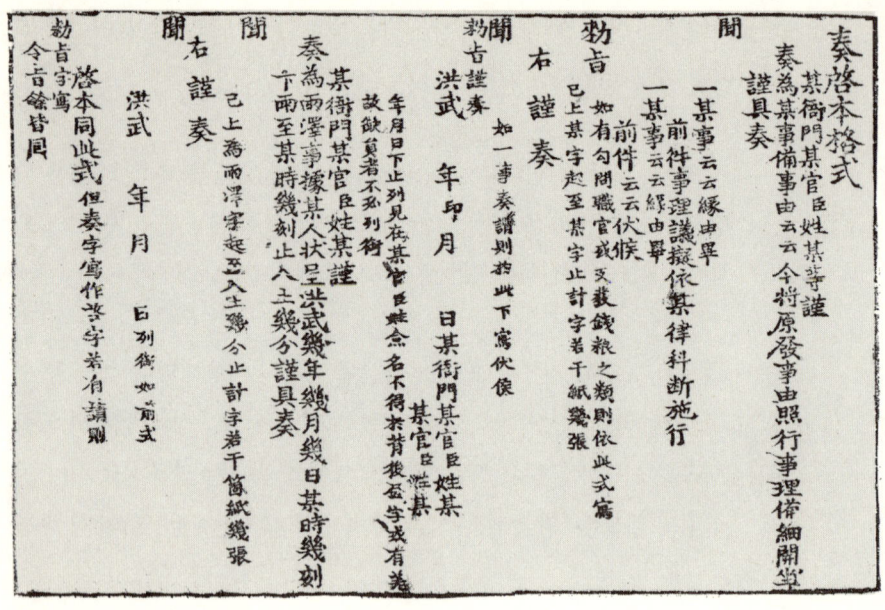

[도-7] 『홍무예제』 주계본격식.

였을 것으로 조심스럽게 유추할 수 있을 것 같다.

계달문서의 행정 용어 중에서 세종世宗 연간에 큰 문제가 되었던 것이 '신申'자이다. 세종이 예조에 전지傳旨하여 계啓와 신申과 관련한 선신善申·신정申呈·지신사知申事 등의 용어를 고치는 것이 어떠할지 의논하라고 하였다.[14] 이에 대해서 상정소詳定所 등에서 여러 논의를 거친 후 선신善申을 선계善啓로, 신정申呈은 상언上言으로, 근신謹申은 근계謹啓로, 신문申聞은 계문啓聞으로, 지신사知申事는 도승지都承旨로, 대언代言은 승지承

---

14 『世宗實錄』 卷61, 世宗 15年 閏8月 壬申.

旨로 할 것을 정하였다.[15] 신申자가 신하들 사이에만 사용할 수 있는 것으로 한정되는 과정을 보여주는 내용으로, 고려시대 왕의 지위가 폄하되었기 때문에 사용되었던 공문서 용어 신申을 계啓로 새롭게 바꾸는 내용이다.

『경국대전』이 시행되기 이전에 이미 계달문서는 계본과 계목 중심으로 어느 정도 윤곽이 잡혀가고 있었다. 아마 태종 연간에 장신이나 소식을 계본이나 계목으로 바꾸는 조치가 이러한 내용을 반영하는 것이다. 이 과정에서 『홍무예제』의 문서 행정 체제는 적극적으로 조선의 행정 시스템에 반영되었다고 할 수 있으며, 나아가서 『경국대전』 체제 역시 기본적인 원칙과 틀은 『홍무예제』에서 연원하고 있다는 점을 간과할 수 없다.

하달문서下達文書

조선 초기 공문서로 문헌이나 현전 고문서 자료를 통해 확인된 하달문서는 차부箚付·고첩故牒·하첩下帖이 있다. 차부는 현전 고문서가 남아 있지 않지만 기록상으로는 확인되며, 고첩은 기록상으로는 전혀 확인되지 않으나 현재 여러 점의 고문서가 전하고 있다. 하첩은 기록과 실물 고문서가 모두 전하고 있다. 현재 전하고 있는 고첩을 볼 때, 비록 실록 등에 문서의 명칭이 나오지 않더라도 『홍무예제』에 규정된 다양한 하달문서가 조선에서 더 사용되었을 개연성은 충분히 있다.

---

15 『世宗實錄』 卷61, 世宗 15年 9月 庚寅.

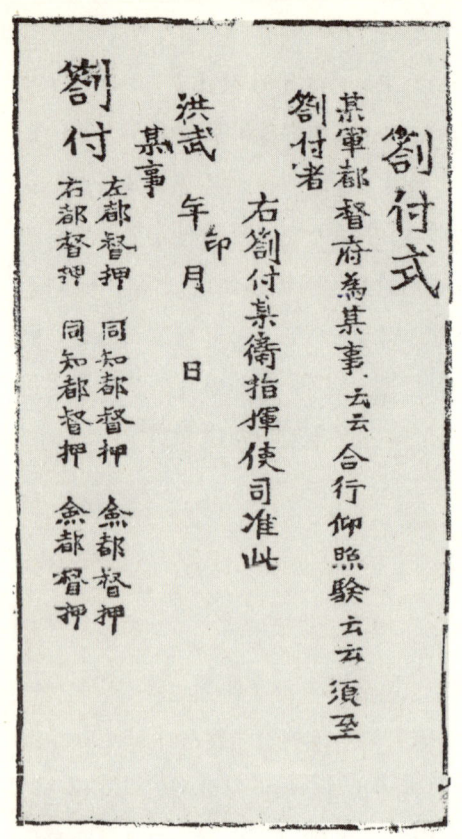

[도-8] 『홍무예제』 차부식.

문서의 발급자와 수령자의 관계에 따라 문서를 발급하는 정1품 도독부 관원은 착압着押만 한다. '合行仰照驗 云云 須至箚付者'의 의례적인 문투에서 행行은 위爲와 같이 '무엇을 하다'의 의미이며,[16] 앙仰은 망望의 의미로, '무엇을 바란다'의 의미이다.[17] 조험照驗은 어떤 일을 증명證明한다는 말이다.[18] 수須는 수요須要와 같이 '마땅히 무엇을 바란다'의 의미이다.[19]

---

16 合行移關 : 行猶爲也 言合爲移關也.『經國大典註解』, 檀國大學校東洋學硏究所 影印本, p. 275.
   合行移咨 : 行猶爲也 言合爲移咨也 他倣此.『增定吏文輯覽』卷2.
17 仰 : 猶望也.『增定吏文輯覽』卷2.
18 照驗 : 謂證明其事也.『經國大典註解』, 檀國大學校東洋學硏究所 影印本, p. 280.
19 須至關者 : 須要送至關文也.『經國大典註解』, 檀國大學校東洋學硏究所 影印本, p. 276. 須至咨

	발급		수령	
조회照會	오군도독부伍軍都督府	정1품	육부六部	정2품
	포정사布政司	종2품	안찰사按察使	정3품
차부箚付	오군도독부伍軍都督府	정1품	경력사經歷司	소속아문
	도찰원都察院	정2품	어사도御史道	소속아문
	육부六部	정2품	청리사淸吏司	소속아문

[표-6] 『증정이문집람』의 조회와 차부 예시.

차부箚付

차부는 조회照會와 거의 비슷하게 사용되었지만, 상사上司에서 소속 아문에 하달할 때에 주로 사용된 문서이다.[20] 조회는 상사上司에서 하사下司에 내리는 공문서이다.[21] 다시 말해서 조회와 차부 모두 상급 관청에서 하급 관청에 하달하는 공문서였다. 하지만 『증정이문집람增定吏文輯覽』에서 수수 관계를 나타내기 위해 예시한 아문의 위계를 보면, 조회는 1품이나 2품 아문에서 하달하는 문서였고, 차부는 1품이나 2품 아문에서 소속 아문에 하달하는 문서였음을 알 수 있다.

고첩故牒

고첩은 학계의 연구가 미진하였던 것에 비하면 상당히 오랜 연원을 가지는 공문서이다. 아마도 고첩에 대한 첫 소개라면, 2000년 10월에 있었던 한국정신문화연구원(현 한국학중앙연구원) 고문헌관리학과 전공 수업인 '고문서학 개론' 시간에 박병호朴秉濠 교수가 직접 만든 강의 교재를 통해 처음

者：須要送至吞文也.『增定吏文輯覽』卷2.
20　箚付：大槪與照會同 但上司行所屬衙門 居多如五軍都督府行經歷司 都察院行御史道 八部行各淸吏司之類.『增定吏文輯覽』卷2.
21　照會：上司行下司之文 如五軍都督府行六部 各布政司行按察使之類.『增定吏文輯覽』卷2.

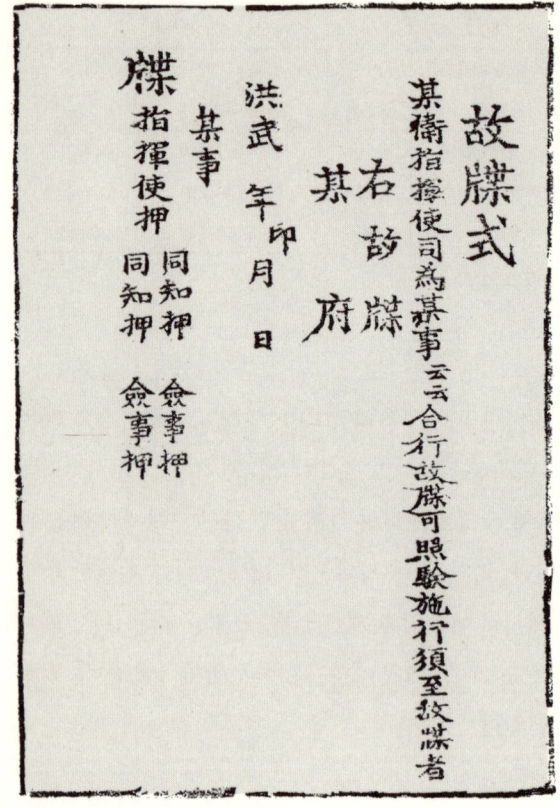

[도-9] 『홍무예제』 고첩식.

알려졌을 것으로 생각된다.

고첩은 상사에서 하사에 하달하는 문서로 조회와 대략 비슷하지만, 3품 이하의 아문에서 사용하는 것으로 설명되고 있다.[22] 조회와 차부·고첩 모두 하달문서이지만, 조회와 차부가 1·2품 아문의 하달문서인 것에 대해

---

22   故牒 : 上司行下司之文 如照會略同 但此則三品以下官用之 如通政司行尙寶寺 京府行各府之類. 『增定吏文輯覽』 卷2.

	발급		수령	
고첩故牒	통정사사通政使司	정3품	상보사尙寶司	종5품
	경부京府	정3품	각부各府	정4품

[표-7] 『증정이문집람』의 고첩 예시.

	발급		수령		연대
고첩故牒	이조吏曹 전서典書	정3품 당상	통덕랑通德郞	정5품	1403년(태종3)
	이조吏曹 전서典書	정3품 당상	봉정대부奉正大夫	정4품	1404년(태종4)
	이조吏曹 판서判書	정2품	봉정대부奉正大夫	정4품	1407년(태종7)
	이조吏曹 판서判書	정2품	선교랑宣敎郞	종6품	1444년(세종26)

[표-8] 현전하는 조선 초기 고첩의 발급·수령 품계.

고첩은 3품 이하의 아문에서만 사용할 수 있었던 하달문서이다.

『증정이문집람』에 주석된 고첩은 명明에서 사용되는 공문서의 개념인데 비해서, 조선 초기에 실질적으로 사용된 고첩은 명과 차별이 있었다. 투식어도 약간 다르기는 하지만, 무엇보다 차이가 심한 것은 문서 발급자와 수령자의 품계이다. 특히 현전하는 조선 초기 고첩은 문서 발급자가 2품까지 올라가고 있다.

태종 5년에 육조六曹를 정2품 아문으로 승격시키면서 공문서 시스템까지는 손을 보지 못한 것 같다. 정3품 아문일 때 사용한 고첩을 미처 혁신시키지 못하고 계속 사용하였기 때문이다.

육조의 관원을 볼 때 고첩에는 겸직兼職인 판사判事가 보이고 있어 주목된다. 판사를 폐지하고 정3품인 전서典書를 정2품인 판서判書로 승격시키면서 육조가 직접적으로 조정의 일에 참여하게 된 것은 태종의 육조 중심적인 국정 운영에 기인한다.[23] 그러나 구체적으로 언제 판사가 폐지되고 판서가 등장하였는지는 확실하지 않다.[24] 고첩에 판사가 나오는 것은 1403년과 1404년에 이조에서 정전鄭悛에게 내려 보낸 고첩이 현전하는 것으로 유일하다. 그리고 1407년의 고첩에 판서가 등장하기 때문에 판사는 1404년 9월 17일 이후 1407년 12월 18일 이전에 폐지되었던 것으로 볼 수 있다.[25] 그러면 구체적으로 1405년경부터 원칙적으로 이조에서 이러한 고첩을 발급하는 것은 『홍무예제』의 규식에 맞지 않는 것이다. 1404년의 실록 기사에서도 보이듯이,[26] 1405년 경 육조에서 판사가 폐지되고 품급이 격상된 이후부터는 기존에 사용된 고첩은 모두 차부로 바꿔서 사용되었어야 했다. 그러나 끝내 이러한 제도적 혼란은 개정되지 않았고, 『경국대전』이 시행되면서 수수관계를 엄격히 지키는 공문서 규식이 정비된다. 이들 문서는 『경국대전』 체제에서는 모두 관關으로 통일되는 공문서이다.

고첩의 연원은 당대唐代까지 거슬러 올라간다. 중국의 공문서 제도는 당대를 중심으로 연구가 활발하게 진행되었는데, 특히 돈황에서 당대 공문서의 원형을 살필 수 있는 공식령公式令의 잔권殘卷이 발견되었다.[27] 이를 보면, 이미 당대에 첩牒과 '관關' 같은 공문서가 사용되고 있었다.

투르판에서 출토된 첩식牒式 공문서에는 문서의 말미에 고첩과 근첩謹牒을 기재하고 있다. 고첩의 원형은 당대 첩에서 찾을 수 있는데, 고첩은 첩

---

23 韓忠熙, 『朝鮮初期 六曹硏究』, 高麗大博士論文, 1992, pp. 21~49.
24 한충희 교수는 하륜신도비명河崙神道碑銘과 성석린행장成石璘行狀을 분석하여 판사가 폐지된 기간을 1403년에서 1406년 사이의 어느 시기로 보고 있다. 더 정확하게는 1405년 육조 중심의 국정운영으로 판사 제도가 폐지되었을 것으로 추정한다.
25 1404년의 고첩은 발급일자가 9월 17일이고, 1407년의 고첩은 12월 18일이다.
26 更定各品拜揖禮度 及文字相通式 禮曹狀申……各衙門及使臣於同等者 平關…… 各衙門於隔一等以下衙門 用箚付 ……, 『太宗實錄』卷7, 太宗 4年 4月 丙子.
27 仁井田陞, 『唐令拾遺』, 東京大學出版會, 1933, pp. 542~606.

이 하달하는 경우에 문서의 말미에 사용되는 투식어이고, 근첩은 첩이 상달하는 경우에 역시 문서의 말미에 사용되는 투식어였다.[28]

하첩下帖

하첩의 첩帖은 고첩의 첩牒과 통용되는 동일 개념의 용어가 아니다. 첩帖과 첩牒의 차이는 『홍무예제』의 문서식과 현전하는 문서를 통해 확인되는데, 고첩일 경우에는 첩자인牒字印을 찍고, 하첩의 경우에는 첩자인帖字印을 찍는다.

『증정이문집람』에 의하면, 하첩은 대략 차부와 같지만 각 아문에서 소속 관원에게 문서를 내릴 때 사용한다.[29]

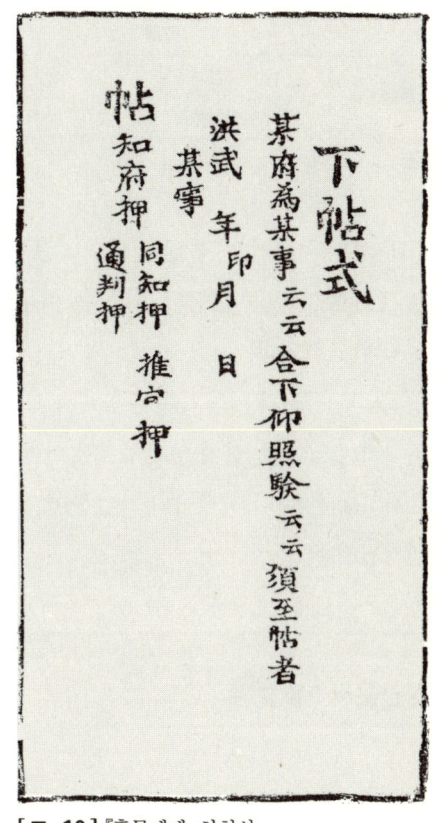

[도-10] 『홍무예제』 하첩식.

하첩은 미관말직의 관원에게 상급 아문에서 하달하는 지시, 명령 문서이다. 따라서 문서의 의례적인 투식도 그 존칭 정도에 있어서 차이가 난다. 예

28　中村裕一, 『唐代公文書研究』, 汲古書店, 1996, pp. 186~190.
29　須至帖者 : 帖文大略與箚付同 但各衙門行所屬官員 居多如國子監行典簿廳 按察使行照磨所之類也. 『增定吏文輯覽』卷2.

	발급		수령	
하첩下帖	국자감國子監	종4품	전부청典簿廳	종8품
	안찰사按察使	정3품	조마소照磨所	종9품

[표- 9] 『증정이문집람』의 하첩 예시.

컨대 차부와 고첩은 '합행合行'으로 표현하는 것을 하첩에서는 '합하合下'로 표현하고 있다. 하첩의 '하下'는 차부와 고첩의 '행行'에 비해서 상대방을 낮춘 표현이다.

첩帖도 첩牒과 마찬가지로 당대唐代에 이미 사용되었다. 공식령에는 그 문서식이 없지만, 실제 문서가 토로번 등에서 상당수 발굴되었다.[30] 공문서로서 첩帖은 예나 지금이나 하달문서로써 쓰임은 거의 비슷하였을 것으로 생각된다.

상달문서上達文書

첩정牒呈

첩정은 하사下司에서 상사上司에 상달하는 문서이다.[31] 조선 초기의 공문서에 있어서 첩정의 개념은 『경국대전』 체제에서의 첩정과 크게 다르지 않다. 첩정은 『홍무예제』에 문서식이 있는 자정咨呈·정장呈狀·신장申狀 등의 공문서와 대략 쓰임이 비슷하였을 것이다.

상달문서로서 첩정은 보편적으로 사용된 공문서였다. 『홍무예제』의 문서식이나 행이 체제가 상당부분 첩정을 사용해서 상달하고 있기 때문

30　中村裕一, 『唐代公文書研究』, 汲古書店, 1996, pp. 262~265.
31　牒呈：下司呈上司之文. 『增定吏文輯覽』 卷2.

이다.

첩정에 대한 발급과 수령 아문의 품계에서 보이듯이 첩정은 품계의 제약 없이 하사에서 상사에 올린 공문서를 통칭하였던 것으로 보인다.『홍무예제』의 첩정식을 보면, 상달 문서이기 때문에 의례적인 문투에서도 '복청伏請'이라고 쓴 것이 주목된다.

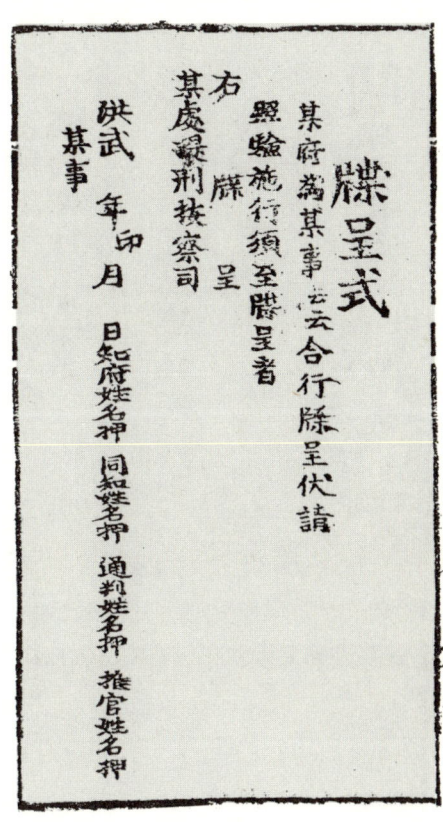

[도-11]『홍무예제』첩정식.

평달문서平達文書

평관平關

관關은 돈황에서 발견된 당대 공식령 잔권에도 문서식이 보인다.『증정이문집람』에 의하면, 관은 3품 이하로 품급이 같은 아문에서 상통하는 문서라고 설명하고 있다.[32] 당시 명明에서는 평관과 함께 '자咨'라는 공문서가 있

---

32 關 : 三品以下 凡品級相同衙門 相通之文也.『增定吏文輯覽』卷2.

조선화 과정 89

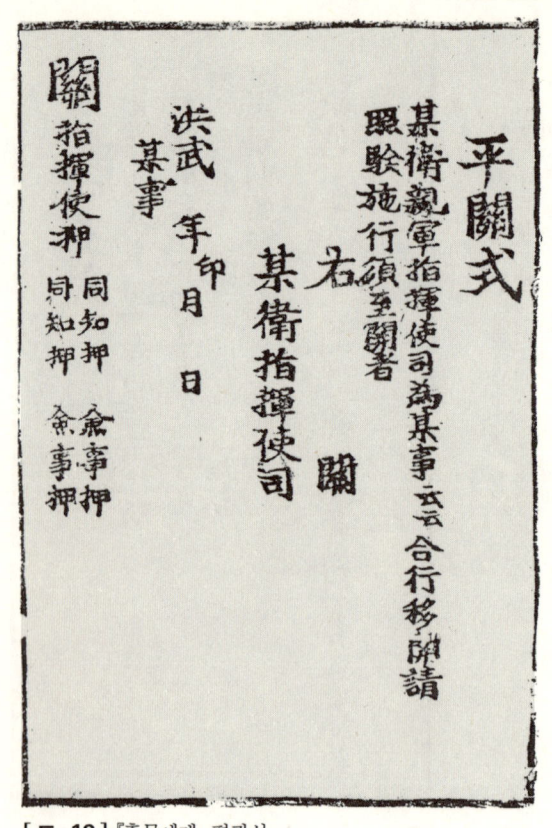

[도-12] 『홍무예제』 평관식.

었다. '자'는 2품 이상의 동품同品 아문에서 상통하는 공문서였다.[33] 다시 말해서, 명대 동등 아문의 상통 문서는 평관平關과 평자平咨가 있었던 것이다.

　조선시대 자咨는 외교 문서에만 사용되었다. 조선의 국왕이 명의 예부禮

33　咨 : 二品以上官行同品衙門之文. 『增定吏文輯覽』 卷2.

部와 같은 2품 아문에 외교 문서를 보낼 때 사용한 문서로, 조선의 국왕이 명의 예부와 동급 아문으로 예우 받았던 것을 알 수 있다.

조선시대 평관은 평달문서로서의 기능뿐만 아니라, 하달문서의 기능도 수행하였다. 이는 『경국대전』의 규정에서도 확인되고, 또한 현전하는 『경국대전』 이전의 조선 초기 관關에서도 확인할 수 있다. 이점은 아주 특별한 경우인데, 결론부터 말하자면 조선시대에 있어서 관은 평달문서와 하달문서의 기능을 같이하였다는 것이다.

조선 초기 공문서의 특징은 하달문서가 다른 문서에 비해서 여러 종류로 사용되고 있다는 점이다. 특히 평관이 하달문서의 역할까지도 겸하게 된 것은 특징적이며, 고첩과 같은 경우 조선에서는 명明의 규정대로 사용되지 않고 상당히 포괄적인 하달문서로 사용되었던 것을 알 수 있다.

명의 공문서 시스템에서 조회·차부·고첩·하첩이 각각 하달문서의 역할을 수행하였던 것에 비하면, 조선 초기 공문서는 그 역할이 정합적整合的인 성격을 가지고 있지 못하다. 이는 명과의 외교 관계와 수시로 변화했던 관직 체계에 기인하는 것도 있겠지만, 무엇보다도 명의 제도에 대한 맹목적인 답습이 아니라는 것에 의미가 있을 것이다. 다시 말해서 명과 같은 복잡한 공문서 시스템을 지양하고 조선은 가급적이면 포괄적이고 효율적이며 간소한 문서 행정 시스템을 구현하고자 노력하였던 것이다. 그래서 『홍무예제』에 보이는 여러 공문서를 모두 사용하지 않고, 몇 종의 단일 문서로 정착을 시킨 것이다.

3. 인사 행정 문서

 조선 초기 인사 문서는 두 가지 측면에서 문서 행정과 관련한 연구의 핵심 주제가 될 수밖에 없다.
 하나는 현전하는 조선 초기 공문서의 대부분이 인사 문서라는 점이다. 문중이나 종가에서 조상의 인사 문서를 소중하게 보관하였기 때문에 그나마 20여 점이라도 현전하게 되었으며, 따라서 조선 초기 공문서의 일단이 20여 점의 인사 문서를 통해 밝혀지고 있다.
 다른 하나는 조선 초기 공문서 혁신의 방향과 관련한 것이다. 『홍무예제』에는 인사 문서의 공문서 형식이 규정되어 있지 않다. 하지만 『경국대전』에는 인사 문서의 형식을 규정하고 있는데, 이는 조선 초기 서경권과 연계하여 인사권의 행사 문제가 첨예한 갈등의 대상이 되었기 때문이다. 조선은 개국 후 수십 년 동안 왕권과 신권의 대립 구도 속에서 제도의 변화를 꾀하였고, 결과적으로 서경권을 포함하는 인사 행정의 원칙은 『경국대전』에서 최종적으로 확정되기에 이른다. 인사에 대한 대신의 서경권을 5품 이하로 확정하면서 기나긴 대립과 갈등 구도는 종결을 고한다.
 따라서 현전하는 조선 초기 인사 행정 문서에 대한 이해가 없다면 조선 초기 문서 행정을 파악하기란 사실상 불가능하다.

『경국대전』의 오품이하고신五品以下告身은 교첩教牒이라는 문서 이름으로 잘 알려져 있다. 교첩의 문서 명칭과 관련해서는 다음의『실록』기사에 근거하여 현재 통용되고 있는 것 같다.

> 고신식告身式을 고쳤다. 1품에서 4품까지는 왕지王旨를 내리는데 이를 관교官敎라 하고, 5품에서 9품까지는 문하부門下府에서 봉교奉敎하여 첩牒을 주는데 이를 교첩敎牒이라 하였다.[34]

『경국대전經國大典』시행 이후『실록』에는 교첩敎牒이라는 용어가 사용되지 않는데, 오늘날 학계에서는 교첩이라는 용어가 통용되고 있더라도 교첩을 조선시대 오품이하고신을 아우르는 인사 문서의 용어로 보는 것은 문제의 소지가 있다.

이미 논쟁의 여지를 남겼지만, 조선 초기 서경과 관련한 인사 관련 공문서는 여러 다른 문서 명칭으로 규정되고 있다. 조사첩朝謝牒 혹은 사첩謝牒으로 하기도 하고,[35] 고첩故牒·하첩下帖·평관平關 등으로 부르기도 하였다.[36]『실록』등을 보면 당시 관습적으로 부르던 용어는 사첩謝牒이나 교첩敎牒 등이었던 것으로 보인다. 그러나 법전法典에 규정된 법률적인 문서명은 이들 사첩이나 교첩과는 달랐으며,『홍무예제』에 근거한다면 고첩·하첩·평관이 오히려 타당하다.

그러나 어느 용어를 사용하더라도『경국대전』체제 이전의 교첩은 반드시 '서경署經'과 관련된 내용이 기재되는 특징이 있다. 서경의 내용을 중심

---

34 改告身式 一品至四品 賜王旨曰官敎 五品至九品 門下府奉敎給牒曰敎牒.『太祖實錄』卷2, 太祖 1年 10月 癸酉.
35 박재우,「15세기 인사문서의 양식 변화와 성격」,『역사와현실』59, 2006.
36 박준호,「「洪武禮制」와 朝鮮初期 公文書 制度」『古文書研究』22, 2003.

으로 인사 문서를 이해한다면 조사첩朝謝牒으로 볼 수 있고, 왕지王旨 혹은 교지敎旨의 상대되는 개념으로 이를 파악하고자 한다면 교첩敎牒이 그에 상응하는 개념일 것이다. 또한 『경국대전』 체제의 오품이하고신을 이해하기 위해서는 부득불 『홍무예제』의 고첩·하첩·평관 체제를 고집해야 하는 이유가 여기에 있다.

태조 이성계는 관리 임명에 있어서 국왕의 의지가 가능한 직접적으로 반영되기를 원했다. 그래서 고려시대 관리 임명에 걸림돌이었던 대간의 서경권을 축소시키고자 하였고, 4품 이상의 관원을 임명하는 경우에는 대간의 서경을 거치지 않고 국왕이 직접 고신을 발급하도록 하였다.

> 고려 왕조의 고신告身을 서경署經하는 법에 있어서 불편한 것이 있었으므로 이로써 이를 고치게 한 것이니, 마땅히 지금부터는 4품 이상의 관원은 교명敎命을 내리고, 5품 이하의 관원은 문하부門下府에서 첩牒을 발급하되, 만약 직책에 맞지 않은 사람이 있으면 뒤따라 즉시 논핵하게 하라.[37]

관리를 임명함에 '불서고신不署告身'하여 국왕의 의지에 반하는 대간臺諫의 입장 표명은 국왕에게 있어서 늘 불편한 점이었다. 『고려사』나 『조선왕조실록』에는 여러 곳에서 이와 관련한 기록이 보인다. 고려시대에는 특히 불서고신이 심해서 국왕이 여러 번 서경을 독촉해도 대간은 명령에 따르지 않았다.[38] 그 일례를 보면 다음과 같다.

---

[37] 其在前朝告身經署之法 有未便者 是以革之 宜自今四品已上 賜敎命 五品已下 令門下府給牒 如有不稱職者 隨卽論劾. 『太祖實錄』 卷2, 太祖 1年 12月 戊辰.
[38] 不署告身에 대한 사례는 다음의 선행 연구를 참조할 것. 朴龍雲, 『高麗時代 臺諫制度 硏究』, 一志社, 1993(五刷本), p. 87.

낭사郎舍가 공功이 없으면서 조상의 내력에 흠이 있는 자가 많이 관직에 임명되자 고신告身을 서경署經하지 않았다. 왕이 여러 번 서경하기를 명하였으나 따르지 않으니, 왕이 노하여 홀적忽赤 최숭崔崇에게 명하여 사의대부司議大夫 백문절白文節을 체포하였다.[39]

조선 태조는 국왕의 인사권을 보다 강화하기 위해서 1품부터 9품까지였던 고려시대의 서경 범위를 축소시키는 방법을 생각하였다.[40] 이에 따라 1품부터 4품까지는 대간의 서경이 필요하지 않은 인사 문서를 발급하였다. 왕지王旨로 시작되는 문서가 당시 새롭게 만들어진 대간의 서경을 거치지 않는 인사 문서의 형식이다. 하지만 『경국대전』이 확정되기까지 관리 임명에 있어서 서경의 범위는 늘 신권과 왕권의 대립 구도로 첨예한 문제가 되었다.

『경국대전』이 완성되기 이전 인사 문서의 형식은 일반적인 공문서와 차별이 없었다. 기두식起頭式만 조사朝謝·고신告身·차정差定·차임差任 등의 용어가 상고相考·진성陳省 등의 용어를 대신하였을 뿐이다. 따라서 『홍무예제』에 근거하는 조선 초기 일반적인 공문서 투식이 그대로 인사 문서에도 반영되었으며, 제수되는 관직이나 관품에 따라 형식을 달리하였다.

조선 초기 인사 문서의 형식 변화는 교지敎旨·교첩敎牒 모두 두 번 정도 있었다. 왕지에서 교지로 변화된 것이 하나이고, 세조 연간에 고첩故牒·평관平關이 첩牒으로 변화된 것이 다른 하나이다. 왕지에서 교지로의 변화와 관련한 『실록』 기사는 두 곳에서 보인다.

---

39 郎舍 以無功有世冑者 多拜官 不署告身 王屢命署之 不從 王怒 命忽赤崔崇 逮司議大夫白文節. 『高麗史』 卷28, 世家 28 忠烈工 4年 四月 己未.

40 고려시대의 서경 범위(1품부터 9품까지)를 확인할 수 있는 기록은 여러 곳에서 보인다. 朴龍雲, 앞의 책, pp. 85~87.

(가) 예조에서 계하기를, "삼가 중국의 제도를 상고하니, 각 아문에서 주문흠 봉奏聞欽奉하는 문서를 모두 성지聖旨·칙지勅旨라고 합니다. 지금 본조本朝의 각사各司에서는 계문취지啓聞取旨하는 일에 모두 왕지王旨라고 하는 것은 옳지 않습니다. 청컨대 앞으로 중외 각 아문에서 계문봉행啓聞奉行하는 문서는 모두 교지敎旨라고 칭하소서."하니, 그대로 따랐다.[41]

(나) 이조에서 계하기를, "속전續典에는 판判을 고쳐 교敎라 하고, 왕지王旨를 고쳐 교지敎旨라 하였는데도, 관교작첩官敎爵牒과 외리外吏의 정조안일차첩正朝安逸差帖에는 그대로 왕지王旨라 일컫게 되니, 실로 옳지 않습니다. 청컨대 모두 교지敎旨로 고치소서."하니, 그대로 따랐다.[42]

(가)는 1425년(세종 7)의 기사이고, (나)는 1435년(세종 17)의 기사이다. 『실록』의 내용만으로는 1425년부터 왕지는 교지로 대체되었다. 그러나 현전하는 조선 초기 왕지와 교지를 종합하면 최하한의 왕지는 1434년 2월 26일 이징석李澄石에게 내린 것이고, 최상한의 교지는 1434년 4월 23일 이정李禎에게 내린 것이다.[43] 그렇다면 인사 문서가 왕지에서 교지로 변화된 것은 1434년 2월 26일부터 4월 23일 사이의 어느 날이 될 것이다.

교첩에 해당되는 고첩·하첩·평관은 조선 개국 이후 형식적인 틀은 일정하게 유지되었다. 세조 연간에 이두吏讀의 사용을 지양하는 하교에 따라 다소의 형식 변화가 있었지만, 서경 사실을 기재하는 기본적인 형식에는 변화가 없었다. 하지만 세조 12년부터는 기존의 교첩이 모두 사라지고, 『경국대

---

41 禮曹啓 謹按中朝之制 各衙門奏聞欽奉文書 皆稱聖旨勅旨 今本朝各司於啓聞取旨之事 皆斥言王旨 未便 請自今凡中外各衙門啓聞奉行文書 皆稱敎旨 從之,『世宗實錄』卷29, 世宗 7年 7月 甲戌.

42 吏曹啓 續典 改判爲敎 改王旨爲敎旨 而官敎爵牒及外吏正朝安逸差帖 仍稱王旨 實爲未便 請竝改以敎旨 從之,『世宗實錄』卷69 世宗 17年 9月 辛未.

43 『朝鮮前期古文書集成-15世紀篇』, 國史編纂委員會, 1997, pp. 23~24.

1456년(세조 2)	1457년(세조 3)	1468년(세조 14)
吏曹奉 教將仕郎鄭玉堅爲從仕郎(……) 成化四年十月初六日 判書　參判臣(着名)　參議 　　　　　　　　　行正郎臣金(着名) 行佐郎	批襄衖爲進勇校尉已經議署關請照驗准此所據本官告 身理宜出給爲此須至牒者 右　牒 進勇校尉襄 天順元年十一月初四日 告身 (……)爲告身事天順元年十月十六日准司憲府關該 本年八月十四日 〈이하 생략〉	兵曹爲朝謝准事司憲府兵房書吏邊夏康景泰七年正月 十六日名關曹所 啓景泰六年十月二十三日 教修義校尉教勇副尉襄衖 朝謝由移關爲等以合行故牒須至故牒者 右　故　牒 修義校尉襄 景泰七年五月二十日 朝謝准 〈이하 생략〉
고첩 [도- 15]	첩 [도- 14]	오품이하고신 [도- 13]

[표- 10] [도- 13]~[도- 15]의 석문.

전』체제의 오품이하고신五品以下告身 형식의 인사 문서가 사용된다.[44]

형식이 다른 세 종류의 문서를 비교하면 [표- 10]과 같다.[45]

[도- 13]형식에서 [도- 14]형식으로의 변화는 세조 3년에 동서반東西班 오품이하고신에 이두를 이문吏文으로 대신 사용하라는 『실록』 기사에 근거

44　박준호, 「『經國大典』체제의 문서 행정 연구」『古文書研究』 28, 2006, pp. 120~125.
45　A와 B는 안동 흥해배씨 고문서이고未刊, C는 거창居昌 초계정씨草溪鄭氏 동계종택桐溪宗宅 고문서이다. 『古文書集成』 23 居昌草溪鄭氏篇, 한국학중앙연구원, 1995.

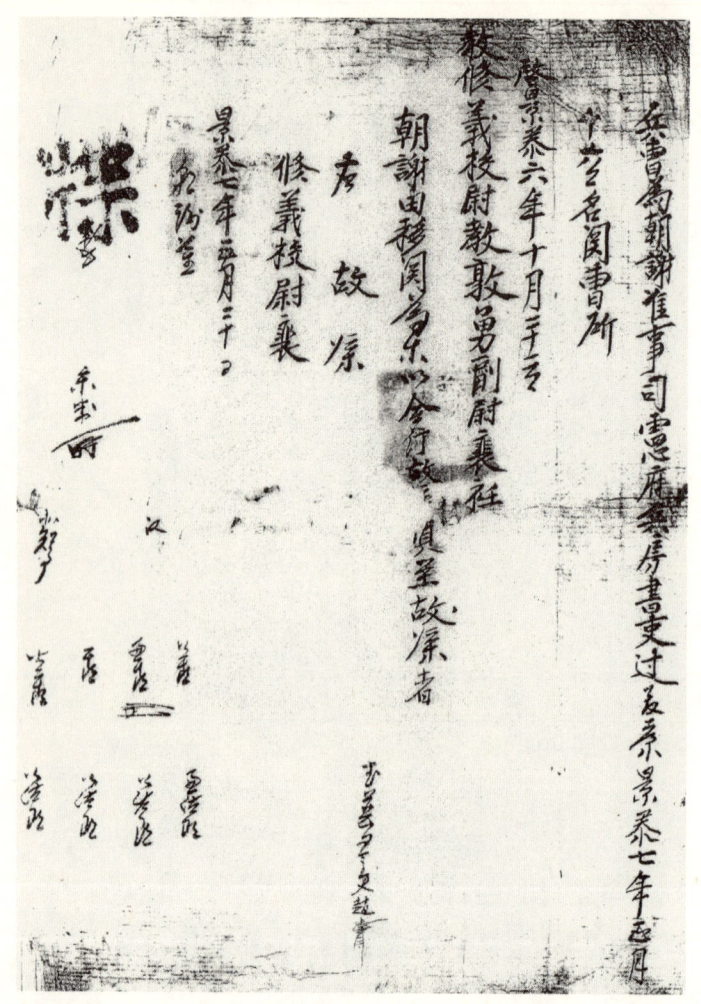

[도-13] 1456년(세조 2) 배임裵衽을 수의교위修義校尉에 임명하는 고첩故牒.

한다.⁴⁶ 그래서 [도-14]에서는 '朝謝由移關爲等以(조사를 마치고 관關을 보냈기에)'와 같이 이두가 사용된 문구는 '已經議署關請照驗准此⁴⁷(이미 경의하여 결재를 마친 관關을 보냈으니, 청컨대 이를 확인할 것)'로 변화되었다.⁴⁸ '合行故牒(고첩을 보내기에 합당하다)'의 合行은⁴⁹ '所據本官告身理宜出給(~에 근거하여 본관이 고신을 출급하기에 마땅하니)'로 바꿨다.

조선 초기 인사문서에는 제수 관직에 따라 비批와 교敎의 쓰임이 조금씩 달랐던 것으로 보인다.⁵⁰ 현재까지 확인 가능한 조선 초기 인사 문서의 비교批敎를 정리하면 [표-11]과 같다.

조선 초기 인사문서에서는 대부분 비교批敎를 사용하였고, 1449년과 1450년에만 제除를 사용하였다. 제를 사용한 것은 다음 『실록』 기사에 근거한다.

의정부議政府에 전지傳旨하기를, "금후로는 동궁東宮이 3품 이하를 제수하는 비교批敎에 대보大寶를 쓰지 말고 동궁지인東宮之印을 쓰며, 관교官敎에 교지敎旨를 휘지徽旨로 개칭하라. 동반東班 6품 이상 서반西班 3품 이상은 비批를 수授로 개칭하고, 동반 7품 이하 서반 4품 이하는 교敎를 제除로 개칭하라." 하였다.⁵¹

46　吏曹啓 吏科及承蔭出身封贈爵牒等項文牒 皆用吏文 獨於東西班五品以下告身 襲用吏讀 甚爲鄙俚 請自今用吏文 從之. 『世祖實錄』 卷8, 世祖 3年 7月 甲戌.
47　照驗은 어떤 일을 증명한다는 의미이다. 照驗 : 謂證明其事也. 『經國大典註解』, 檀國大東洋學硏究所, p. 280.
48　同品의 衙門에서 呑나 關을 받았을 때 의례적으로 准이라고 쓴다. 准 : 凡同品衙門受呑關者例稱准. 『增定吏文輯覽』 卷2.
49　合行의 行은 爲의 의미이다. 合行移呑 : 行猶爲也, 言合爲移呑也. 他倣此. 『增定吏文輯覽』 卷2.
50　下批는 除授 또는 授職의 의미를 가지고 있다. 『大明律直解』에는 이와 관련하여 다음과 같이 풀이한다. (1) 凡除授官員須從朝廷……〈直解〉 凡官員乙授職爲乎第亦中須只公當議論……(「吏律」, 大臣專擅選官) (2) 凡已除官員在京者以除授日爲始……〈直解〉 凡下批官員乙只仕京者乙良下批日以爲始遣……(「吏律」, 官員赴任過限)
51　傳旨議政府 今後於東宮除授三品以下批敎 勿用大寶 用東宮之印 官敎內敎旨 改稱徽旨 東班六

[도-14] 1457년(세조 3) 배임襄衽을 진용교위進勇校尉에 임명하는 첩牒.

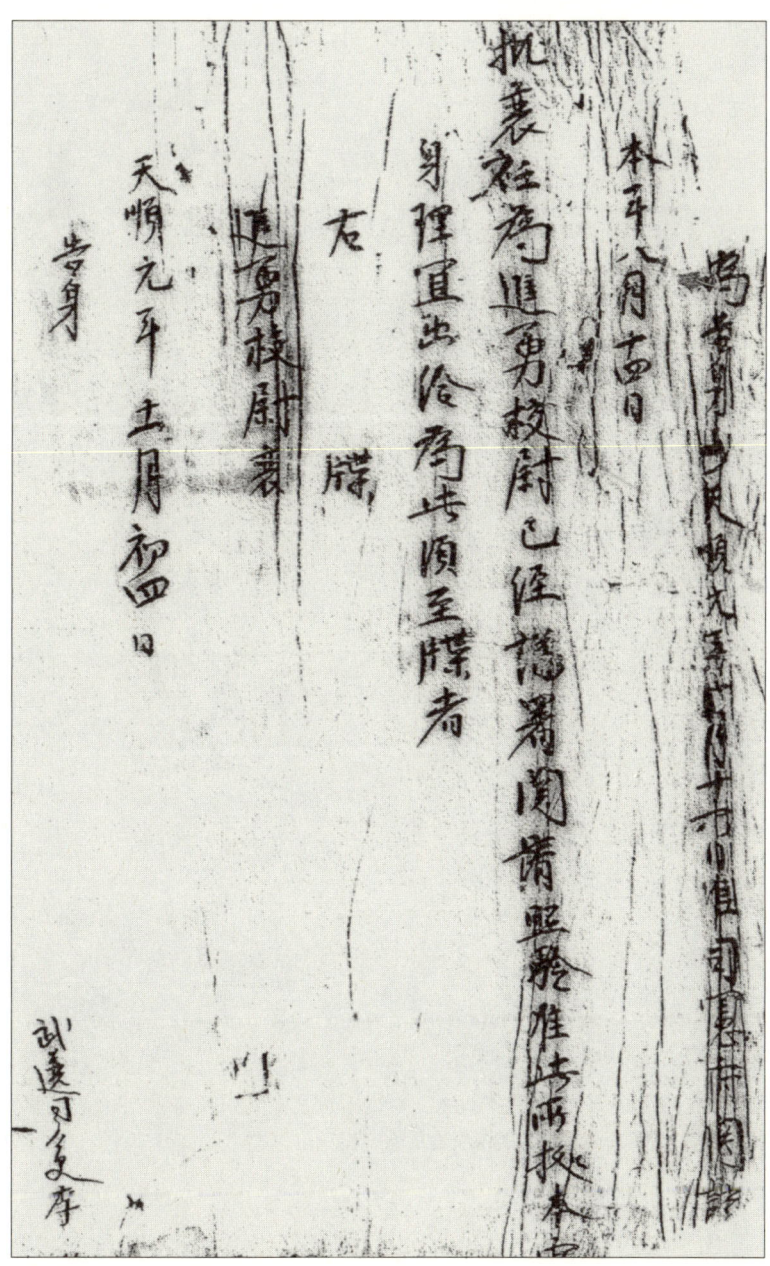

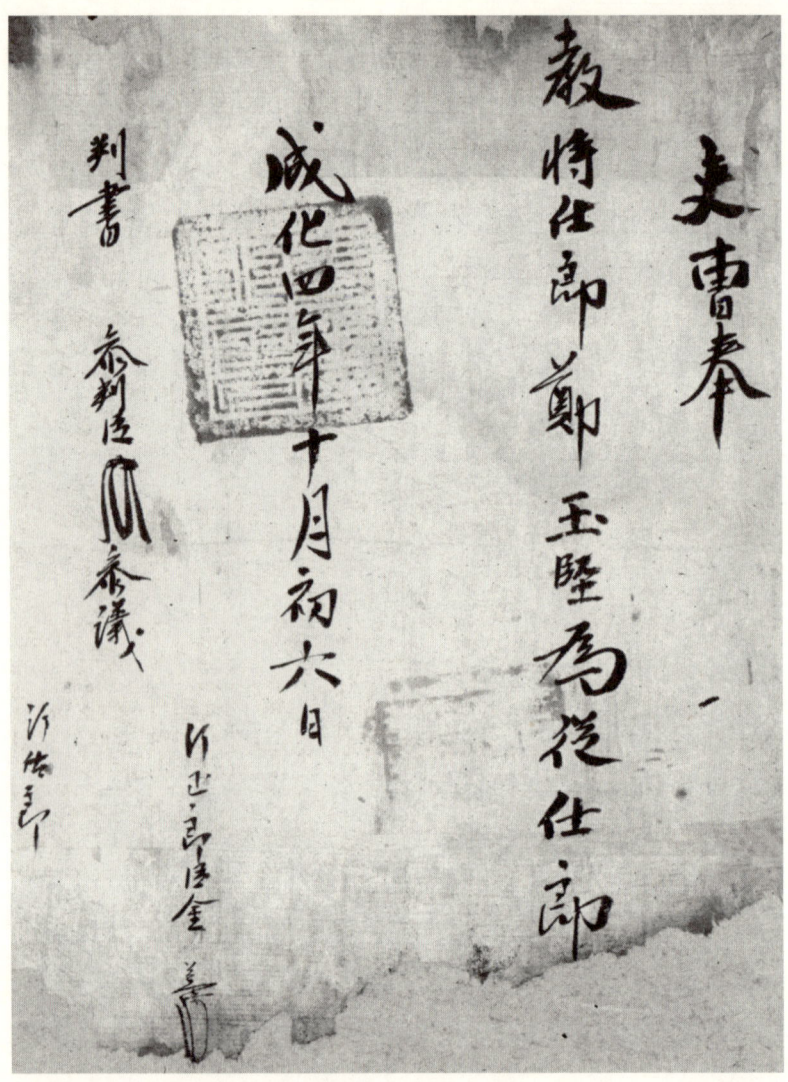

[도-15] 1468년(세조 14) 정옥견鄭玉堅에게 발급된 오품이하고신五品以下告身. 장사랑將仕郎 정옥견을 종사랑從仕郎으로 임명하는 내용이다.

연대	기두	비교	제수 품계		비고
1403(태종 3)	吏曹爲朝謝准事	批	通德郞	正5(上)	거창 초계정씨
1404(태종 4)	吏曹爲朝謝准事	批	奉正大夫	正4(上)	거창 초계정씨
1407(태종 7)	吏曹爲朝謝准事	批	奉正大夫	正4(上)	거창 초계정씨
1413(태종 13)	吏曹爲朝謝准事	批	通政大夫	正3(上)	거창 초계정씨
1423(세종 5)	吏曹爲朝謝准事	敎	將仕郞	從9	경주 경주이씨
1428(세종 10)	吏曹爲朝謝准事	批	通善郞	正5(下)	안동 흥해배씨
1434(세종 16)	兵曹爲朝謝准事	敎	修義副尉	從8	안동 흥해배씨
1440(세종 22)	兵曹爲朝謝准事	敎	進勇副尉	從7	안동 흥해배씨
1447(세종 29)	兵曹爲朝謝准事	敎	修義校尉	從6(下)	안동 흥해배씨
1449(세종 31)	兵曹爲朝謝准事	除	進義副尉	從9	안동 흥해배씨
1450(세종 32)	兵曹爲朝謝准事	除	進武副尉	正9	안동 흥해배씨
1452(문종 2)	吏曹爲朝謝准事	敎	承仕郞	從8	안동 흥해배씨
1452(문종 2)	兵曹爲朝謝准事	敎	修義副尉	從8	안동 흥해배씨
1452(문종 2)	兵曹爲朝謝准事	敎	承義副尉	正8	안동 흥해배씨
1456(세조 2)	兵曹爲朝謝准事	敎	修義校尉	從6(下)	안동 흥해배씨
1457(세조 3)	(……)爲告身事	批	進勇校尉	正6(下)	안동 흥해배씨
1458(세조 4)	兵曹爲告身事	批	顯信校尉	從5(上)	안동 흥해배씨
1458(세조 4)	兵曹爲告身事	批	敦勇校尉	正6(上)	안동 흥해배씨
1459(세조 5)	吏曹爲告身事	批	宣務郞	從6(下)	某 장씨
1462(세조 8)	兵曹爲告身事	批	彰信校尉	從5(下)	안동 흥해배씨
1463(세조 9)	兵曹爲告身事	批	顯毅校尉	正5(下)	안동 흥해배씨
1464(세조 10)	吏曹爲告身事	批	通德郞	正5(上)	안동 흥해배씨
1465(세조 11)	兵曹爲告身事	批	顯信校尉	從5(上)	안동 흥해배씨

[표-11] 조선 초기 인사 문서의 비교批敎 사례 정리.

		1448년 부터
문관(6품이상), 무관(3품이상)	비批	수授
문관(7품이하), 무관(4품이하)	교敎	제除

[표- 12] 비교批敎와 수제授除 변화.

위 내용을 정리하면, 이조에서 발급하는 문관 6품 이상과 병조에서 발급하는 무관 3품 이상은 비批로 쓰지만 1448년부터는 수授로 쓰고, 이조에서 발급하는 문관 7품 이하와 병조에서 발급하는 무관 4품 이하는 교敎로 쓰지만 1448년부터는 제除로 쓴 것이다. [표- 12]

1448년의 변화는 한시적인 것으로 세자世子의 대리청정과 관련이 있다. 따라서 문종文宗 즉위 이후부터는 다시 본래대로 비교批敎만 사용되었다. 고려시대의 판判과 비批는 참상參上과 참하參下를 구분하는 관직 제수 용어였기 때문에,[52] 고려시대의 판判은 조선 초기에 교敎로 쓰임이 바뀐 것이다. 그러나 조선 초기 비교批敎의 구별은 첩牒이 사용되는 세조 3년부터는 비批 하나로 통일 되었다.

비교批敎의 특이한 차별이 하나 더 있다면, 관직을 기재하는 방식이 다른 것이다. 앞에서 예시한 [도- 13]과 [도- 14]에서 보는 차이와 같다. 교敎가 쓰인 문서는 '敎修義校尉敎敦勇副尉裵衽'과 같이 '돈용부위(정7품)로 하교하였던 배임을 수의교위(종6품하)로 하교下敎'처럼 내용이 구성된다. 반면에 비批가 쓰이면 '批裵衽爲進勇校尉'와 같이 '배임을 진용교위(정6품하)로 하비下批'처럼 내용이 구성된다.[53]

---

52 박재우, 「高麗時期의 告身과 官吏任用體系」『韓國古代中世古文書硏究』下, 2000, p. 67.
53 다른 사례를 하나 더 보자. 1413년(태종 13)의 문서에는 批로 되어 있는데, 문서 내용은 '批鄭悛爲通政大夫成均大司成集賢殿直提學'이다. 1452년(문종2)의 문서에는 敎로 되어 있는데, 문서 내용은 '敎修義副尉右軍攝副司正敎前行司勇裵衽'이다.

[도-14]형식에서 [도-15]형식으로의 변화는 세조 12년(1466) 사실상 대간의 서경권을 무력화시키는 조치에 따른 결과이다.[54] 세조 12년 이전에는 대간의 서경 이후 이조나 병조에서 고신을 발급하였지만, 세조 12년 이후부터는 이조나 병조에서 고신을 발급한 이후에 대간의 서경이 있었다. 이미 고신이 발급된 상황에서 이루어지는 대간의 서경은 고신 발급 이전의 서경과 비교할 때 그 영향력의 차이를 짐작할 수 있을 것이다.

세조 12년의 전교가 있었다고 해서 대간이 서경을 마쳤다는 내용이 일시에 인사 문서에서 자취를 감추지는 않았다. 이전에 비한다면 분명 그 권한이 축소되었지만, 『경국대전』체제 이후에도 한동안 대간의 서경 사실은 인사 문서에 제한적으로라도 기재되었다.

[도-16]은 1471년(성종 2)에 작성된 오품이하고신이다.[55] 병조에서 1471년 4월 25일 봉교奉敎하였고, 실제 문서는 동년 4월 30일에 발급되었다. 그리고 병조의 관인을 3곳에 답인하였다. 우측 하단에 있는 '辛五初六准'에서 신辛은 1471년 신묘년辛卯年이다. 다시 말해서 '1471년 5월 초6일 확인함'의 의미를 가진다. 홀수로 찍는 관인이 4곳에 짝수로 찍혀있다는 것과, 필체가 전혀 다른 두 부분이 있다는 것은 문서가 다른 관청에서 시차를 두고 작성되었음을 의미한다. 비록 많이 마모되어 명확하지는 않지만, 좌측 세 곳 관인의 첫 자는 병조兵曹의 '병兵'자이며, 우측 하단의 관인은 첫 자가 '사司'자이다. 그렇다면 우측 하단의 기록은 병조에서 인사 문서를 발급한 이후에 대간에서 인사에 대한 서경을 확인한 사실을 기재한 것으로 볼 수 있다. 이는 앞서 세조12년의 전교 내용을 충실하게 반영하고 있는 것이

---

54 傳曰 自今除官者 下批後五日內 給告身頒祿 司諫院隨後考准 啓聞擧駁 舊法 東西班五品以下告身 待臺諫署經 方許成給 以此軍士告身 率多淹滯 不得以時受祿 故有是命, 『世祖實錄』卷 39 世祖 12年 7月 戊寅.
55 『김병구 소장 유물 특별전』, 청주고인쇄박물관, 2000, p. 15.

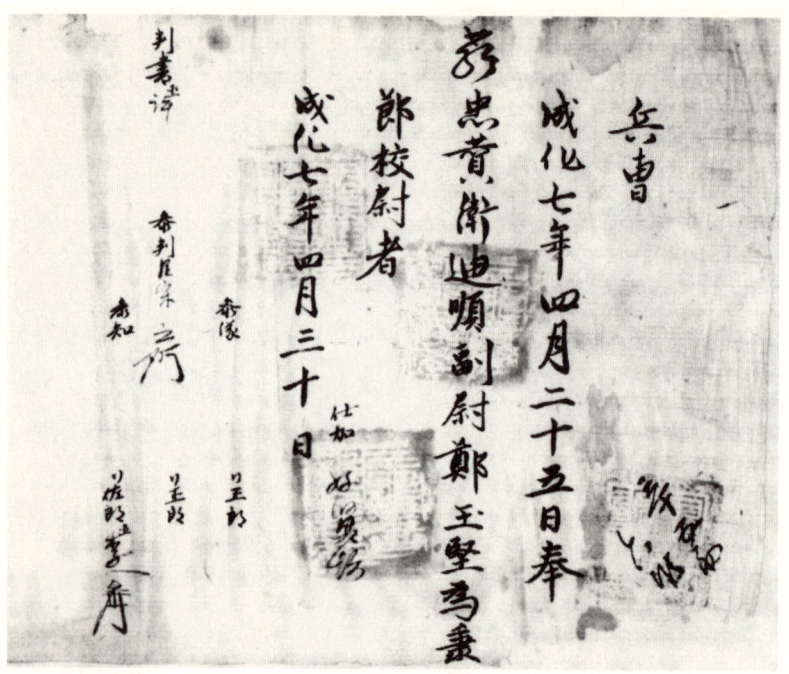

[도-16] 1471년 정옥견鄭玉堅에게 발급된 오품이하고신. 대간의 서경 인준 사항이 문서 우측 하단에 별도 기재되어 있다.

기도 하다.[56]

인사 문서에 대간의 서경 사실이 기재되는 것은 고려시대로부터 이어진 인사 문서의 특징이다. 대간의 서경으로 인해 기존 인사 문서에서 왕지王旨나 교지敎旨가 새롭게 만들어졌고, 대간의 서경을 억제하기 위해서 『경국대전』에는 오품이하고신식이 규정되어 인사에 있어서 국왕의 의지를 최대

---

56 중간 아래의 好賢坊은 인사 문서를 받을 鄭玉堅이 거주했던 곳으로 보인다. 어떤 경우에는 安東이라고 기재된 것도 보이는데, 이 역시 조선 초기에 보이는 인사 문서의 특징이다.

한 관철시켰던 것이다. 이는 인사 행정에서 왕의 권한을 확대하기 위한 일관된 제도의 변화로 볼 수 있다.

인사 문서로서 차정첩差定帖은 다른 인사 문서에서 볼 수 없는 독특한 형식이 있다. 조선시대의 차정첩은 하첩下帖의 한 종류로서 『경국대전』에 규정되어 있는 것처럼 7품 이하나 소속 아문에 하달하는 공문서였다.[57] 하첩은 조선 초기부터 갑오경장 이전까지 사용에 별다른 변화가 없었던 공문서 중의 하나이기도 하다.

그러나 조선 초기 차정첩은 비단 하첩下帖만 있었던 것은 아니다. 관關이나 세조 연간의 첩牒 등에도 차정差定하는 문서가 있었으니, 엄밀한 의미에서 조선 초기의 차정첩은 차정첩差定帖·차정첩差定牒·차정관差定關이 모두 있었던 것이다. 『경국대전』 체제 이전의 차정첩은 종류를 달리하는 3종류의 형식으로 전하고 있다.[58] [표-13]

현존하는 3점의 차정 문서와 당시의 교첩敎牒은 대간의 서경 여부에 따라 구별된다. 대간의 서경 사실이 기재되는 것은 교첩이고, 서경 대신에 국왕의 구전교지口傳敎旨가 기재되는 것은 차정 문서이다. 조선 초기 교첩에는 사헌부司憲府 서리書吏의 문서 출납 과정이 기재되어, 인사 문서의 행이 과정에서 서경이 온전하게 실행되었음을 밝히고 있다. 그러나 차정 문서에서는 '知申事臣郭存中次知[도-17], 同副承旨臣權自恭次知[도-18], (……) 次知[도-19]' 등으로 기재되어, 대간의 서경을 배제하고 오로지 국왕의 교지로 인사가 이루어지고 있다.

구전口傳을 통한 차정은 대간의 '불서고신不署告身'과 연관이 있는 것으

---

57 『經國大典』「用文字式」.
58 D, E, F 모두 안동 홍해배씨 고문서이다(未刊).

1425년(세종 7)	1452년(문종 2)	1466년(세조 12)
傳 (……)旨義興衛一番右部甲士忠毅校尉(……)亐只進叱使內向事合行仰 照驗施行敎事是良亐進叱使內向事合行仰 右爲口 忠毅校尉(……) 成化二年九月卄八日 差定 〈이하 생략〉	兵曹爲差定事成化二年七月 次知口 初二日同副承旨臣權自恭次知 (……)旨忠武侍衛司左領四番別侍衛前司勇 襄衽亇只進叱使內良於爲口 傳施行敎事是良尒進叱使內向事合下仰 照驗施行須至帖者 右下前司勇襄衽准此 景泰三年六月十七日 差定 〈이하 생략〉	吏曹爲差任事洪熙元年十二月初四日知申事臣郭存中次知口傳施行 敎旨京畿觀察黜陟使經歷安崇善等滿本乙良典農(判官……) 權亇只都事以進叱使內良如敎右良如敎事是去有良尒合(……) 請 照驗施行須至關者 右　關 典農判官襄 洪熙元年十二月初五日 差任 〈이하 생략〉
차정관 [도-19]	차정첩 [도-18]	차정첩 [도-17]

[표-13] 차정첩과 차정관.

로 보인다. 국왕의 입장으로 대간의 서경을 거치지 않는 인사는 그만큼 본인의 뜻을 쉽게 관철시킬 수 있기 때문이다. 다시 말해서 승정원 승지를 통해 전달되는 구전 인사는 국왕의 의지를 폭넓게 반영하는 방법 중 하나였던 것이다.

구전으로 관직을 제수하였던 것은 고려시대부터 있었던 것으로 보인다.

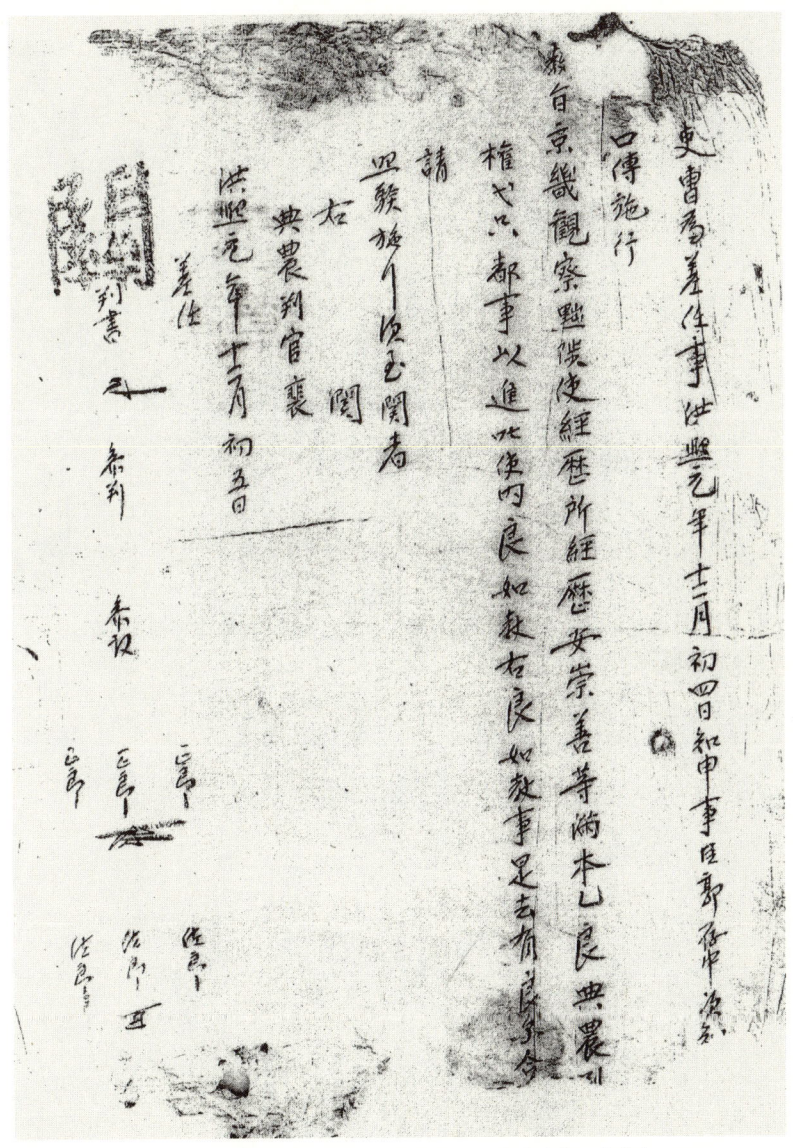

[도-17] 1425년(세종 7) 배裵 아무개를 전농판관典農判官에 임명하는 차정관差定關.

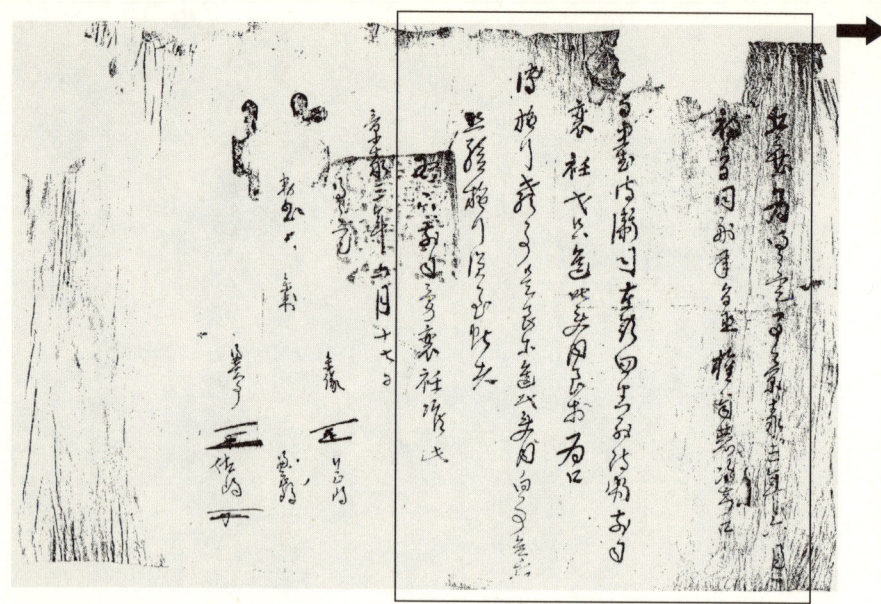

[도-18] 1452년(문종 2) 배임裵袵을 충무시위사忠武侍衛司 좌령左領 사번四番 별시위別侍衛에 임명하는 차정첩差定帖.

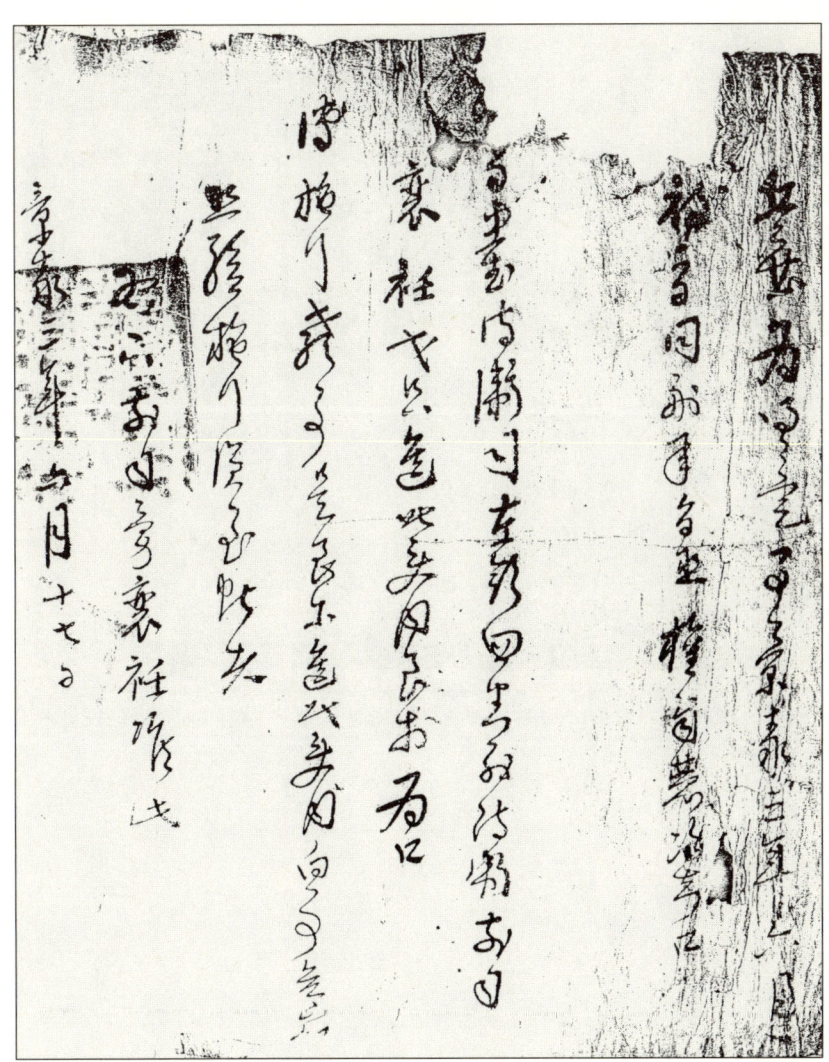

[도-19] 1466년(세조 12) 아무개를 의흥위義興衛 일번一番 우부右部 갑사甲士에 임명하는 차정첩差定牒.

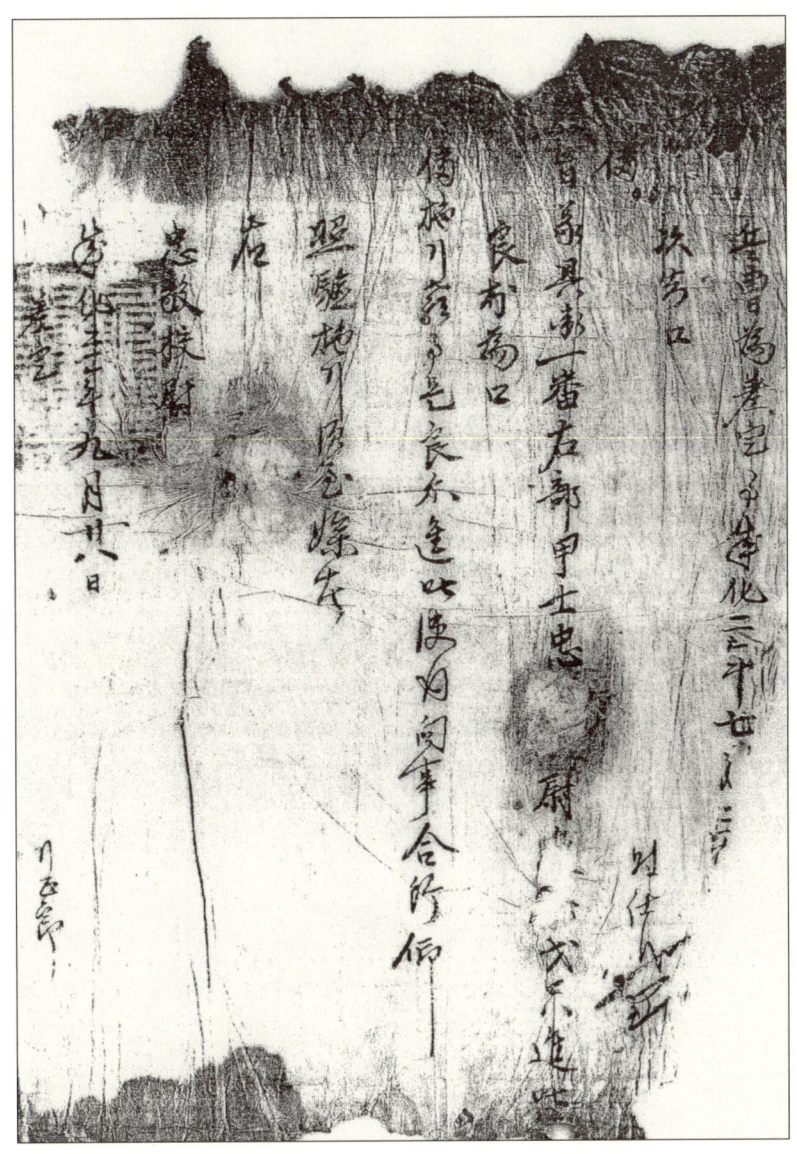

신해辛亥에 구전口傳으로 이창李敞을 당후관堂後官으로 삼았는데, 구전口傳으로 벼슬을 줌은 이로부터 시작하였다.[59]

이와 같은 『고려사』의 기록을 볼 때, 충숙왕 6년(1319)부터 일부 관직에 대해서는 구전으로 관직을 제수하였던 것을 알 수 있다. 고려시대의 것으로는 현재 남아있는 차정 문서가 없으나, 조선 초기의 경우는 [도-17]~[도-19]의 차정 문서가 전하고 있어 구전 교지의 방식을 엿볼 수 있다.

『경국대전』체제 이후에는 차정첩이 모두 하첩下帖으로 되고, 대부분은 신급제新及第 및 선공감繕工監의 감역監役이나 빙고氷庫 등의 별검別檢에 임명할 때 사용되었다. 비록 관직을 제수 받을 당시의 품계가 대가代加 등을 통해서 통훈대부通訓大夫까지 올랐다 하더라도, 별검別檢의 실직이 주어질 때는 차정첩이 사용되었다.

조선시대 승정원의 역할을 하였던 고려시대 관청은 중추원中樞院(密直司)이었다. 국왕의 구전으로 차정의 명령이 내려가면 이를 승정원이나 중추원에서 중간적인 역할을 수행한 후 하부 단계에까지 국왕의 명령이 전달되었던 것이다. 대개 승정원(중추원)은 왕명의 출납이라는 고유한 기능이 있었는데, 비록 적극적이지는 않았지만 이 기능이 인사 행정에까지 확대되었던 것으로 보인다.

다음은 1374년에 공명첩을 밀직사密直司에서 나누어주도록 하교하는 내용인데, 고려시대 구전으로 시행된 인사 행정이 밀직사를 통해 이루어졌던 한 단면을 보여준다.

59　辛亥 口傳李敞 爲堂後官 口傳授職 自此始. 『高麗史』 卷34 世家 34 忠肅王 6年 九月 辛亥.

밀직사로 하여금 공명천호첩空名千戶牒 20장과 백호첩百戶牒 200장을 나누어 주었다.[60]

이처럼 고려시대에는 1품에서 9품까지 모두 서경을 하였음에도 불구하고 어느 정도 국왕의 구전으로도 인사가 이루어졌다. 이와 같은 전통이 조선 초기에도 남아 있어서 하첩下帖 뿐만이 아닌 관關이나 첩牒으로도 차정문서가 발급되었던 것이다.

다음 『실록』 기사를 통해 당시 구전 인사의 방식을 유추할 수 있다.

> 대사헌 양성지 등이 상소하기를, …… 무릇 정사政事는 여러 군데에서 나올 수 없는 것입니다. 예로부터 설관분직設官分職하여 각기 주관主管하는 바가 있었으니, 비록 관문을 지키고 야경을 도는 것이라도 서로 침범할 수 없는 것입니다. 지금 경외京外의 차임差任이 한결같이 구전口傳이거나 혹은 정원政院에서 마감磨勘하여 직계直啓하고, 혹은 제조提調가 천망薦望하여 구전口傳하며, 해조該曹에서는 관여하지 않으니, 이는 설관분직한 뜻이 아닙니다. 이제부터는 모든 조관朝官의 진퇴進退는 해당 관청에 책임을 지워 맡겨서, 사람들로 하여금 스스로 천망薦望할 수 없게 하여 설관분직의 본 뜻을 바로잡으소서.[61]

1469년(예종 1)이면 비록 위격문서違格文書라도 오품이하고신이 인사 문서로 작성되는 시기이다. 9품이하고신이 작성되고 있었음에도 불구하

---

60 令密直司 畫給空名千戶牒二十百戶牒二百. 『高麗史』 卷83 志37 兵 船軍 恭愍王 23年 正月.
61 大司憲梁誠之等上疏曰…… 大政不可出於多門 自古設官分職 各有所守 雖抱關擊柝 不可相侵 今 京外差任 一應口傳 或政院磨勘直啓 或提調薦望口傳 而該曹不關 是無意焉 自今凡朝官進退 責付該曹 勿使人人得自薦望 以正設官分職之本意. 『睿宗實錄』 卷3 睿宗 1年 2月 辛卯.

고 인사 방법은 이전의 방법이 이어졌던 것 같다. 그러나 설관분직에 어긋난 인사는 차츰 이조와 병조 중심의 인사 행정으로 정착되고 구전은 오로지 미관말직에 한정하는 하첩下帖(差定帖)으로만 고착되었다.

하지만 어떤 관직의 경우에 구전으로 시행되는 차정 문서를 발급하였고, 그 원칙은 무엇일까? 지금으로서는 구체적인 사례를 다양하게 확인할 방법이 없는데, 앞으로 새로운 차정 문서가 발견되거나 문헌 기록을 찾아야 할 것으로 보인다.

『경국대전』 체제가 완성되면서 차정 문서는 하첩으로만 사용되었다. 이는 대간의 서경권이 축소되었기 때문에 굳이 국왕의 구전 인사를 확대할 필요성이 없었기 때문일 것이다. 이는 인사 행정에 국왕의 의지가 상대적으로 폭넓게 반영된 까닭이다.

4. 문서 행정의 특징

고려가 멸망 한 뒤 조선은 새 왕조의 문서 행정 체제를 구성함에 있어 명明의 『홍무예제』 체제를 전격적으로 수용하였다.[62] 이미 논문으로 규명되었듯 『홍무예제』에 규정된 문서 형식은 조선에 그대로 적용되지 않고 일정 부분 수정되어 정착되었다. 문서 행정에 있어서 수정된 것은 크게 두 부분이었는데, 하나는 문서의 종류가 조선에서는 간소화되었던 것이고, 다른 하나는 문서 행이 체식이 조선은 명에 비해 효율적이었다는 점이다.

『홍무예제』의 규정대로 명에서 사용된 행이 공문서 중에서 상달문서는 자정咨呈·정장呈狀·신장申狀·첩정牒呈·첩상牒上의 5종이다. 자정은 2품의 고위 아문에서 상신할 때만 사용한 공문서이다. 반면에 정장은 2품에서 5품 사이의 아문에서 상신할 때 사용되었고, 신장은 3품 이하에서 사용되었다. 이에 비해 첩정과 첩상은 상대적으로 그 쓰임이 많지 않았던 공문서로 보인다. 대체적인 흐름으로 볼 때, 이들 상달문서는 발송 아문과 수신 아문의 품차에 따라서 구분되고 있으며, 그 순서는 '자정咨呈 → 정장呈狀 → 신장申狀 → 첩정牒呈 → 첩상牒上' 순이다.

---

62 박준호, 「『洪武禮制』와 朝鮮初期 公文書 制度」 『古文書研究』 22, 2003.

『홍무예제』에 규정된 평달문서는 평자平咨·평관平關·평첩平牒의 3종이다. 평자는 2~3품의 고위 아문에서 사용했던 평달문서로 사실상의 사용 관청은 모두 3개 아문뿐이었다. 또한 평첩도 부府와 장사사長史司 사이의 문서 행이에만 사용된 공문서였다. 반면에 평관은 3품 이하의 아문에서 가장 폭넓게 사용되었던 평달문서로 보인다.

하지만 평관의 행이 형식을 분석하면, 우리가 기본적으로 알고 있는 평달문서로서의 평관보다 더욱 광범위한 역할을 수행하고 있다. 특히 평관은 평달뿐만이 아니라 하달 및 상달 문서의 역할도 수행하고 있는 것이 특이하다. 이와 관련해서는 자세한 행이 체제의 분석이 필요하지만, 어찌되었건 규정상으로 명명의 행이 체제는 일관하는 원칙보다는 특수 상황에 따른 예외적인 경우가 많이 나타나고 있다. 특히 정4품 아문인 국자학國子學에서 정3품의 응천부應天府로 보내는 공문이 평관인 점은 특별하지 않을 수 없다. 국자학에서 문서의 행이를 담당한 것은 전부청典簿廳의 전부典簿(정8품)였고,[63] 실제로『홍무예제』에는 '國子學 凡有行移本學典簿呈六部'와 같이 명시된 것으로 보아도 국자학의 공문서 행이는 정8품이 담당하여 행이하기에는 상당한 예우를 받았던 것으로 보인다.

『홍무예제』에 규정된 하달문서는 조회照會·차부箚付·고첩故牒·하첩下帖의 4종이다. 하달문서로 고위 아문은 조회를 사용하였고, 최고 상위 기관에서 가장 광범위하게 사용된 하달문서가 차부였으며, 고첩은 차부에 비해 상대적으로 낮은 아문에서 하달하는 문서였다. 그리고 하첩은 하위아문에서 소속아문이나 최하위 아문 등에 하달하는 공문이었다.

이상 명초明初에 사용된 행이 공문서는 모두 12종이었다. 이들 문서는 일정하게 규정된 원칙하에 쓰였는데, 1~2품의 고위 아문에서만 제한적으

---

63 典簿典文移金錢出納支受 典簿典書籍,『明史』卷73 志49 職官2.

로 사용된 자정咨呈·평자平咨·조회照會를 제외한다면, 가장 많이 사용된 공문서가 정장呈狀·신장申狀·평관平關·차부箚付·고첩故牒이었음을 알 수 있다. 반면에 첩정牒呈은 하위 아문 사이에서 문서를 주고받을 때 주로 사용된 것으로, 하달문서 중에 고첩故牒과 유사한 성격의 문서였던 것으로 보인다. 이외 첩상牒上이나 평첩平牒은 그 쓰임이 제한적으로 사용된 것으로 주요 행이 공문서는 아니었던 것 같다. 원대元代 공문서 중에서 평첩平牒이나 첩상牒上이 많이 사용되었던 것과는 대조적이며, 원元의 지휘指揮가 명明에서는 전혀 사용되지 않는 것도 중요한 특징 중에 하나이다.

『홍무예제』의 공문서 체제를 받아들인 조선은 어떻게 행이 공문서를 운용하였을까? 『조선왕조실록』의 기사를 참고해 보면 소위 조선식朝鮮式 공문서 체제가 어느 정도 윤곽을 드러낸 것은 태종太宗 연간으로 보인다. 태종 연간 직제 개편에 따라 종래 고려의 유습이 차츰 정리되고, 아울러 『홍무예제』의 공문서 시스템에 대해서도 조선의 독특한 방식을 적용하기에 이른 것 같다.

개국 초기의 행이 체제는 고려의 공첩상통公牒相通 방식에서 벗어나지 않았을 것으로 보이며, 그 규정은 『경제육전經濟六典』에 명시되었을 것이다.[64]

그리고 어느 때부터 『홍무예제』의 문서식과 상통 방식이 조선에 정착되기에 이르는데, 아마도 태종 4년(1404)에서 태종 12년(1412)을 전후하는 시기였을 것으로 생각된다. 1404년 『실록』 기사에 문자상통식文字相通式을 규정하는 조항이 나오고, 1412년 『실록』 기사에는 계본啓本과 계목啓目을 사용하는 것에 대한 기사가 있기 때문이다. 먼저 1412년 『실록』 기사는

---

64 其文字相通之式 廩給廩俸之數 一依經濟六典之例. 『太宗實錄』 卷6 太宗 3年 閏11月 19日.
65 金暻綠, 「明代 公文制度와 行移體制」 『明淸史硏究』 26, 2006.

문서명	발송	수신
咨呈	六部(정2품)	伍軍都督府(정1품)
	承宣布政使司(종2품)	六部(정2품)
呈狀	十衛經歷司(정3품)	伍軍都督府(정1품),六部(정2품),布政司(종2품)
	太常司,欽天監,太醫院,翰林院,光祿司,太僕寺,國子學,應天府,外衛指揮使司(정3품-5품)	六部(정2품)
	都指揮使司(정2품),承宣布政使司(종2품)	伍軍都督府(정1품)
	提刑按察司(정3품)	伍軍都督府(정1품),六部(정2품)
	鹽運司(종3품)	布政使司(종2품)
	長史司(정5품)	伍軍都督府(정1품),六部(정2품),布政使司(종2품),都指揮使司(정2품)
	守禦千戶所(정5품)	各衛指揮使司(정3품)
申狀	外衛指揮使司(정3품),應天府(정3품),直隸守禦千戶所(정5품)	伍軍都督府(정1품)
	兵馬指揮司(정6품)	伍軍都督府(정1품),六部(정2품)
	鹽運司(종3품),直隸各府(정4품),直隸各州(종5품)	六部(정2품)
	在外各府(정4품)	都指揮使司(정2품),布政使司(종2품)
	在外守禦千戶所(정5품)	都指揮使司(정2품)
	各縣(정7품)	府,按察司,各衛,護衛指揮使司,在京兵馬指揮司
	各州所屬(종6품 이하)	州(종5품)
	雜織衙門	府(정4품)
牒呈	應天府(정3품),提刑按察司(정3품)	都指揮使司(정2품),布政使司(종2품)
	兵馬指揮司(정6품)	十衛經歷司,外衛指揮使司(정3품),應天府(정3품)
	外衛指揮使司(정3품)	都指揮使司(정2품)
	在外各府(정4품)	按察司(정3품),各衛,護衛指揮使司(정3품),鹽運司(종3품)
	長史司(정5품),在外守禦千戶所(정5품)	按察司(정3품)
牒上	兵馬指揮司(정6품)	在外各府(정4품)
	在外守禦千戶所(정5품)	各府(정4품)

[표-14] 『홍무예제』 상달문서 행이 체식.[65]

문서명	발송	수신
平咨	六部(정2품), 布政使司(종2품)	都指揮使司
	都指揮使司(정2품)	六部, 布政使司
平關	十衛經歷司, 外衛指揮使司(정3품)	提刑按察司(정3품), 在京三品衙門
	太常司, 欽天監, 太醫院, 翰林院, 光祿司, 太僕寺, 鹽運司(정3품~5품)	提刑按察司(정3품), 三品衙門
	國子學(정4품)	應天府(정3품)
	應天府(정3품)	提刑按察司(정3품), 國子學(정4품)
	兵馬指揮司(정6품)	各州(종5품)
	護衛指揮使司(정3품)	提刑按察司(정3품), 內外三品衙門
	提刑按察司(정3품)	在京三品衙門, 在外各衛指揮使司(정3품), 鹽運司(종3품)
	各州(종5품)	兵馬指揮司(정6품)
平牒	府(정4품)	長史司(정5품)
	長史司(정5품)	府(정4품)

[표-15] 『홍무예제』 평달문서 행이 체식.

상서上書·장신장申·소식消息을 상언上言·계본啓本·계목啓目으로 문서 형식을 개편하는 내용이다.[66] 여기에서 계본은 이른바『홍무예제』에 규정된 행이 공문서인데, '지난 번『홍무예제』에 의하여 각사에서 소신한 것을 계본이라 개칭하고……[67]'의 기사를 비추어 볼 때, 1417년에 있어서 '지난번'은 1412년일 것으로 추정된다.

하지만『경국대전』이 제정되기 이전 조선 초기 공문서 행이 체제를 이해

---

66 改上書狀申消息 爲上言啓本啓目 議政府啓曰 臣民間相通書狀之式 不宜用之於上前 乞以上言代 上書 啓本代狀申 啓目代消息 從之.『太宗實錄』卷24 太宗 12年 12月 18日.
67 議者 依洪武禮制 各司所申 改稱啓本.『太宗實錄』卷33 太宗 17年 閏5月 22日.

문서명	발송	수신
照會	伍軍都督府(정1품)	六部(정2품)
	六部(정2품)	承宣布政使司(종2품)
	都指揮使司(정2품)	提刑按察司(정3품)
	承宣布政使司(종2품)	提刑按察司(정3품), 應天府(정3품)
箚付	伍軍都督府(정1품)	都指揮使司, 承宣布政使司, 十衛經歷司, 護衛經歷司, 外衛指揮使司, 提刑按察司, 應天府, 長史司, 兵馬指揮司, 守禦千戶所(정2품-6품)
	六部(정2품)	太常司, 欽天監, 太醫院, 翰林院, 光祿司, 太僕寺, 提刑按察司, 應天府, 鹽運司, 外衛指揮使司, 十衛經歷司, 護衛經歷司, 府州, 長史司, 兵馬指揮司, 國子學(정3품-6품)
	都指揮使司(정2품)	長史司(정5품), 府(정4품), 州(종5품)
	承宣布政使司(종2품)	十衛經歷司, 長史司, 鹽運司, 府, 州
故牒	十衛經歷司, 外衛指揮使司(정3품)	兵馬指揮司(정6품)
	外衛指揮使司(정3품), 護衛指揮使司(정3품), 鹽運司(종3품)	各府(정4품)
	應天府(정3품)	在外各府(정4품), 兵馬指揮司(정6품)
	都指揮使司(정2품)	各衛, 護衛指揮司, 應天府(정3품)
	提刑按察司(정3품)	在內四品衙門, 在外各府(정4품), 長史司(정5품)
	在外各府(정4품)	守禦千戶所(정5품), 兵馬指揮司(정6품)
	守禦千戶所(정5품)	各州(종5품)
下帖	應天府(정3품), 鹽運司(종3품)	州(정5품), 縣(정7품)
	兵馬指揮司(정6품)	各縣(정7품)
	護衛指揮使司, 外衛指揮使司(정3품)	州縣所屬千百戶所
	提刑按察司(정3품)	內外伍品至七品衙門
	在外各府(정4품)	所屬各州縣
	各府長史司(정5품)	護衛經歷司(종6품)
	在外守禦千戶所(정5품)	各縣所屬百戶
	各州	屬縣

[표-16] 『홍무예제』 하달문서 행이 체식.

할 수 있는 결정적인 자료는 태종 4년(1404)의 기사이다.[68]

태종 4년에 확정된 행이 체제는『홍무예제』의 방식을 따르면서도 다소 변화된 조선적인 특징이 타나나고 있다. 각 공문서의 명칭이 모두『홍무예제』에 규정된 것이라는 점에서 원대元代 행이 공문서가 모두 일신되었음을 알 수 있다. 반면에 조회·자정·평자 등의 공문서가 모두 사용되지 않고 있으며, 상위 아문에서는 첩정과 평관이 사용되고 있다. 앞서『홍무예제』「행이체식」을 통해서 확인하였듯이 첩정이나 평관 등은 명의 행이 공문서 중에서 주요 역할을 담당하기 보다는 다소 하급의 관청에서 행이하는 공문서류이다. 그렇다면 조회·자정·평자 등이 사용되지 않고, 첩정과 평관이 주요 행이 공문서로 기재된 이유는 무엇일까. 이는 조명朝明의 외교 문서 때문일 것이다. 즉, 명에 대한 조선의 위상이 공문서에 영향을 미쳤던 것이다.

반면, 조선에서는 차부·정장·고첩 등의 공문서도 사용되었던 것이 확인된다. 이들 공문서는 명에서도 주요한 공문서에 포함되는 것이지만,『경국대전』이 완성되면서부터는 이들 문서는 모두 사용되지 않았다. 이들 문서는 조명의 외교적인 문제보다는 조선 자체적으로 행정 효율을 높이기 위한 노력의 결과로써 사용이 폐지되었던 것 같다.

『대원성정국조전장大元聖政國朝典章』에 보이는 원대 행이체식에 비하면 명대『홍무예제』의 행이체식은 조금 더 간소화되고는 있는 듯 하나, 기본적으로는 각 아문의 품계에 따라 복잡하게 규정된 특징을 보이고 있다. 반면 태종4년에 확정된 조선의 공문서 행이체식은, 그 제시된 공문서의 종류도 그렇고, 모든 행이 규정 내용이 품계 중심으로 간소하게 정리되고 있

---

[68] 更定各品拜揖禮度 及文字相通式 禮曹狀申 …… 從一品衙門從一品使臣正從二品使臣 於一品衙門 行牒呈 各衙門及使臣於同等者 平關 差 等以上衙門 牒呈 與其行首差 等外 隔 等以下者 俱著名 不許著署 各衙門於隔一等以下衙門 用箚付 使臣及守令同 大小使臣差使員於守令 各以職品 亦用同等差隔等例 各官守令 各於州郡司用下帖 允之.『太宗實錄』卷7 太宗 4年 4月 4日.

다. 이러한 특징은 분명 원이나 명의 행이 규식과는 차별이 있으며, 『경국대전』 체제 이후 더욱 간소하면서도 효율적으로 정리된다.

4
관·첩정 중심 체제

『경국대전』 이후의 문서 행정

1. 『경국대전』 체제의 문서 행정

조선 태종대太宗代 관제 정비 과정에서 공문서의 행이 체제도 어느 정도 체계를 잡아가고 있었다. 명明의 행이 체제가 관청과 품계 중심으로 복잡하게 이루어졌던 반면, 조선은 관청을 제외한 품계 중심의 일원화된 기준을 마련하였다. 이와 같은 제도의 틀은 『경국대전』「용문자식用文字式」에 간소하지만 체계적으로 정리되기에 이른다.

(가) 2품아문二品衙門은 직계直啓하고〈중외中外의 제장諸將과 승정원承政院·장예원掌隷院·사간원司諫院·종부시宗簿寺도 또한 직계할 수 있다. 각사各司는 긴요한 일이 있으면 제조提調가 직계한다. 큰 일은 계본啓本으로, 작은 일은 계목啓目으로 한다. 지방은 계목이 없다.〉직행이直行移한다.〈상고사相考事 외에는 모두 계啓한다.〉그 나머지 아문은 모두 소속 조曹에 보고한다.
(나) 무릇 중외의 공문서는 동등 이하에게는 관關을 사용하고, 이상에게는 첩정牒呈을 사용하고, 7품 이하에게는 첩帖을 사용한다.〈외관外官이 봉명사신奉命使臣에게, 중외의 제장이 병조兵曹에 대해서는 첩정을 사용하고, 도총부都摠府는 관을 사용한다.〉

(다) 관부官府의 공문서는 모두 입안立案을 두어 후고後考의 전거로 한다.[1]

『경국대전』에 규정된 공문서 행이 체제에 대한 규정은 단 3조목에 불과하다. 『홍무예제』에서 재경在京·재외在外로 나누어 장황하게 설명하던 것과는 판이하게 다르다. 그리고 3조목 중에서도 (다)는 생산된 문서의 관리 규정으로 엄밀한 의미에서 행이 체제에 대한 설명으로 볼 수도 없다. 그렇다면 (가)와 (나)의 규정이 조선왕조 수백 년 공문서 행정의 기틀을 규정하는 원칙이었던 것이다.

(가) 규정은 의정부議政府와 육조六曹의 문서 행정 업무에 대한 규정으로, 이른바 육조직계六曹直啓의 규정이라고 할 수 있다. 의정부를 거치지 않고 국왕에게 직접 계달啓達 할 수 있는 권한이 육조에게 있다는 것은 육조의 관한이 대폭 강화되었다는 것을 의미한다. 또한 직행이直行移와 보속조報屬曹 조문도 육조의 권한을 대폭 강화하는 규정임에 틀림없다. 2품 아문에서는 별도 보고 시스템 없이 아문 사이에 직접 문서 소통이 가능하고, 반면 육조 소속의 모든 아문은 자체 문서 행이가 불가능하고, 육조에 보고함으로써 외부에 문서를 발송할 수 있었던 것이다. [표- 17]

(나) 규정은 국왕에게 올리는 계달문서啓達文書를 배제한 상황에서 (가) 규정의 직행이와 보속조를 부연 설명하는 조항이다. 각 아문 사이에 문서를 주고받는 기본적인 틀은 그림을 통해 확인할 수 있듯이 육조 중심의 중앙집권적 시스템으로 짜여져 있다. 그러나 각 아문 사이에 직행이 및 보속조 시에 사용해야 할 구체적인 공문서는 (가) 규정만으로는 알 수 없다. 그래서 이

1 　二品衙門直啓〈中外諸將承政院掌隷院司諫院宗簿寺亦得直啓 各司有緊事則提調直啓 大事啓本 小事啓目 外則無啓目〉直行移〈相考事外 皆啓〉其餘衙門並報屬曹　凡中外文字 同等以下用關 以上用牒呈 七品以下用帖〈外官於奉命使臣 中外諸將於兵曹 用牒呈 都總府用關〉　官府文字並置立案 以憑後考. 『經國大典』「用文字式」.

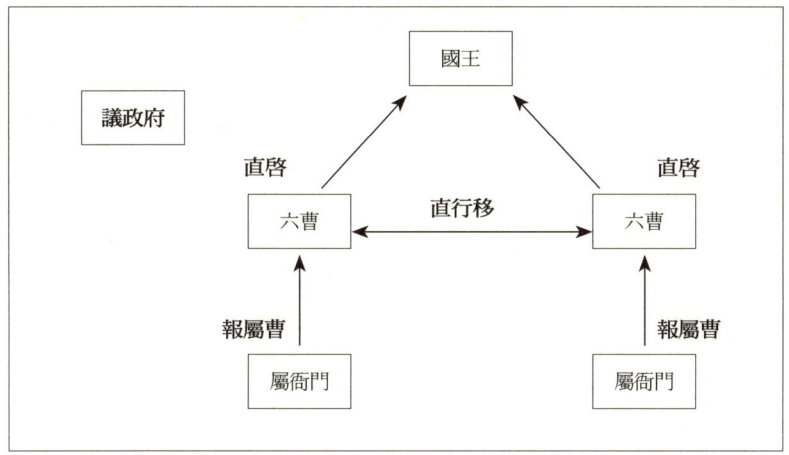

[표- 17] 『경국대전』에 규정된 문서 행정.

에 대한 추가 설명으로 (나) 규정이 있었던 것이다.

직행이와 보속조의 규정은 너무도 간결하다. 발송 아문보다 하급 아문에서 문서를 수신할 때는 관關, 동등 아문일 경우에도 관關, 발송 아문보다 상급 아문에서 문서를 수신할 때는 첩정牒呈, 7품 이하의 미관말직에게는 하첩下帖을 발송한다는 내용이다. 원元이나 명明의 공문서 행이 체제가 오히려 무안할 정도로 간결한 조항이 아닐 수 없다.

이처럼 조선시대 『경국대전』 체제의 문서 행정 시스템은 기존 중국 문서 행정 체계를 수용하였음에도 그 틀을 간소화시키면서 효율화시키는 특징을 보이고 있다. 모든 공문서를 관과 첩정으로 간소화하였으며, 그 사용 기준은 품계를 중심으로 일원화하여 효율성을 극대화하였다.

2. 증시문서贈諡文書의 행이 체제

조선시대 증시문서는 경아문京衙門 사이에 오고간 공문서의 행이 과정을 추적할 수 있는 중요한 자료이다. 현재까지 동일 사안으로 경아문 사이에 오고간 공문서가 점련粘連되어 전해지는 것은 증시贈諡에 관련한 문서가 거의 유일하다. 현전하는 증시 관련 공문서는 모두 3점이 있다. 서울대 규장각 소장본 2점과 경상도 상주에 있는 정경세鄭經世(1563~1633) 종가 소장본 1점이 그것이다.

서울대 규장각 소장본은 1841년 이석규李錫奎(1758~1839) · 1863년 이계조李啓朝(1793~1856)에게 시호諡號를 내려준 일련의 점련문서이며,[2] 정경세 종가 소장본은 1663년 정경세에게 시호를 내려준 일련의 점련문서이다.[3]

이들 증시문서에는 모두 5점의 문서가 점련되어 있다. 시장諡狀 1점 · 첩정牒呈 2점 · 평관平關 1점 · 계목啓目 1점이 그것이다. 이 중에서 첩정牒呈은 봉상시奉常寺에서 예조禮曹로 올린 것과 이조吏曹에서 의정부議政府로

---

2 奎章閣 분류번호 규-27387.
3 藏書閣 마이크로필름 M.F.35-9890부터 M.F.35-9900.

올린 것이고, 평관平關은 예조禮曹에서 이조吏曹로 이문移文한 것이며, 계목啓目은 의정부議政府에서 국왕에게 계달啓達한 것이다.[4]

증시의 절차에 대한 규정은 『대전통편大典通編』에 상세하게 규정되어 있다.

> 통정대부通政大夫 이상인 자로서 문망文望이 있고 현직顯職 · 관館 · 각閣의 관직과 구경九卿을 역임한 사람이 행장行狀을 짓고, 예조에서 조흘照訖하여 봉상시奉常寺에 보낸다. 봉상시는 홍문관弘文館에 이송移送한다. 홍문관에서는 동벽東壁 이하의 관원 삼원三員이 모여서 시호諡號의 삼망三望을 회의會議하고 동벽 일원一員이 또 봉상시 정正 이하의 제원諸員과 함께 다시 의정議定한다. 결정한 시호는 의정부 사인舍人과 검상檢詳 중 일원一員이 서경署經하여 행장과 함께 이조에 보고하고 입계入啓하여 수점受點을 받는다.[5]

『대전통편』의 증시 조문은 특히 증시와 관련한 공문서의 행이 격식을 규정하고 있다. 『대전통편』에 규정된 증시와 관련한 공문서의 행이 과정을 도식화하면 다음과 같다.

행장을 찬함 → 예조 → 봉상시 · 홍문관 → 이조 → 입계入啓

『내선동민』의 규정내로라민 먼저 행장을 찬하고 그 사실을 예조에서 조흘

---

4 贈諡의 행정 과정에 대해서는 다음 논고를 참고할 것. 金鶴洙, 「고문서를 통해 본 조선시대의 贈諡 행정」 『古文書硏究』 23, 2003.
5 通政以上 文望顯職館閣及曾經九卿之人 撰行狀 禮曺訖付奉常寺 奉常寺移送弘文館 東壁以下 三員會議三望 東壁一員 又與奉常寺正以下諸員更爲議定 政府舍檢中一員署經 幷行狀報本曺入啓 受點. 『大典通編』「吏典」贈諡.

한다. 다음으로는 예조의 조흘 결과가 봉상시에 하달되고 봉상시에서는 홍문관 관원과 시호를 의정한 다음에 의정부의 서경 후 다시 이조에 보고하도록 되어 있다. 그리고 최종적으로 입계하여 수점을 받는 것으로 마무리 된다.

그러나 증시 과정은 시대별로 다소의 차이가 있었던 것 같다. 세종 당시 실록에는 다음과 같은 기사가 있어 주목된다.

> 지금 우리 본조本朝에서는 무릇 대신大臣이 죽음에 친척親戚을 시켜 그 행장行狀을 찬술撰述하게 하여 이조吏曹에 올리고, 이조는 의정부議政府에 보고하고 예조禮曹에 이문移文하며 봉상시에 하달하여 행적行蹟을 상고하여 시호를 정하고, 또 춘추관春秋館에 이문하여 기록에 남기게 하였으니, 시호의 법은 모두 고제古制를 따른 것이기에 더 논할 것이 없습니다.[6]

위의 실록 내용을 통해서 세종 당시의 증시문서 행이 과정을 추정하면 다음과 같다.

```
행장을 찬함 ──▶ 이조 ──▶ 의정부
                    ╲
                     ▶ 예조 ──▶ 봉상시 ──▶ 춘추관
```

『실록』의 내용을 분석해보면, 세종 당시에는 증시를 주관한 부서가 이조이며, 이조에서 그 과정을 주도했음을 알 수 있다. 또한 서경에 대한 언급이 제외된 것도 특징이라 할 수 있다. 조선 초기의 증시 과정은 『대전통편』의 규정과는 다소 차이가 있는 것을 알 수 있으며, 증시의 과정은 『경국대전』 체

6　今我朝大臣之卒 令親戚述其行狀 呈于吏曹 吏曹報議政府 移文禮曹 下奉常寺 考行定諡 又移文春秋館 垂諸編錄 則諡號之法 悉遵古制 宜無可議.『世宗實錄』卷93 世宗23年 8月 乙亥.

		정경세 증시문서 (1663)	이석규 증시문서 (1841)	이계조 증시문서 (1863)
1	문서명	諡狀 (照訖 포함)	諡狀 (照訖 포함)	諡狀 (照訖 포함)
	발수급관청	禮曹 → 奉常寺	禮曹 → 奉常寺	禮曹 → 奉常寺
2	문서명	牒呈	牒呈	牒呈
	발수급관청	奉常寺 → 禮曹	奉常寺 → 禮曹	奉常寺 → 禮曹
3	문서명	平關	平關	平關
	발수급관청	禮曹 → 吏曹	禮曹 → 吏曹	禮曹 → 吏曹
4	문서명	牒呈	牒呈	牒呈
	발수급관청	吏曹 → 議政府	吏曹 → 議政府	吏曹 → 議政府
5	문서명	啓目	啓目	啓目
	발수급관청	議政府 → 國王	議政府 → 國王	議政府 → 國王

[표-18] 현전하는 증시문서의 행이 과정.

제하에서 그 이전과는 다른 방식으로 규식을 정하였던 것으로 보인다.

　[표-18]을 통해서 17세기와 19세기 증시 과정의 공문서는 동일하게 행이되었음을 알 수 있다. 다시 말해서 『경국대전』의 체제가 확립되면서부터는 증시에 관련한 제반 문서 행정 제도가 큰 변화 없이 이루어진 것으로 볼 수 있겠다. 그러나 『대전통편』의 규정과 위의 표에서 다소의 차이가 보이는 부분이 있다. 먼저 봉상시에서 예조로 올리는 첩정에 대한 『대전통편』의 규정은 없으며, 또한 이조에서 의정부로 올리는 첩정에 대한 규정도 법전에서는 찾을 수 없는 부분이다.

　이러저러한 내용을 가지고 현전하는 3점의 증시문서를 통해 조선 중기 증시 문서 행정, 나아가서 셤아분의 문서 행정 체계에 대해서 구체적으로 살펴보자.

　증시문서에서 제일 먼저 작성되는 것은 행장行狀이다. 행장이 작성되면 그 행장은 예조에 보고가 된다. 예조에서는 행장을 보고 받은 후에 조흘照訖을 거쳐 봉상시로 하달한다. 이 과정에서 행장에는 예조 조흘에 관련해서

'照訖付奉常寺'라고 기재된다. '예조에서 조흘하였으니 봉상시로 하달하라'는 의미로 이해할 수 있겠다.[도-20]

 예조 조흘은 『대전통편』의 규정을 충실히 따르고 있다. 행장을 찬하고 그것을 예조에 보고하면 예조에서는 조흘하여 봉상시에 하달하는 과정인 것이다. 이때는 별도의 문서를 작성하지 않는다. 조흘의 과정 중에는 별도의 문서를 작성하지 않는 것이 상례였던 것으로 보인다. 이와 관련하여 해유문서에서는 이조의 조흘이 보인다. 이조의 조흘 역시 별도의 문서를 작성하지 않고 이조에 전달된 문서 여백에 조흘의 사항을 간단히 기재하였다. 조흘照訖은 상급 관청에서 어떤 사실을 확인하여 그 결과를 통보하는 것이기 때문에 하달하는 형식을 빌어서 조흘 담당 관원은 착압着押만 하였다. 따라서 시장諡狀에 있는 예조의 조흘에는 당상堂上과 낭청郞廳이 착압만 있는데, 성姓을 제외한 불성착압不姓着押 형식을 취하고 있다.

 행장에 대한 예조의 조흘이 끝나고 그 결과는 봉상시奉常寺로 하달된다. 봉상시에서는 홍문관弘文館과 함께 하사下賜할 시호諡號를 의정議定하고 그 결과를 예조에 보고한다. 봉상시에서 예조로 올리는 공문서는 첩정牒呈이다. 봉상시는 정3품 아문이고, 예조는 정2품 아문이기 때문에 상달문서인 첩정으로 올린 것이다. 그런데 『전률통보典律通補』의 규정대로라면 봉상시에서는 이조에 문서를 상달하는 것이 옳다. 봉상시에서 이조로 상달하는 과정에서 그 중간에 예조에 대한 규정은 『대전통편』에 보이지 않는다.

 그러나 『증보문헌비고增補文獻備考』에 의하면 망첩정望牒呈은 예조에 일단 보고하도록 규정되어 있다.

 본가本家에서 지은 시장諡狀을 먼저 예조禮曹에 올린다. 예조에서는 조흘하여 봉상시에 보내고 홍문관에 전송傳送하여 날짜를 정해서 봉상시와 합좌合坐한다. 봉상시 정正과 여러 관료들이 개좌開坐하여 집자集字

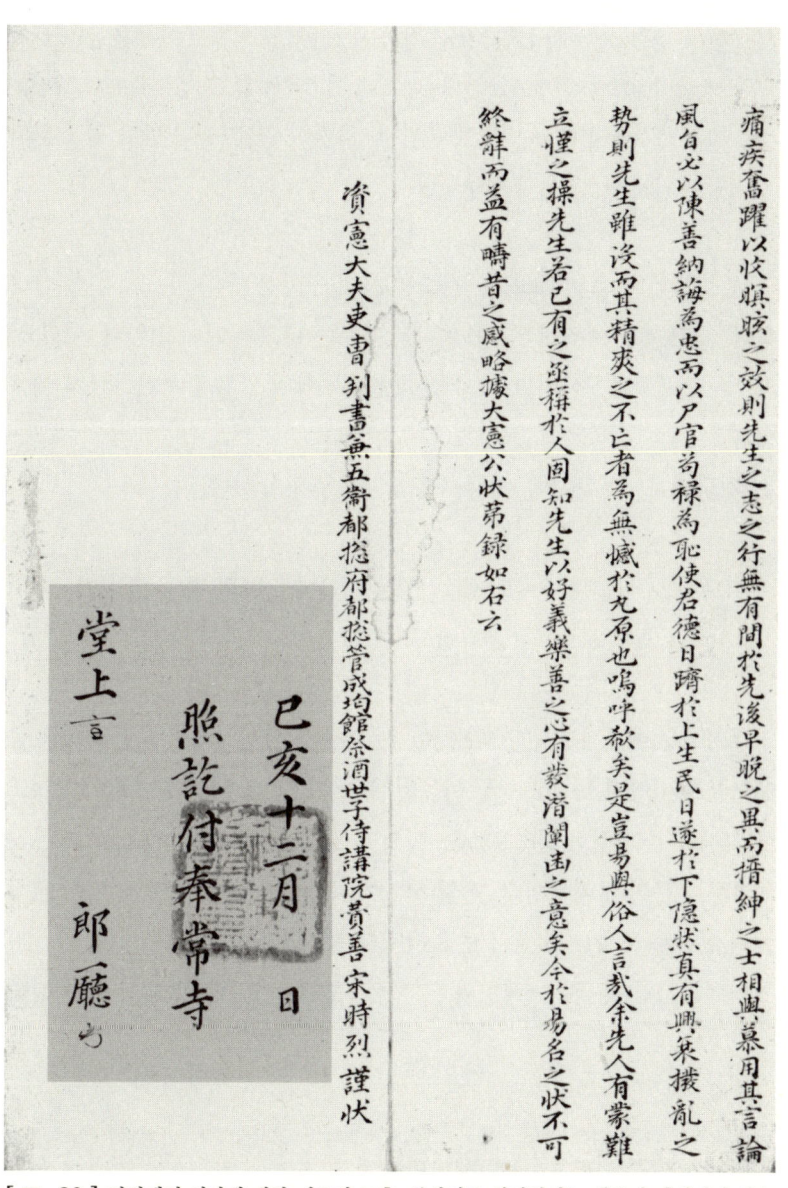

[도-20] 정경세의 시장에 대한 예조의 그흘. 봉상시로 하달한다는 내용이 기재되어 있으며, 예조 당상堂上과 낭청郎廳의 착압이 있다.(음영은 필자)

하며, 응교應敎에 이르러 또한 정한 시초諡草를 가지고 가부를 돌려 보면서 삼망三望을 의정議定한다. 예조에 이첩移牒하고, 정부政府와 양사兩司의 서경을 받는다. 이조에서 입계入啓하여 수점受點을 받고, 공문을 회람한 뒤에 시장諡狀을 환부한다.[7]

『증보문헌비고』의 내용과 『전률통보』의 조문은 거의 비슷하지만, 삼망첩정三望牒呈을 예조에 이첩移牒하는 여부는 다르게 보이고 있다. 이와 같은 차이는 『증보문헌비고』에서 법전 용문자식의 규정을 추가하였기 때문이다.

『경국대전』「용문자식」에는 다음과 같은 규정이 있다.

2품二品 아문은 곧바로 계啓하고 아문간에 곧바로 행이行移한다. 그 나머지 아문은 모두 속조屬曹에 보고한다.[8]

봉상시는 예조의 속아문屬衙門이다.[9] 따라서 봉상시에서 직접 이조에 공문서를 행이하지 못하고 상급 아문인 예조에 상달한 다음에 예조에서 이조에 그 내용을 평달한 것으로 보는 것이 타당할 것이다. 예조와 이조는 동일한 2품 아문이기 때문이다. 동일 사안에 대한 경아문의 공문서 행이 과정에서 상급 아문에 대한 결과 보고 체계를 확인할 수 있는 부분이다.

상달문서인 첩정에는 착명과 착압을 모두 갖추고, 관원도 성姓을 기입하

---

7 本家先以所撰諡狀呈禮曺 禮曺照訖 題付奉常寺 傳送弘文館 定日合坐 奉常正與諸僚 開坐集字 應敎至亦出所定諡草 輪視可否 議定三望 移牒禮曺 署經于政府兩司 自吏曺入啓受點回公後 諡狀還付. 『增補文獻備考』 卷239 職官考26 諡號.
8 二品衙門直啓 直行移 其餘衙門竝報屬曺. 『經國大典』 「禮典」 用文字式.
9 『經國大典』 「禮典」.

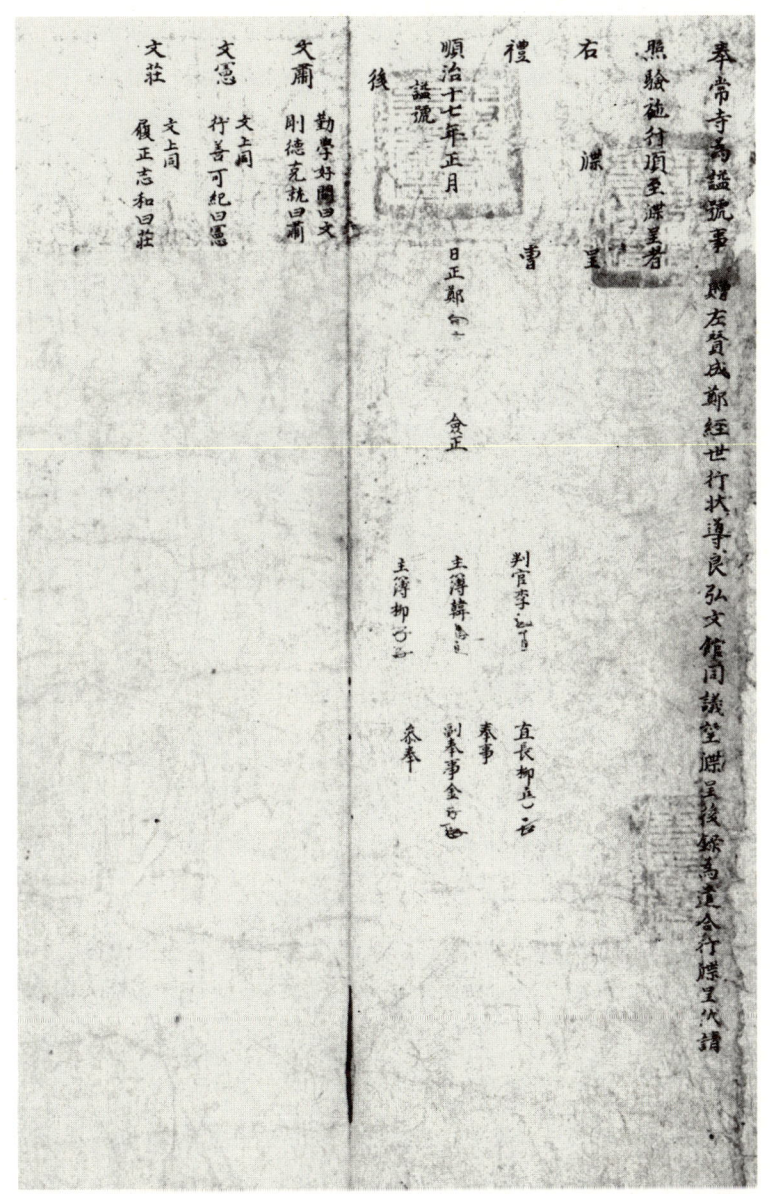

[도- 21] 예조로 상달하는 봉상시의 첩정. 첩정에는 봉상시 관원들의 착명·착압이 있다.

도록 규정되어 있다. 따라서 봉상시의 참석 관원들은 모두 착성명서着姓名署의 형식을 취하여, 관직과 함께 성을 쓰고 착명과 착압을 하였다.[도-21]

예조는 봉상시로부터 증시에 관련한 삼망 첩정을 수령한 후에 같은 2품 아문인 이조에 문서를 행이한다. 증시에 관련하여 증시교지贈諡敎旨를 발급하는 주무부서가 이조이기 때문에 봉상시에서 의정된 시호는 이조에 보고된 것이다. 예조는 증시교지를 발급하는 주무부서가 아니기 때문에 시호를 의정하는 과정까지만 역할을 수행하고 그 이후의 문제는 이조에서 담당한 것으로 보인다.

예조나 이조는 모두 정2품 아문이기 때문에 동등 아문의 상통 문서인 평관을 사용했다. 조선에서 평관은 평달문서의 역할과 함께 하달문서의 기능도 수행하였다. 평관에는 착압만을 하는데, 앞서 예조 조흘의 경우와 마찬가지로 예조의 관원들도 성을 제외한 착압만 하였다. 즉 불성착압不姓着押의 형식을 따르고 있다.[도-22]

예조에서 이조로 평관이 행이되면서 증시에 대한 주무부서가 옮겨진다. 『대전통편』과 『증보문헌비고』에 따르면, 이조에서 직접 왕의 수점을 받는 것으로 되어 있다. 그러나 실제의 증시문서에서는 다시 이조에서 의정부로 첩정을 올렸던 것으로 확인된다. 이조에서 의정부로 올리는 첩정에 대한 규정은 『은대조례銀臺條例』에 보인다.

시장諡狀을 처음 해조該曹(禮曹)에 올리면 조흘照訖하여 봉상시奉常寺에 보낸다. 이어 봉상시에서 홍문관弘文館으로 보내면 동벽東壁 이하 3원이 삼망三望을 회의會議한 다음에 1건을 써서 올리면 본원本院에서 입계入啓한다. 이어 홍문관에서 봉상시에 환송還送하면 봉정奉正이 동벽 1원과 다시 합좌合坐하여 회의한 다음에 해조吏曹로 보내고, 해조吏曹에서는 점련粘連하여 정부政府로 보내어 계하啓下하면 본원本院은 개정開

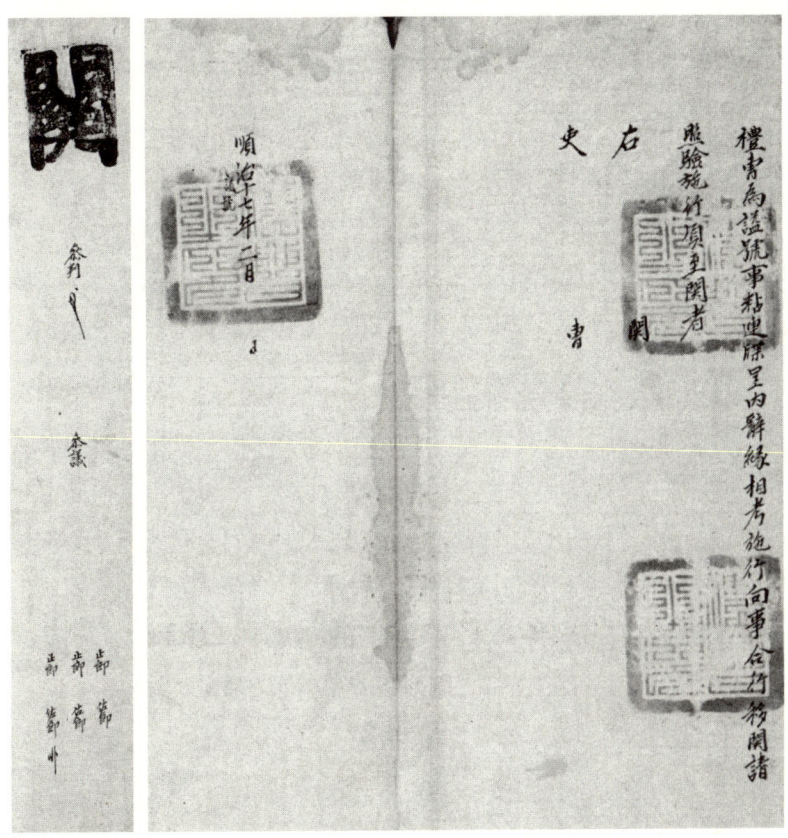

[도- 22] 예조에서 이조에 보내는 평관平關. 예조 관원은 착압만 하였다.

政하기를 청하여 하비下批 후에 양사兩司를 패초牌招하여 서경하게 한다.[10]

10 諡狀初呈該曹 照訖付奉常寺 仍送弘文館 東壁以下二員 會議三望後 一件書呈 本院入啓 仍自弘文館還送奉常寺 奉正復與東壁一員合坐 後送該曹 該曹送政府粘連 啓下則本院請政 下批後牌招兩司 使之署經. 『銀臺條例』「禮攷」朝臣諡號.

『은대조례』의 규정은 『대전통편』이나 『증보문헌비고』와 달리 승정원承政院을 중심으로 하는 문서의 행이 과정을 기술하고 있다. 따라서 다른 규정에 비해 비교적 상세한 부분이 있다. 먼저 봉상시에서 홍문관으로 행이하는 과정이 상세하게 규정되어 있으며, 홍문관에서 삼망을 회의하여 승정원으로 행이하는 과정은 다른 문헌에서는 찾을 수 없는 부분이다. 실제 문서에서는 봉상시에서 홍문관으로 행이하는 문서를 실견할 수 없다. 그러나 봉상시에서 예조로 올리는 첩정에 '弘文館同議'의 내용이 기재되어 있다.[11] 따라서 봉상시에서 홍문관으로 오고간 일련의 증시문서는 추가적으로 있었을 것으로 보인다.

다음으로 이조에서 의정부로 첩정을 올리는 규정은 『은대조례』에만 있는 것이다. 다른 문헌에서는 이조에서 입계入啓한다는 규정과 의정부에서 서경한다는 규정만 있을 뿐, 이조에서 의정부로 첩정을 올리는 규정은 보이지 않는다. 여하튼 이조에서 의정부로 첩정을 올리는 것은 현전하는 증시문서에서 실견되는 사항이며, 종결 단계에서 추가된 의정부의 기능은 일종의 서

---

11 鄭經世 贈諡文書 중에서 奉常寺에서 禮曹로 올리는 牒呈의 例를 보면 다음과 같다.
奉常寺爲諡號事 贈左贊成鄭經世行狀導良<u>弘文館同議</u>望牒呈後錄爲遣合行牒呈伏請
照驗施行須至牒呈者
右　　　牒　　　呈
禮　　　　　　曹　　　　　　　　　判官李(着名)(署押) 直長柳(着名)(署押)
順治十七年正月　日正鄭(着名)(署押) 僉正　主簿韓(着名)(署押) 奉事
　　　諡號　　　　　　　　　　　　主簿柳(着名)(署押) 副奉事金(着名)(署押)
　　後　　　　　　　　　　　　　　　　　　參奉
文肅　勤學好問曰文
　　　剛德克就曰肅
文憲　文上同
　　　行善可紀曰憲
文莊　文上同
　　　履正志和曰莊

경과 유사한 어떤 일을 수행하였던 것으로 추측된다.

이조에서 의정부로 올리는 첩정에는 이조 관원의 착명과 착압이 있다. 이조가 정2품 아문이고, 의정부는 정1품 아문이기 때문이다. 법전에 규정된 첩정의 착명·착압 용례를 충실히 따랐음을 알 수 있다. [도-23]

이조에서 의정부에 첩정을 올리고 의정부에서는 계목啓目을 임금에게 올린다. 계목에 대한 문서 규정은 『경국대전』 문서식에 보인다. 『경국대전』에서는 '某職臣某'로 규정되었기 때문에, 착성명着姓名의 형식을 따라 성을 쓰고 착명을 하였던 것이다. 정1품인 의정부 영의정領議政이 문서에 착명을 하는 사례는 이와 같은 계목을 제외한다면 공문서에서 실견할 수 없을 것이다. [도-24]

이석규 증시문서와 이계조 증시문서의 착명은 거의 그 형체를 알아볼 수 없을 정도로 작게 하였다. 이와 같이 조선 말기 착명의 극단적인 표현 방식을 특별히 함啣이라고 불렀는데, 전근대적 위계 사회의 말기적 현상 중 하나로 볼 수 있다. 조선 말기에만 나타나는 형식이다.

증시 과정의 최종 단계는 양사兩司 서경이다. 『대전통편』과 『증보문헌비고』에는 왕의 수점 이전에 사헌부·사간원의 서경 과정이 있는 것으로 기록되어 있다. 그러나 『속대전續大典』과 『은대조례銀臺條例』의 규정에는 수점 이후로 규정되어 있다.

○ 무릇 시호諡號는 수점受點 후에 양사兩司에서 서경한다.[12]
○ 시호는 망점望點하여 양사에 내리면 패초牌招하여 각 3원을 갖추어 실시한다.[13]

---

12 凡諡號 受點後 兩司署經. 『續大典』「吏典」署經.
13 諡號 望點下兩司牌招 各備三員 爲之. 『銀臺條例』「吏攷」署經.

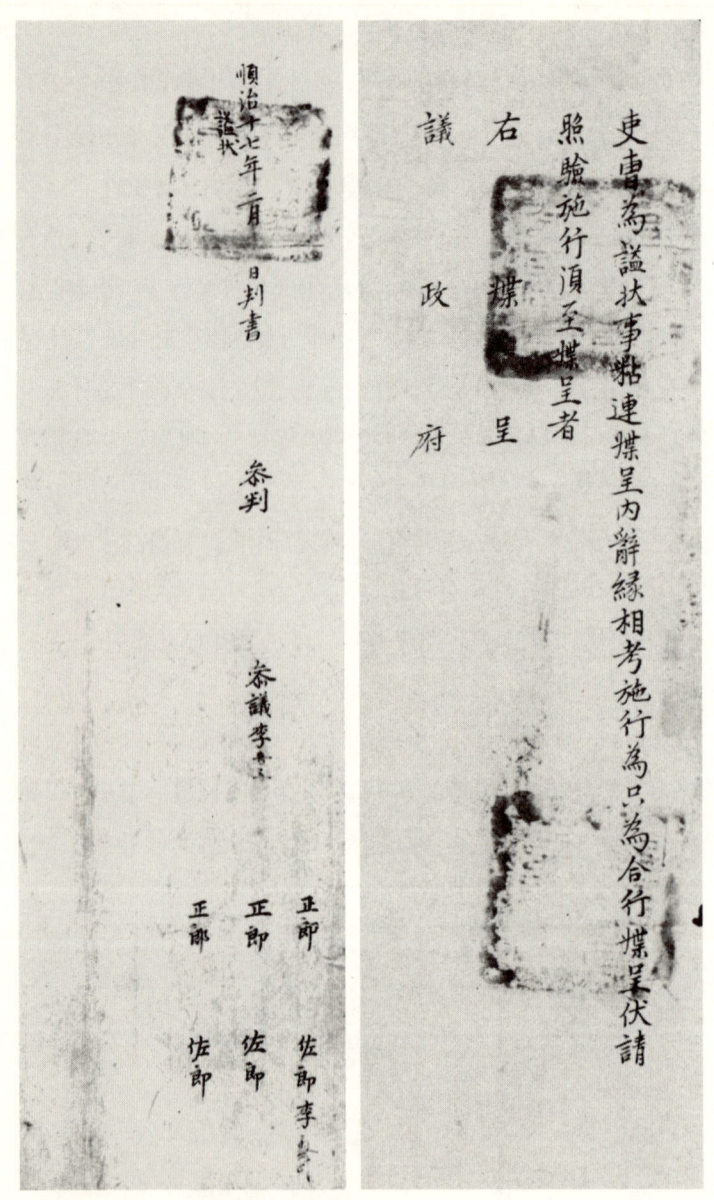

[도-23] 이조에서 의정부에 올리는 첩정.

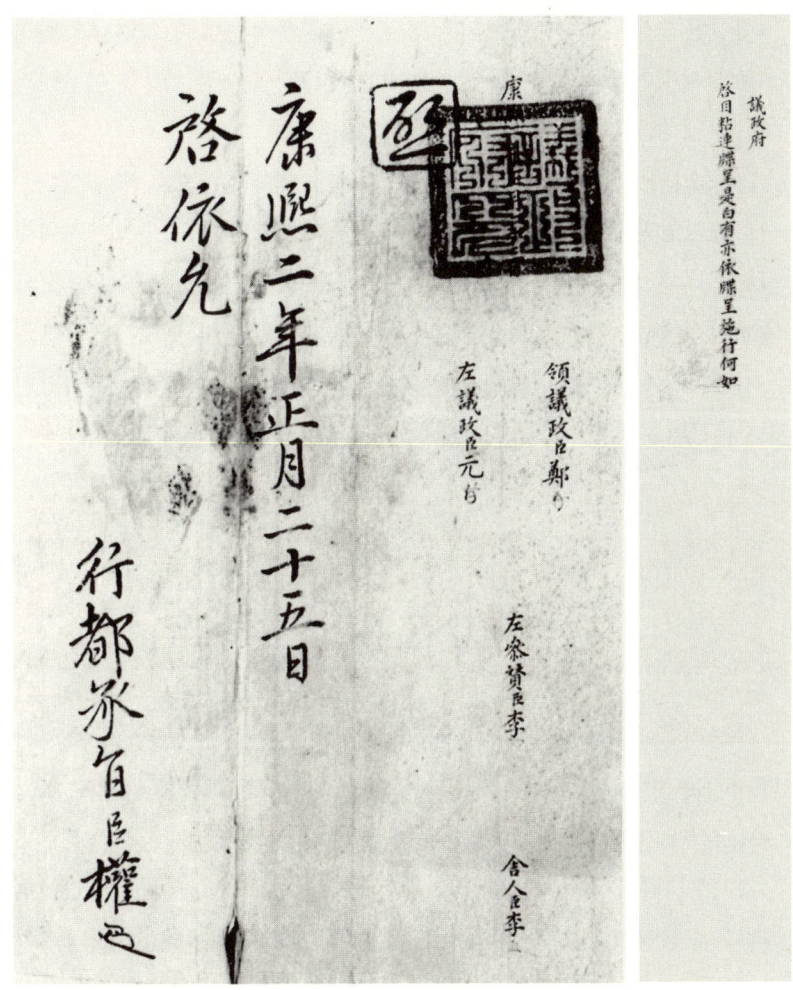

[도-24] 의정부에서 국왕에게 올리는 계목. 의정부 영의정과 좌의정의 착명이 있다.

점련된 증시문서에는 양사의 서경과 관련된 문서는 없다. 그러나 일반적으로 전해지고 있는 양사 서경 문서를 보면 그것이 수점 이후에 이루어진 것임을 알 수 있다.

[도-25]의 양사 시호 서경 문서는 모두 수점 이후의 것으로 볼 수 있다.[14] 시호를 삼망의 단계에서 서경한 문서는 보이지 않으며, 모두 수점된 하나의 시호에 대해서만 서경을 하고 있다. 문서에는 '출出'자가 있는데 서경을 끝내고 양사에서 이문移文하였음을 의미하는 것으로 보인다.

지금까지의 내용을 토대로 조선 중기 『경국대전』 체제하에서 운용되었던 증시문서의 문서 행이 과정을 종합적으로 도식화하면 다음과 같다.

| 행장을 찬함 → 예조 →조흘→ 봉상시(홍문관) →첩정→ 예조 →평관→ |
| 이조 →첩정→ 의정부 → 계목 →수점→ 양사서경 |

동일 사안에 대한 경아문 사이의 공문서 상통 실례라는 점에서 증시 문서의 가치는 지대하다. 조선시대 경아문의 문서 행정 체제를 확인할 수 있는 자료로서 현전하는 유일한 자료가 증시문서이기 때문이다.

증시문서의 공문서 행이 과정은 『경국대전』 체제의 문서 제도를 그대로 따랐음이 확인된다. 다시 말해서 조선시대의 문서 제도는 『경국대전』을 기본 골격으로 하여 철저하게 정합적인 특성을 보이고 있으며, 그 제도적 틀이 매우 효율적이라는 인상을 지울 수 없다. 이와 같이 문서의 형식 요소가 잘 갖춰진 것은 조선 개국 이후 100년이 조금 못 미치는 기간 동안 문서 행정 제도를 정착시키기 위해 부단히 노력한 결과가 있었기 때문이다. 비록 일부분

---

14 서계西溪 박세당朴世堂 종택宗宅 소장 고문서.

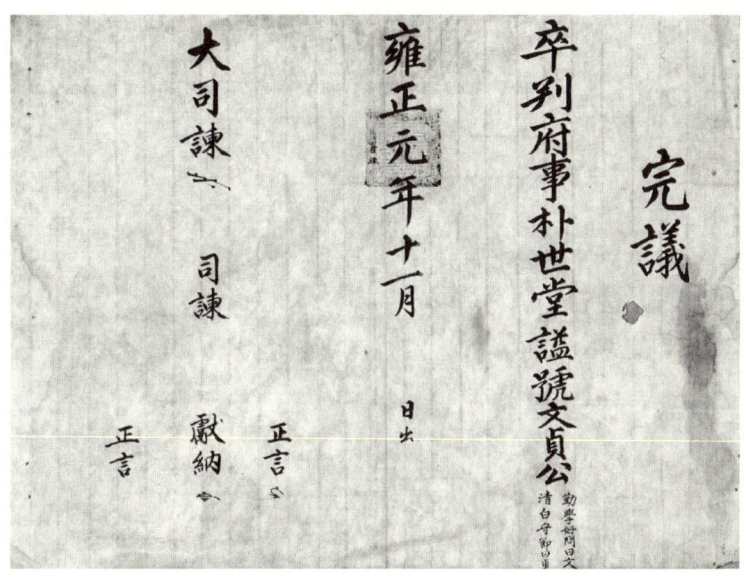

[도- 25.1] 사간원司諫院의 시호 서경 문서. 대사간·헌납·정언 3원의 착압이 있다.

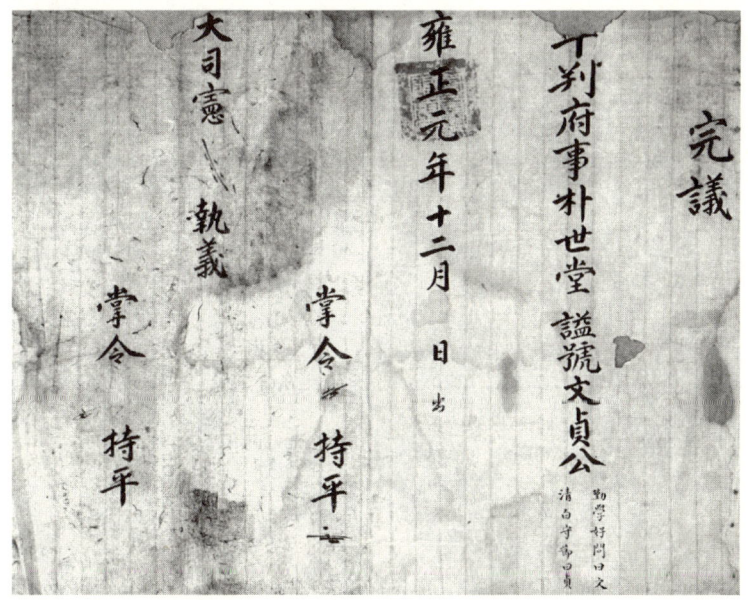

[도- 25.2] 사헌부司憲府의 시호 서경 문서. 대사헌·장령·지평 3원의 착압이 있다.

수정과 개정 작업이 있었다고 하더라도, 『경국대전』 체제의 문서 행정은 상당히 선진적인 요소가 갖추어져 있음을 부인할 수 없다.

3. 해유문서의 행이 체제

조선시대 공문서의 행이行移 과정을 살필 수 있는 또 하나의 중요 자료가 해유문서解由文書이다. 현전하는 해유문서는 대부분 외방의 군현郡縣 등에서 관찰사 및 호조·병조 등에 올린 문서이다.

해유문서의 공문서 행이 과정에 대해서는 해유解由에 관련한 제도적 시스템을 이해할 필요가 있다. 해유는 임기가 만료된 관원이 자리를 옮기면서 관장하던 공물公物 일체에 대한 휴흠虧欠 여부를 살피는 것을 말한다.[15] 다시 말해서 해유는 전임관과 후임관 사이의 인수인계 절차이며, 그 과정에서 공물의 휴흠을 가려내는 것이라고 할 수 있다. 해유 과정에서 이상이 발생하였을 경우에는 제도적인 측면에서 그 방지 대책이 마련되고 있다. 즉 해유의 이상 여부를 해당 관원의 인사 문제와 녹봉祿俸 문제에 결부시켜서 제도적으로 공물의 관리를 기한 것이다. 다시 말해서 공물의 인수인계 과정이라고 할 수 있는 해유 절차의 엄격성을 담보하기 위해 보완책으로 시행된 것이 해유에 관계된 관원의 인사 문제와 녹봉의 문제를 함께 결부시킨 것이다.

---

15 解由:考滿職除曰解 歷其殿最曰由.『經國大典註解』「吏典」해유.

인사 발령과 녹봉에 관련하여 해유의 여부는 이조와 병조 및 호조에 통보되어야 했다.

(가) 무릇 관직을 임명할 경우에는 해유를 상고한다. 병조도 같다.[16]
(나) 관리가 교체될 때는 관리하던 물품에 휴흠이 없는 자에게 해유를 발급한다.[17]
(다) 수령守令 · 변장邊將 · 우후虞侯 · 찰방察訪의 해유는 비록 구애받지 말라는 명이 있을 지라도 그 녹봉은 해유가 나오기 이전에 반급頒給을 허락하지 않는다. 양창兩倉의 관원과 공물각사貢物各司의 관원과 재랑齋郎은 천전遷轉될 때에 등내等內의 해유가 성출成出된 후에 녹봉을 지급한다.[18]

(가)의 법전 조항을 통해 이조나 병조의 인사 발령에는 해유의 여부가 반드시 고찰됨을 알 수 있다. 지방 수령의 인사 발령 주관 부서인 이조는 그들의 해유 여부를 조사하여 조흘을 내려주며, 마찬가지로 병조는 병마우후 등의 해유 여부를 조사하도록 되어 있다. 특히 이조는 인사 발령의 문제만이 중요한 문제이겠지만, 병조는 각종 무기류의 실태를 파악하는 것도 포함되어 있었다.[19] (나)는 물품 관리를 담당한 호조의 사무규정으로 해유의 발급 기준을 명시하였고, (다)는 호조에서 녹봉을 지급하는 기준을 명시하였다. 즉 해유가 성출될 때에만 녹봉이 원활하게 지급된다는 규정이다. 이와 같이

---

16 凡除職者 考解由 兵曹同.『經國大典』「吏典」解由.
17 官吏遞代時 所掌之物無虧欠者 給解由.『經國大典』「戶典」解由.
18 守令邊將及虞侯察訪等內解由 雖勿拘之命 其祿俸 則解由未出前 勿許頒給 兩倉官員及貢物各司 官員與齋郎遷轉 則等內解由成出後給祿.『度支志』「官制部」雜儀.
19 守令邊將遞任後 解由狀無頉報來 則背關成給.『六典條例』「兵曹」武備司.『六典條例』의 규정에서처럼 실제 武器類의 解由는 兵曹의 고유의 업무였다고 볼 수 있다. 또한 武官에 대한 인사문제 역시 兵曹의 업무였다.

녹봉 지급 문제에 있어서 해유의 중요성은 호조의 녹봉 지급 규정에 많이 보이고 있는 해유장解由狀을 통해서 확인할 수 있다.[20] 이러한 사실을 보완해주는 것이 『속대전』의 규정에 보인다.

> 외관外官에 대한 병조의 해유장解由狀은 모두 호조戶曹에 보내며, 호조에서 전관專管하여 해유장을 성급成給한다.[21]

병조 소관의 물품들, 즉 무기류 등에 대한 해유 결과를 다시 호조에 보내서 호조에서 최종적으로 해유장을 성급하는 것은 물품의 회계 문제가 호조 고유의 업무이기 때문만은 아니다. 무기류를 제외한 대다수 물품은 호조로 직접 해유 문서를 올렸다. 그렇다면 병조에서 호조로 다시 해유문서를 보내는 것은 그것이 인사의 문제와 녹봉의 문제로 귀결됨을 입증하는 것이다.

해유 결과에 대한 제도적 보완은 인사 문제와 녹봉 지급의 문제로 귀결되고 있다. 인사에 관련한 문제는 이조와 병조의 소관 사항이며, 녹봉의 문제는 호조의 소관 사항이다. 지방관이 관리한 물품 중에서 무기류에 해당되는 것은 병조에 해유문서를 올리며, 그 이외의 것은 호조에 올린다. 병조에 올린 해유문서는 병조 주관의 인사 문제를 처리하기 위한 것이며, 남은 녹봉의 문제를 처리하기 위해 호조에 문서를 이관移關하게 된다. 반면에 호조에 올린 해유문서는 녹봉의 문제를 호조에서 처리하고 남은 인사 문제를 처리하기 위해 인사 발령 주관 부서인 이조로 문서를 이문移文하게 된다. 이와 같은 행이 과정의 틀은 바로 해유의 근본적인 의미 체계와 맥락을 같이 하고 있다.

---

20 『經國大典』「戶典」祿科.
21 外官之兵曹解由狀 都呈本曹 專管成給. 『續大典』「戶典」解由.

위의 내용을 토대로 해유문서의 행이 과정을 보면 다음과 같다. 먼저 지방관이 해당 지역의 관찰사나 병마절도사 등에게 해유문서를 올린다. 이때의 문서는 해유첩정解由牒呈이 된다. 관찰사나 병마절도사는 해유문서를 각 문서의 성격에 따라 호조와 병조에 올린다. 이때는 첩정牒呈이나 평관平關을 보내게 된다. 그러면 호조에서는 최종적으로 이조에 문서를 보내며, 병조에서는 최종적으로 호조에 문서를 보낸다. 이때는 모두 평관을 사용한다. 이 과정을 도식화 하면 다음과 같다. (지방관을 기준으로 한다.)

```
지방관 ─→ 관찰사 ─→ 호조 ─→ 이조
              ↘ 병조 ─→ 호조
```

『전률통보典律通補』의 해유이관식解由移關式과 해유첩정식解由牒呈式에는 해유문서의 행이 과정에 따른 문서의 투식이 더욱 자세히 기재되어 있다.

전관前官이 후관後官에게 이관移關하고, 첩정牒呈과 평관平關은 문서를 보내는 관원의 직품職品에 따른다.[22]

전임관이 후임관에게 이관移關하는 과정은 별도의 문서로 전해지는 것은 없지만, 후임관이 상급 관청에 보고하는 문서에는 그에 대한 내용이 기재되어 있다.[23] 그러나 모든 경우에 전임관의 이관이 있었던 것은 아닌 것으로 보인다.[24] 여하튼 법전에 규정된 해유이관식解由移關式은 전임관이 후

---

22 前官移關後官 而牒呈平關 隨狀員職品. 『典律通補』「別編」解由移關式.
23 전임관의 移關 여부를 알 수 있는 문서는 다음 논문을 참조. 崔承熙, 『韓國古文書硏究』, 지식산업사, 1999. pp. 204~208의 靈光郡守 解由文書.
24 ㉠ 楊州牧使爲解由事 今准通政大夫金和澤關 該當職乾隆三十四年己丑十二月十八日 ……. 『古文書』 6, 서울大圖書館, 1989, p.22.
    ㉡ 古阜郡守爲解由事 本郡前郡守權錫孝 以忠淸道魯城縣監 道光二十四年五月十五日 …….

임관에게 보내는 해유문서의 형식으로 실제 문서는 전해지는 것이 없지만, 그 내용과 형식은 법전의 규정을 통해 알 수 있다.

전임관에게 해유이관解由移關을 받은 후임관은 재차 확인 절차를 거친 후 상급 관청에 첩정을 올리게 된다.[25] 후임관이 상급 관청에 올리는 첩정의 규식은 해유첩정식解由牒呈式을 따른다. 후임관이 문서를 올리는 상급 관청은 순영巡營이다. 순영에서는 다시 호조나 병조에 평관을 올리며, 마지막으로 호조나 병조에서 순영에서 올린 관문關文의 배면背面에 평관을 쓰도록 되어 있다.[26] 이상의 내용은 『전률통보』를 기준으로 한 것이다. 이 과정을 도식화하면 다음과 같다. (지방관을 기준으로 한다.)

```
지방관 ⟶ 후임관 ⟶ 순영 ⟶ 호조
                        ↘ 병조
```

『전률통보』에는 이조에 대한 언급이 없다. 따라서 이조가 해유에 개입되는 여부를 문서식만으로는 알 수 없다. 그러나 실제 문서를 살펴보면, 온전하게 남아있는 해유문서라면 이조 조흘照訖은 필수적이다. 또한 『탁지지度支志』에는 해유문서의 상통 체계에 대한 기록이 있어 주목된다.

『古文書』6, 서울大圖書館, 1989, p 53.
㉠은 전임관의 平關이 있었다는 것을 명시하지만, ㉡은 명시하지 않고 있다. 조선시대 공문서에서 동일 사안의 공문서 수령 여부와 그 내용을 기재하는 것은 지극히 보편적인 일이었다. 따라서 경우에 따라서는 전임관이 후임관에게 보내는 移關이 없었던 것도 있는 듯하다.

25 京官의 경우는 직접 該曹에 牒呈을 올리도록 되어 있다. 본 절에서는 지방관을 그 주요 대상으로 삼겠으며, 京官의 解由文書는 본장의 말미에서 간단하게 기술하겠다. (京則該司時在官牒呈該曹.『典律通補』「別編」解由牒呈式)

26 上關卽巡營移關者 此卽兵戶曹背關於上關者.『典律通補』「別編」解由移關式. 여기에서 上關은 巡營에서 올리는 關文을 지칭한다.『典律通補』解由移關式의 文書式이 2가지가 있는데, 上關은 앞의 것이라는 뜻이다.

수령守令이 체임遞任 이후에 해유문서를 본조本曹에 보내면 그 부임赴任
하고 체임遞任한 연월年月을 상고하여 각사各司에 발문發問한다. 각사의
회보回報를 기다려 조식照式하여 성출成出한 이후에 이조와 병조에 이문
移文하고 해유장解由狀은 본원本員에게 돌려보낸다.[27]

『탁지지』의 해유 기록은 수령이 순영에 첩정하고 순영이 호조에 평관이
나 첩정을 올린 다음부터의 행이 과정을 설명하고 있다. 호조에서는 각사에
발문하는데, 이때는 수령의 해유문서와는 다른 문서를 보냈을 것이다. 호
조에서 각사에 보내는 발문 규정이 앞의 내용에 각주脚註되어 있다.

각사에 발문할 때에 비변사備邊司·선혜청宣惠廳·균역청均役廳·삼군
문三軍門·낭향청狼餉廳에는 첩정을 올린다. 이조吏曹·병조兵曹·공조
工曹·사복시司僕寺·사옹원司饔院·수어청守禦廳·총융청摠戎廳에는
이문移文을 보낸다. 내수사內需司·상의원尙衣院·군기시軍器寺·선공
감繕工監·전설사典設司·장악원掌樂院·조지서造紙署에는 하첩下帖한
다.[28]

위 글에서 이문移文은 평관平關을 지칭하는 말이다. 첩정牒呈·평관平
關·하첩下帖의 상달·평달·하달문서가 고루 쓰이는 것에 비해 현전하는
해유문서에는 이들 문서가 존재하지 않는다. 따라서 각사에 보낸 공문서는
호조에서 해유와 관련해서 작성한 별도의 문서일 것이다. 이와 같은 형식으

---

27 守令遞任後 解由文書來呈本曹 則考其赴遞年月 而發問各司 待其回報 照式成出後 移文兩銓 由
狀還付本員. 『度支志』「官制部」 解由.
28 ○發文各司 備邊司宣惠廳均役廳三軍門狼餉廳 以上牒呈 ○吏曹兵曹工曹司僕寺司饔院守禦廳
摠戎廳 以上移文 ○內需司尙衣院軍器寺繕工監典設司掌樂院造紙署 以下帖. 『度支志』「官制
部」 解由.

로 각사에 발문하고 회보가 있은 다음에는 양전(兩銓; 이조와 병조)에 이문 移文하고, 해유장은 본원(本員; 전임관)에게 돌려준다고 규정되어 있다. 본원에게 돌려주는 해유장은 최초의 해유문서로서 상급 아문에 올린 첩정에 여러 관문關文 등을 점련한 일련의 문서이다. 현전하는 해유문서는 모두 이와 같은 경로를 통하여 각 문중(門中; 개인)이 소장 할 수 있는 것이다. 그런데 문제가 되는 것은 호조에서 양전兩銓에 평관을 보낸 사실이다. 당연히 인사문제에 참고하기 위해 양전에 문서를 보낸 것이겠지만, 양전에 보낸 문서가 본원에게 환부될 해유문서인지 아니면 별도의 평관을 작성한 것인지는 확실하지 않다. 아마도 별도의 문서를 작성하여 양전에 평관을 보내지는 않았을 것으로 보이는데, 호조에서는 이조에만 통보하고 병조는 이미 해유가 끝난 상태에서 호조에 문서를 보내기 때문에 호조에서 병조로 보내는 문서는 별도로 없었을 것으로 보인다. 이를 입증하는 것이 현전하는 해유문서의 실례라고 생각된다.

지금까지 조사·정리된 해유문서의 발급 관청과 수령 관청을 정리하여 행이 과정을 정리하면 다음 [표-19]와 같다.

이를 통해 볼 때 호조에서 병조로 문서를 보낸 사례는 없다. 따라서 『탁지지』의 기록에 약간의 오차가 있었던 것이 아닌가 생각된다. 실제 전해지는 해유문서는 전임관이 후임관에게 보낸 관문關文이 없다. 거의 완벽하게 남아있는 해유문서라면 순영에서 호조와 병조로 문서를 보내고, 호조는 이조로 보내고 병조는 호조로 보내는 것이 정식定式이었다. 이상의 내용을 통해서 해유문서의 행이 체제를 종합적으로 도식화하면 다음과 같다.

```
지방관 ──→ 관찰사 ──→ 호조 ──→ 이조
         ↘ 병조  ──→ 호조
```

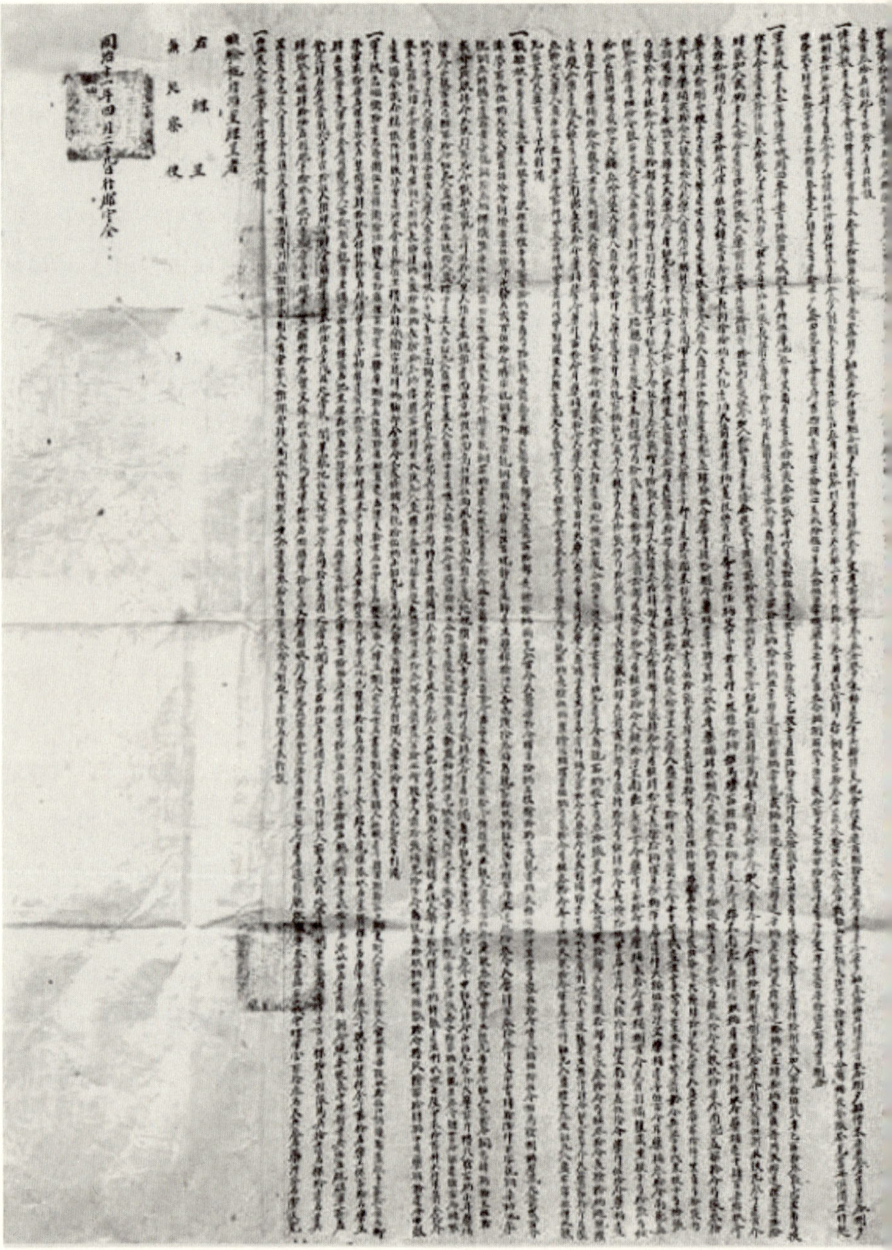

[도-26]
1872년(고종 9) 곤양昆陽군수가 관찰사에게 올린 해유 첩정.

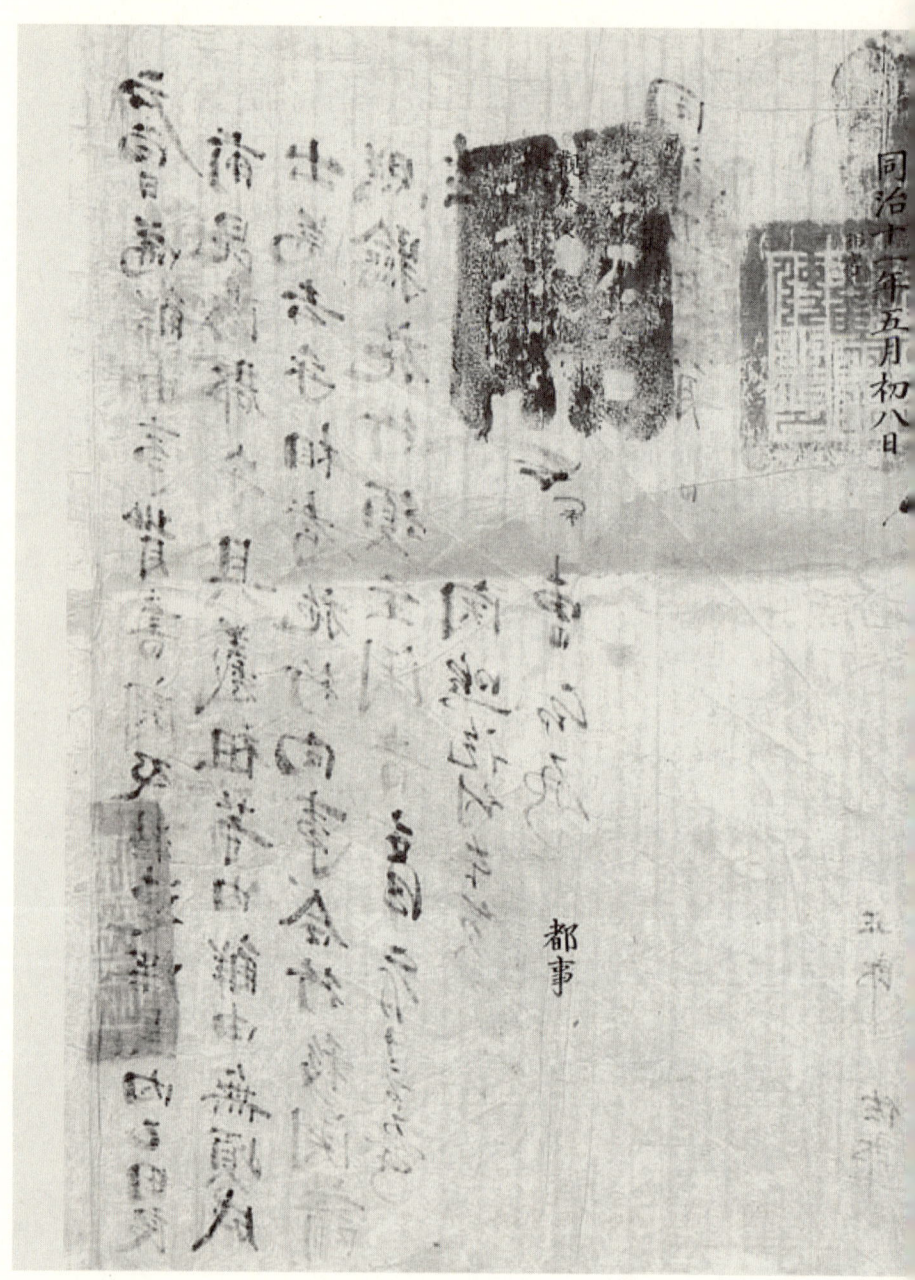

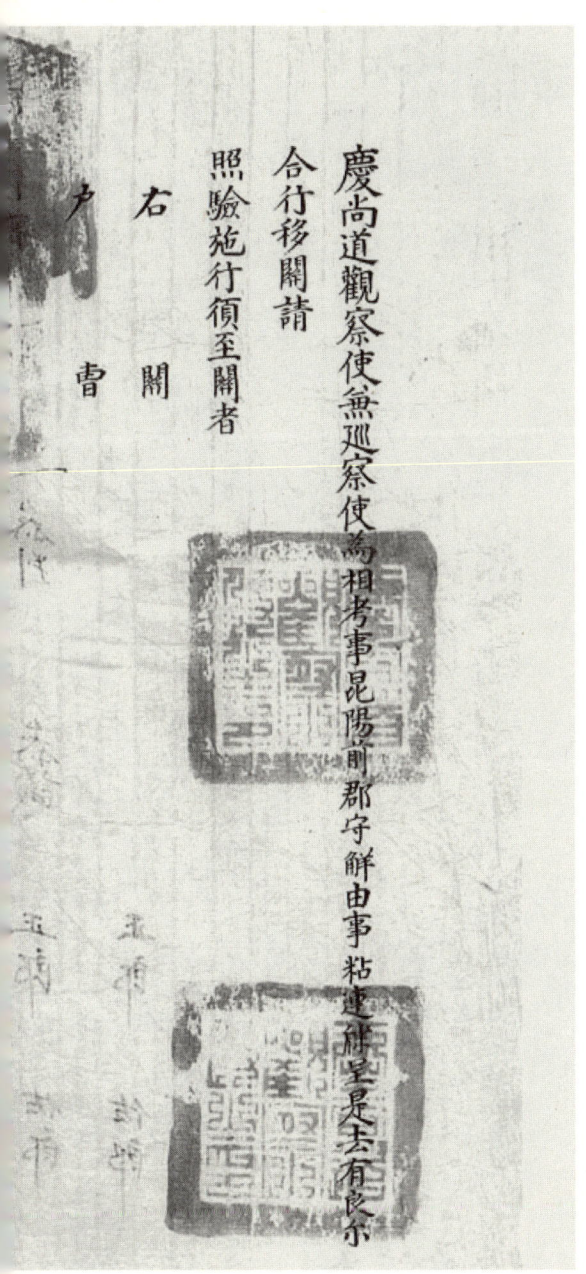

[도-27] 곤양군수의 해유 첩정을 받은 경상도 관찰사가 호조에 보낸 평관平關.

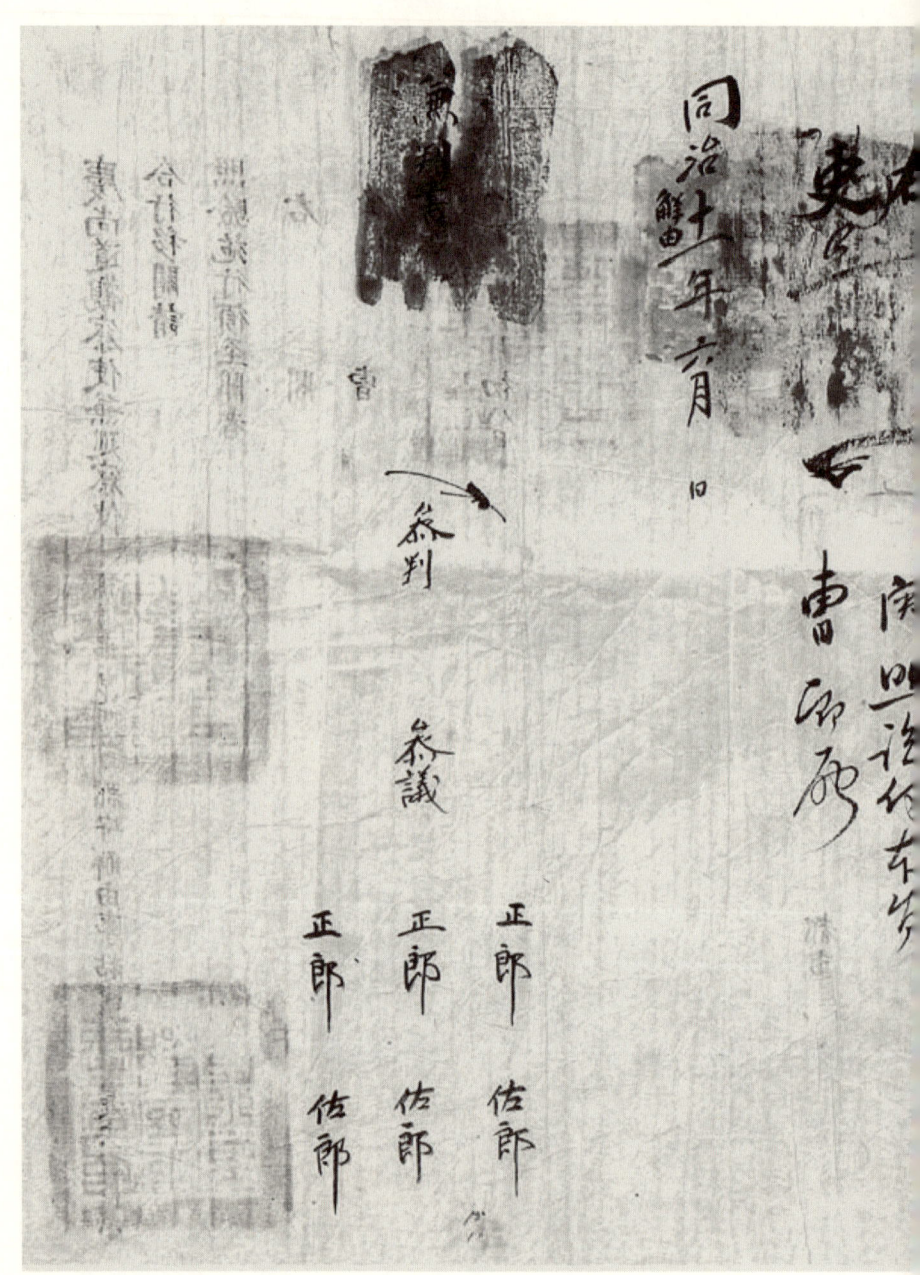

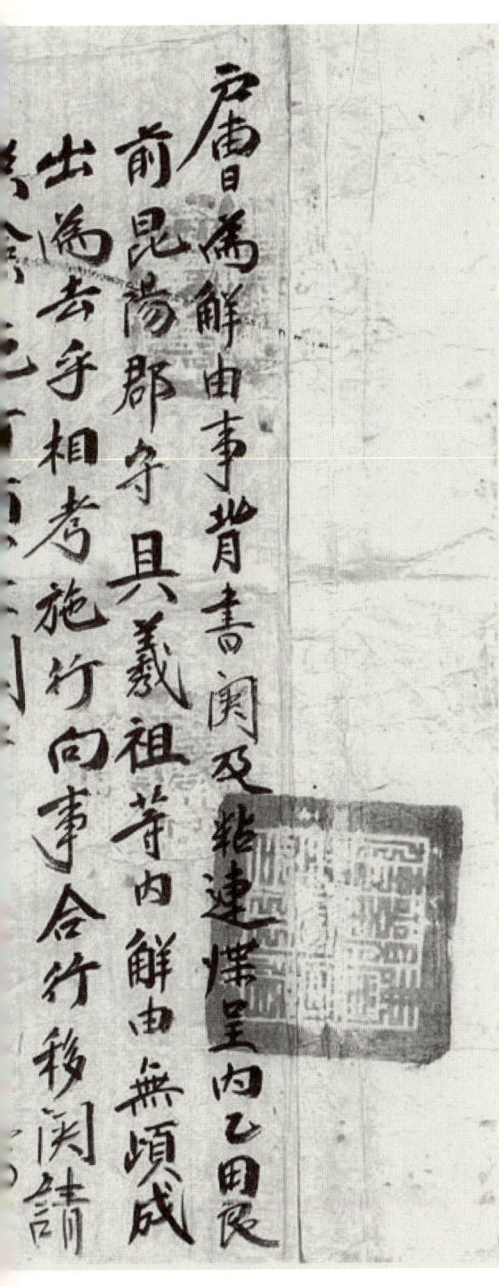

[도- 28] 경상도 관찰사의 평관을 받은 호조에서 이조에 보낸 평관平關.

年代	발급관청	수령관청	문서종류	照訖 여부
1633	京畿水軍節度使	兵曹	牒呈	
	兵曹	戶曹	平關	
1690	江原道觀察使	戶曹	平關	
	戶曹	吏曹	平關	吏曹照訖
1749	松羅道察訪	觀察使	牒呈	
	慶尙道觀察使	兵曹	平關	
	兵曹	吏曹	平關	吏曹照訖
1764	機張縣監	兵馬節度使	牒呈	
	慶尙左道兵馬節度使	兵曹	牒呈	
	兵曹	戶曹	平關	
1766	忠淸道觀察使	戶曹	平關	
	戶曹	吏曹	平關	吏曹照訖
1770	楊州牧使	巡察使	牒呈	
	京畿道觀察使	戶曹	平關	
	戶曹	吏曹	平關	吏曹照訖
	楊州牧使	巡察使	牒呈	
	京畿道觀察使	兵曹	平關	
	兵曹	戶曹	平關	
1777	樂安郡守	巡察使	牒呈	
	全羅道觀察使	兵曹	平關	
	兵曹	戶曹	平關	
	?	巡察使	牒呈	
	全羅道觀察使	戶曹	平關	
	戶曹	吏曹	平關	
1778	縣令	巡察使	牒呈	
	慶尙道觀察使	戶曹	平關	
	戶曹	吏曹	平關	吏曹照訖
1802	全羅道觀察使	兵曹	平關	
	兵曹	戶曹	平關	
1813	靈光郡守	巡察使	牒呈	
	全羅道觀察使	戶曹	平關	
	戶曹	吏曹	平關	
1824	奉化縣監	兵馬節度使	牒呈	
	慶尙左道兵馬節度使	兵曹	牒呈	
1827	兵曹	戶曹	平關	
	陜川郡守	兵馬節度使	牒呈	
1829	海美縣監	巡察使	牒呈	
	戶曹	吏曹	平關	吏曹照訖

[표- 19] 해유문서의 발급 관청과 수령관청.[29]

年代	발급관청	수령관청	문서종류	照訖 여부
1833	公忠道兵馬虞候	公忠道兵馬節度使	牒呈	
	公忠道兵馬節度使	戶曹	平關	
	戶曹	吏曹	平關	
1845	魯城縣監	巡察使	牒呈	
	忠淸道觀察使	戶曹	平關	
	戶曹	吏曹	平關	吏曹照訖
1846	古阜郡守	巡察使	牒呈	
1846	兵馬虞候	節度使	牒呈	
	平安道兵馬節度使	戶曹	平關	
	戶曹	吏曹	平關	
1847	吉州牧使	巡察使	牒呈	
	觀察使	戶曹	平關	
	戶曹	吏曹	平關	吏曹照訖
1849	鐵原都護府使	巡察使	牒呈	
	江原道觀察使	戶曹	平關	
	戶曹	吏曹	平關	吏曹照訖
1850	通津都護府使	巡察使	牒呈	
	京畿觀察使	戶曹	平關	
	戶曹	吏曹	平關	吏曹照訖
	長湍都護府使	巡察使	牒呈	
	京畿觀察使	戶曹	平關	
	戶曹	吏曹	平關	吏曹照訖
1854	寶城郡守	巡察使	牒呈	
	全羅道觀察使	戶曹	平關	
	寶城郡守	巡察使	牒呈	
	全羅道觀察使	兵曹	平關	
1855	寶城郡守	巡察使	牒呈	
	全羅道觀察使	戶曹	平關	
	戶曹	吏曹	平關	吏曹照訖
1860	玄風縣監	巡察使	牒呈	
	慶尙道觀察使	戶曹	平關	
	戶曹	吏曹	平關	吏曹照訖
1861	沃川郡守	巡察使	牒呈	
	忠淸道觀察使	戶曹	平關	
	戶曹	吏曹	平關	吏曹照訖
1862	開寧縣監	巡察使	牒呈	
	慶尙道觀察使	戶曹	平關	
	戶曹	吏曹	平關	吏曹照訖

年代	발급관청	수령관청	문서종류	照訖 여부
1864	恩津縣監	巡察使	牒呈	
	公忠道觀察使	戶曹	平關	
	戶曹	吏曹	平關	吏曹照訖
1869	振威縣令	巡察使	牒呈	
	京畿觀察使	戶曹	平關	
	戶曹	吏曹	平關	吏曹照訖
1871	果川縣監	巡察使	牒呈	
	京畿觀察使	戶曹	平關	
	戶曹	吏曹	平關	吏曹照訖
1872	昆陽郡守	巡察使	牒呈	
	慶尙道觀察使	戶曹	平關	
	戶曹	吏曹	平關	吏曹照訖
1883	豊川都護府使	觀察使	牒呈	
	黃海道觀察使	戶曹	平關	
	戶曹	吏曹	平關	吏曹照訖
1883	義州府尹	巡察使	牒呈	
1886	義州府尹	巡察使	牒呈	
1886	泰川縣監	巡察使	牒呈	
1886	泰川縣監	節度使	牒呈	
1886	泰川縣監	戶曹(節度使)	牒呈	
1894	金川郡守	觀察使	牒呈	
	黃海道觀察使	戶曹	平關	
1894	樂安郡守	戶曹(觀察使)	牒呈	
	全羅道觀察使	度支衙門	牒呈	
	樂安郡守	兵曹(觀察使)	牒呈	
	全羅道觀察使	軍務衙門	牒呈	

◀◀◀

[표-19]를 통해 또한 주목되는 것이 이조吏曹 조흘照訖의 문제이다. 해유

---

29 본 자료 정리는 다음의 古文書集을 참조하였다.
    ①『古文書』6, 서울大圖書館, 1989, pp. 1~247.
    ②영주 潘南朴氏 所藏 文書.(韓國學中央研究院, M.F. 35-006945)
    ③晋州河氏 所藏 文書.(韓國學中央研究院, M.F. 35-008017)
    ④韓山李氏 所藏 文書.(韓國學中央研究院, M.F. 35-008923)
    ⑤『古文書集成』37 求禮文化柳氏篇, 韓國學中央研究院, 1998.

문서에는 이조의 조흘 사항이 많은 곳에서 확인되는데, 그것은 이조가 해유의 직접적인 주무부서는 아니지만 인사 발령에 관련하여 본 문서를 참작하였다는 의미 정도로 사용된 것 같다. 지금까지는 이조 조흘에 근거하여 이조가 해유문서의 최종 도착 관청으로 인식되어 왔다. 따라서 이조에서 조흘첩을 발급하는 것을 해유문서의 최종 단계로 이해하였다. 그러나 조흘첩은 하첩下帖으로 해유문서와는 근본적으로 성격을 달리하는 공문서이다. 그리고 조흘에 관련한 것은 별도의 다른 문서를 작성하여 지급하지 않았고, 본 문서에 조흘의 여부만을 기재하여 다시 환부하였던 것이다. 마치 서목書目에서 보고에 대한 처리 지침을 적어서 반송하는 것과 같은 것이다. 따라서 해유문서 외에 해유 관련된 별도의 문서가 남아 있지 않은 것은 당연하다. 이조는 호조나 병조와 달리 회계를 직접적으로 담당하는 부서가 아니다. 이조에서 필요로 하는 것은 인사 발령과 관련하여 참고 자료로 활용될 해유문서뿐이며, 실제 회계를 담당한 것은 호조와 병조이다. 또한 호조와 병조에서도 회계를 마친 다음에는 병조의 인사 발령과 호조의 녹봉 지급에 참작하였을 것이다.

『전률통보』에는 순영巡營에서 해조該曹에 올리는 문서는 모두 평관으로 규정되었다.[30] 따라서 모든 순영에서는 병조나 호조에 평관을 보냈다. 1894년에 작성된 해유문서의 경우 전라도 관찰사가 탁지아문度支衙門과 군무아문軍務衙門에 첩정을 올렸다. 육조 체제에서는 관찰사가 평관을 보냈으나, 1894년 관제 개편에 따라 탁지아문과 군무아문 등의 대신大臣이 모두 종1품이 되면서 관찰사는 상달문서인 첩정을 올린 것이다.[31]

---

⑥ 『古文書集成』 50 慶州 伊助 慶州崔氏 · 龍山書院篇 1, 韓國學中央硏究院, 2000.
⑦ 居昌愼氏 所藏 文書.(韓國學中央硏究院, M.F. 35-006463)
30 上關卽巡營移關者 此卽兵戶曺背關於上關者. 『典律通補』 「別編」 解由牒呈式.
31 1894년 관제 개편에 관련한 것은 다음을 참조. 『韓末近代法令資料集』 I . 國會圖書館, 1970.

절도사節度使의 경우, 호조에는 평관을 보내고 병조에는 첩정을 올렸다. 이는 『경국대전』 체제의 문서 행이 과정에서 별도로 규정된 사항이다. 『경국대전』에는 이와 관련하여 다음과 같이 규정되어 있다.

중외中外의 제장諸將이 병조兵曹에 대해서는 모두 첩정牒呈을 사용한다.[32]

따라서 절도사의 경우 병조에 국한해서 첩정을 올리는 것이며, 이는 군부 조직의 계급 체계를 확립하기 위한 방법 중 하나였을 것으로 보인다.

또한 위의 표에서 이례적으로 확인되는 것은 1749년 송라도찰방松羅道察訪의 해유문서이다. 찰방이 올리는 해유문서로서 일반적인 해유문서의 행이 체제와 다른 점이 보인다. 즉, 찰방이 관찰사에게 첩정을 올리고, 관찰사는 병조에 평관을 보냈으며, 병조는 다시 이조에 평관을 보내 이조 조흘을 마쳤다. 이와 같이 일반적인 해유의 행이 과정과 다른 측면이 보이는 것은 찰방의 인사 문제와 연관이 있을 것으로 보인다. 다시 말해서 해유의 제도적인 근본 원칙이 인사 문제와 녹봉 지급 문제로 귀결된다는 것을 전제할 때, 찰방의 해유는 병조에서 담당하고 인사 발령은 이조에서 담당하였기 때문이다.

병조에서 이조로 평관을 보낸 것은 일반적인 해유문서의 원칙에 위배되는 특수한 경우이다. 또한 법전의 규정은 실제 문서의 사용례와는 달리 상당부분 소략하다는 인상을 지울 수 없다. 따라서 해유문서의 행이 체제는 다소 정합적 성격이 결여되었던 것으로 보인다. 이는 해유문서의 행이 체제

p. 6 ; p.59.
32 中外諸將於兵曹 幷用牒呈. 『經國大典』「禮典」用文字式.

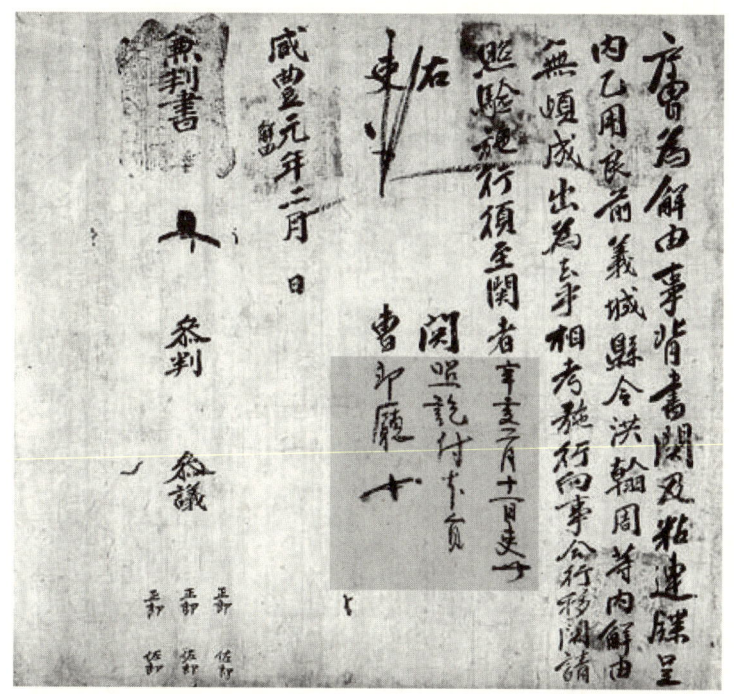

[도- 29] 이조吏曹에서 조흘照訖 후 본원本員에게 돌려주는 내용이 기록된 문서. '照訖付本員 郞廳(着押)'의 글이 문서 중앙에 보이고 있다.(음영은 필자)

가 형식보다는 내용을 중심으로 하였다는 의미인데, 병조에서 이조로 이관移關된 해유문서를 통해 이런 특징을 찾을 수 있다.

해유문서의 행이 체제에 따른 착명과 착압의 방식은 법전의 규정을 충실히 따르고 있다. 따라서 하급 관청에서 상급 관청에 문서를 올릴 때는 첩정을 사용하였고, 첩정에는 착명과 착압을 모두 하였다. 반면에 동급 관청이나 하급 관청에 문서를 보낼 때는 평관을 사용하였으며, 평관에는 착압을 하였다.

해유문서에서 지방관이 관찰사에게 올리는 문서는 첩정이 될 수밖에 없

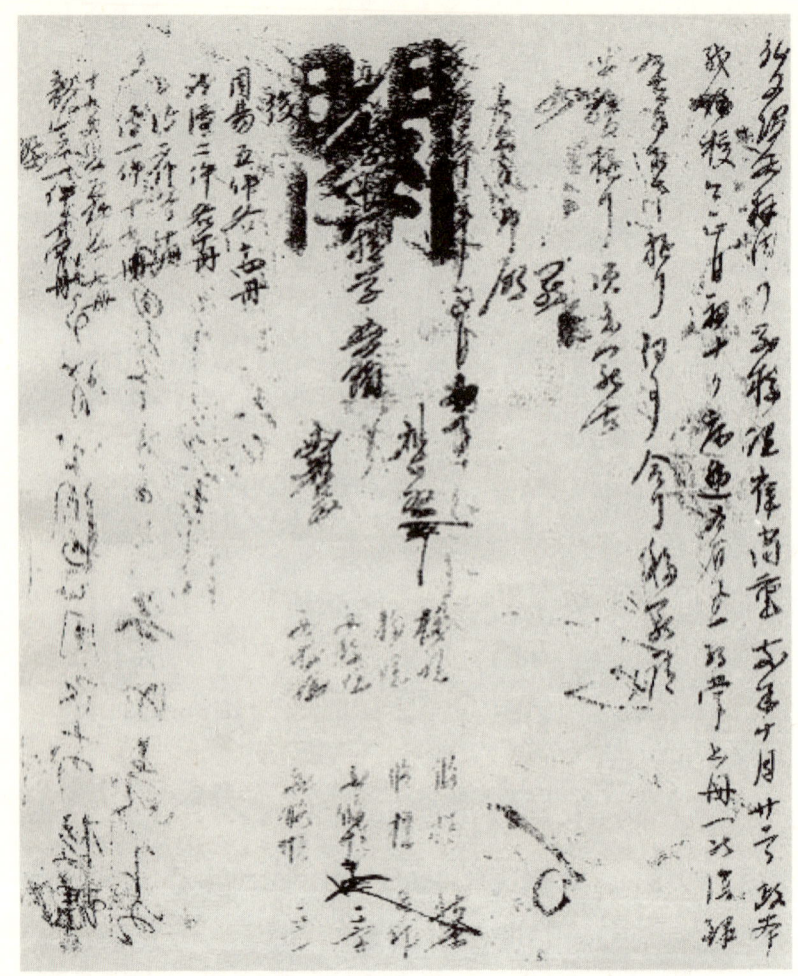

[도-30] 홍문관弘文館에서 호조戶曹 낭청郎廳에 보내는 경아문京衙門의 해유문서.

> 弘文館爲解由事前校理崔尙重前年十月廿二日政本
> 職除授今正月初十日交遞爲有置所掌書冊一次後錄
> 爲去乎相考施行向事合行移關請
> 照驗施行須至關者
> 右 關
> 戶曹郞廳
> 萬曆三十年正月十一日
> 解由
> 副提學 直提學 典翰 應敎(署押) 校理 修撰 博士
> 　　　　　　　　　副應敎　　副校理 副修撰(署押) 著作
> 　　　　　　　　　　　　　　　　　　副校理 副修撰 正字
> 後
> 周易五件各十四冊
> 詩傳二件各十冊
> 書傳二件各十冊
> 左傳一件十九冊
> 十九史略五件各七冊
> 韻會一件十四冊
> 際

[도- 30]의 석문.

으며, 따라서 지방관은 착명과 착압을 모두 하였다. 반면에 관찰사는 호조나 병조에 평관을 보내며, 절도사의 경우 호조에는 평관을 보내고 병조에는 첩정을 올렸다. 평관일 경우에는 평달문서의 경우를 따라 불성착압不姓着押을 하였으며, 첩정일 경우에는 상달문서의 경우를 따라 착성명서着姓名署를 하였다. 호조나 병조가 이조에 문서를 보낼 때와 병조가 호조에 문서를 보낼 때는 모두 평관을 사용하였다.

지금까지 외관外官의 해유문서 행이 체제를 고찰하였다. 현전하는 문서가 극히 제한적이지만, 경관京官의 경우도 해유문서를 작성하였다.

[도- 30]은 1602년 홍문관弘文館에서 호조戶曹 낭청랑廳에 보내는 해유

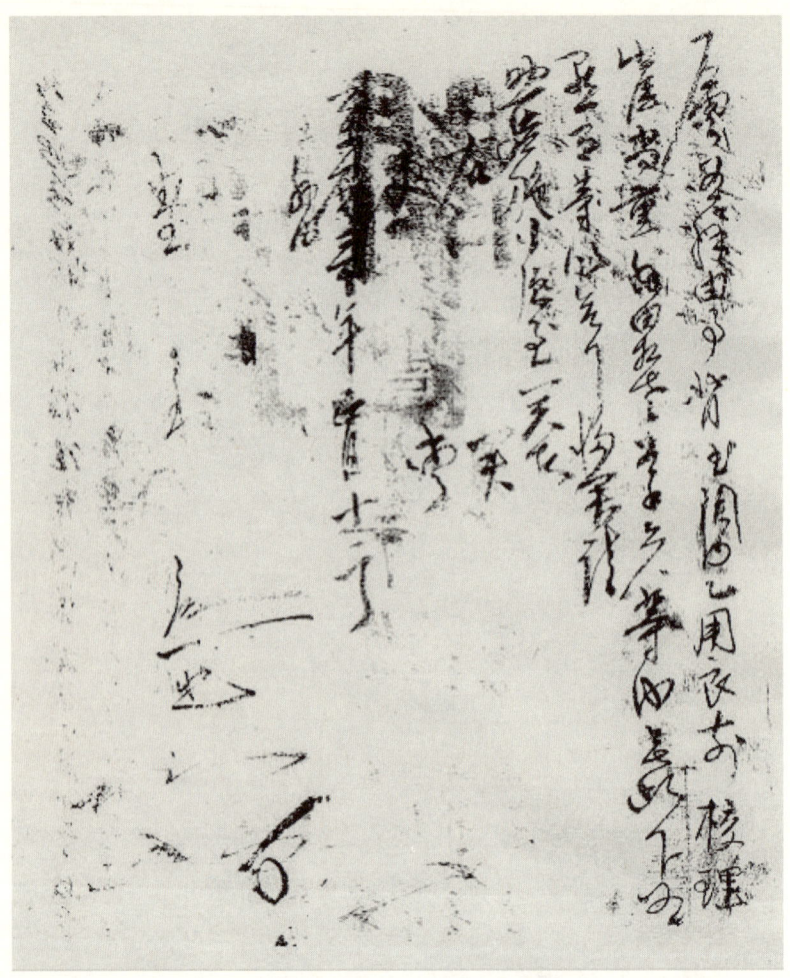

[도-31] 호조에서 이조에 보내는 경아문의 해유문서. [도-30]의 문서 뒷면에 다시 문서를 쓴(배관 背關) 것이다.

문서이다.[33] 홍문관은 정3품
아문이고 호조는 정2품 아문
이지만, 홍문관에서 호조 낭
청에 문서를 보낸 것이기 때
문에 첩정을 사용하지 않고
평관을 사용하였다. 전교리
前校理 최상중崔尚重이 홍문
관에서 소장한 서책書冊이
이상 없음을 호조에 보고하
는 내용이다.

[도- 31]은 호조에서 이조
에 보내는 평관으로 앞서 홍
문관의 평관에 배서背書한
것이다. 호조와 이조는 같은

```
戶曹爲解由事背書關內乙用良前校理
崔尚重解由相考爲乎矣內無頉下爲
置有等以合行移關請
照驗施行須至關者
右 關
吏 曹
萬曆三十年正月十三日
 解由
判書 參判 參議(署押)
    正郎 佐郎(署押)
    正郎 佐郎
```

[도- 31]의 석문.

정2품 아문이기 때문에 평관을 사용하였다. 호조에서는 홍문관의 평관을
바탕으로 전교리 최상중이 등내等內에 무탈無頉하다는 내용을 이조에 보
고하였다. 이와 같이 경관의 해유문서는 외관에 비해서 비교적 그 행이 과
정이 간소하다. 그럼에도 불구하고 해유는 인사와 녹봉 문제와 결부되었기
때문에 외관과 동일하게 호조와 이조에 모두 보고 되었던 것이 주목된다.

해유문서의 착명 · 착압 규정과 관련해서 중요한 부분은 1894년의 해유
문서이다. 지금까지 공문서에 있어서 착명과 착압을 동시에 두는 하한선을
언제로 보아야 하는지 확실히 알 수 없었다. 그러나 해유문서를 통해 이 점

---

33 본 문서는 남원 朔寧崔氏 所藏 자료이다. 아직 影印된 자료는 아니며, 현재 한국학중앙연구원
에 마이크로필름 자료가 소장되어 있다.

관·첩정 중심 체제 169

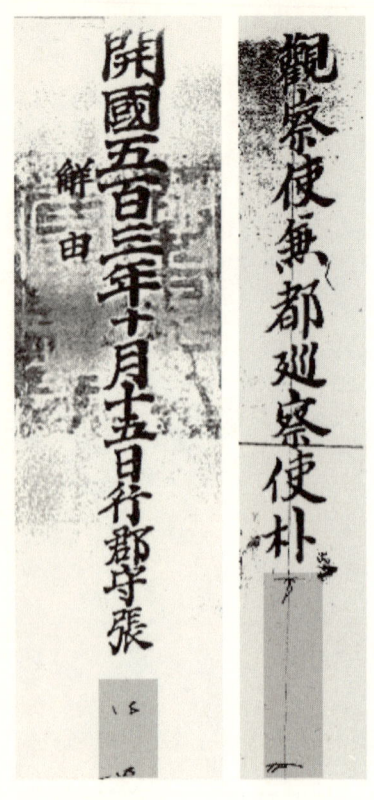

[도-32]
1894년 해유첩정에 있는 군수의 착명·착압.(좌)
[도-33]
1885년에 작성된 첩정의 착명·착압.(우)
(음영은 필자)

을 해결할 수 있는데, 거창신씨居昌愼氏 소장의 1894년 해유첩정解由牒呈에 있는 착명과 착압은 그 하한을 규정하는 용례가 된다.

[도-32]에는 낙안樂安 군수 장모張某의 착명과 착압이 보이며, 그 양식적 특성은 조선 말기의 특성을 여실히 보여주고 있다. 첩정에는 특별히 조선 말기의 위격문서違格文書가 아니라면 반드시 착명·착압을 모두 하였다.

[도-33]은 충청도 관찰사가 의금부義禁府에 올리는 첩정이다. 의금부는 종1품 아문이고, 관찰사는 정2품관이므로 첩정을 올린 것이다. 본 첩정에

는 충청도 관찰사 박모朴某의 착명·착압이 있다. 이와 같이 착명·착압을 모두 하였던 것은 갑오경장 이후 서압署押 제도가 폐지되는 그 때까지 준행되었던 것을 알 수 있다. 비록 착명·착압의 양식 문제는 재론의 여지가 있지만, 착명·착압이 공식적인 폐지 단계까지 철저하게 지켜졌다는 것은 공문서의 제도적 특징을 이해하는 데 있어서 중요한 의미를 지니는 것이다.

해유문서는 증시문서보다 더욱 광범위하게 적용되고 사용되었던 문서이다. 따라서 증시문서와 달리 해유문서를 통해서는 경외아문을 모두 아우르는 문서 행정 체제를 살필 수 있다. 해유문서도 본질적으로 『경국대전』과 『전률통보』에 규정된 규식에서 크게 벗어나지 않고 시행되었다. 해유문서는 증시문서보다 내용과 성격에 따라 다소 제도의 가변적 요소가 있었음을 부인 할 수 없다. 그럼에도 불구하고 『경국대전』을 중심으로 하는 국가 문서 제도가 경외京外를 아우르며 광범위하게 지속적으로 관철되었다는 점은 해유문서로 충분히 증명되었다고 할 수 있다.

4. 문서 행정의 특징

『경국대전』이 시행된 이후 조선의 공문서는 실질적으로 관關·첩정牒呈 중심 체제였다. 그래서 평달 및 하달문서의 경우는 오직 관을 사용하였을 뿐이고, 상달문서의 경우는 첩정을 사용 하였다. 하달문서의 경우 하첩下帖이 추가되었지만, 이는 위계질서를 중심으로 미관말직에게 사용하는 실질적인 명령서 개념으로 파악할 수 있다. 하첩의 경우는 중앙과 지방의 엇비슷한 품계의 아문에서는 사용될 일이 거의 없는 공문서이다.

그렇다면 『경국대전』과 『홍무예제』 체제의 행이 공문서는 어떠한 차별이 있을까?

『경국대전』 이후 행정 전달 체계로서의 공문서는 상당히 간소화되었다. 평달과 하달 공문서 5종(箚付, 照會, 故牒, 下帖, 平關)은 『경국대전』 체제에서는 2종(關, 下帖)으로 줄어들었으며, 상달문서의 경우도 2종(牒呈, 呈狀)에서 1종(牒呈)으로 간소화 되었다. 특히 품계에 따라 세분화된 『홍무예제』의 공문서 체제가 단순한 몇 종의 공문서로 축약되는 것은 의미 있는 변화이다.

다소 번잡하였던 『홍무예제』의 공문서 체제를 축약한 것이 『경국대전』 체제의 가장 큰 특징이며, 이 과정에서 인사 문서의 일부가 「오품이하고신」

	조선 초기 『홍무예제』 체제		『경국대전』 체제	
	문서명	행이규정 (『홍무예제』에 근거함)	문서명	행이규정
하달문서	箚付	조회와 비슷. 소속아문에 하달	關	동등 및 동등 이하 아문
	照會	1·2품 아문에서 하달		
	故牒	3품 이하의 아문에서 하달		
	下帖	소속 아문의 관원 등에 하달	下帖	七品 이하 미관말직
평달문서	咨	2품 이상의 품급이 같은 아문	咨	明과의 외교 문서로 사용
	平關	3품 이하의 품급이 같은 아문	關	동등 및 동등 이하 아문
상달문서	牒呈	낮은 아문에서 높은 아문으로	牒呈	동등 이상 아문
	呈狀	낮은 관청에서 소속아문 등에		

[표-20] 『홍무예제』와 『경국대전』 체제의 공문서 비교.

으로 분리되어 또 다른 문서식文書式으로 정착된 것은 큰 의미를 지니는 변화이다.

실질적으로 『경국대전』 이후부터는 관과 첩정이 행정 전달 체계로서 공문서의 전부였다고 할 수 있는데, 이는 행정 효율성을 극대화하기 위한 혁신의 결과로 생각된다. 다종하고 복잡한 행정 체계를 단순화하여 그 효율성을 배가시킨 것이 『경국대전』 공문서 체제의 특징이다.

조선에서 명제明制를 수용했다고는 하지만 앞서 예시한 『홍무예제』의 행이 체제와 비교할 때 『경국대전』의 행이 체제는 더 간소하고 효율적이다. 서울과 지방을 막론하고 각 아문은 오직 품차品差에 따라서 관이나 첩정 중에 하나를 사용하면 되는 것이다. 예제禮制로써 그 사회의 시스템을 전제하고, 그래서 상하 위계 관계에 따라서 형식 요소가 정해진다고 할 때, 이와 같은 조선의 문서 행정은 그 사회 시스템 내에서는 가장 효율적인 특징을 보이는 것이라고 할 수 있다.

명의 행이 공문서 12종이 조선에서 오직 관·첩정·하첩만으로 산소화된 이유는 무엇일까? 결론부터 말하자면 여기에는 행정 효율의 극대화와 함께 조명朝明의 외교 관계가 큰 역할을 하게 된다.

현전하는 문서나 『실록』 등의 문헌 자료에 의하면 차부·고첩·정장 등은 조선에서도 일정 기간 동안 사용되었던 명의 행이 공문서이다. 이들 행이 공문서는 모두 『경국대전』 체제의 확립과 함께 자취를 감추게 된다. 조선 초기에만 사용되었던 이들 공문서는 현재 전하지 않고, 인사 문서로써 고신류告身類 공문서만이 23점 내외로 남아 있다. 고려말기로부터 조선 세조 연간까지 이들 고신류 공문서의 형식 변화 과정을 살펴보면, 고려의 공문서 제도가 조선 초기를 거쳐 『경국대전』 체제로 흡수되는 과정을 구체적으로 알 수 있다.

> 예조禮曹에 명하기를, "각품各品의 고신법告身法을 고제古制를 상고하여 아뢰되, 전조前朝의 출사법出謝法과 국초國初의 관고법官誥法을 빠짐없이 자세히 참고하라." 하였다.[34]

『실록』 기사에서 확인되듯, 고려시대 인사 문서는 출사出謝, 즉 조사(朝謝; 署經)를 경유한 공문서를 발급하였다. 반면에 조선이 개국된 이후에는 인사에 대한 국왕의 의지를 관철시키기 위해 서경을 생략하고 곧바로 왕지王旨를 발급하는 관고법官誥法이 시행되었다. 물론 조선 초기에 서경의 범위에 대한 여러 차례의 논란이 있었고, 결과적으로 『경국대전』이 시행되면서 관리 임명에 있어서 서경의 범위가 5품 이하까지로 확정되었다. 다시 말해서 고려시대에는 모든 관원에 대해 서경을 하던 것이, 조선 초기에는 과도기적인 상황이었고, 『경국대전』이 확립되면서 4품 이상은 서경을 거치지

---

34 命禮曹 各品告身之法 稽古制以聞 前朝出謝 及國初官誥之法 備細參考. 『太宗實錄』 卷21 太宗 11年 3月 13日.

시기	고려후기	조선 초기		『경국대전』 체제 이후
		1392~1457(세조 3)	1457~1466(세조 12)	
문서명	조사	왕지王旨/ 교지敎旨	교지	교지(4품이상고신)
		관關, 고첩故牒, 첩帖	첩牒, 첩帖	5품이하고신

[표- 21] 인사 관련 공문서 정착 과정.

않고 바로 인사 문서를 발급하였다.

현재 고려시대의 사첩謝牒이 전사傳寫되어 몇 점 전하고 있는데, 아마 당시 문서는 원元에서 사용되었던 공문서의 한 형식을 반영하였으리라 추정된다. 조선이 개국된 이후에 관고법으로 발급된 왕지는 차치하더라도 서경을 거친 인사 문서는 『홍무예제』 체제의 공문서에 준하여 관·고첩·하첩의 형태로 현재까지 실물 문서가 전하고 있다.[35]

관직을 제수 받는 관원의 품계에 따라서 다양하게 사용된 공문서(서경을 경유한 경우)는 세조 연간에 첩牒이라는 공문서로 일괄 통일되기에 이르고, 『경국대전』이 확립되면서부터 「오품이하고신식五品以下告身式」으로 확정되었다. 『경국대전』에 규정된 「오품이하고신식」은 당시 복잡한 인사 문서 행정 체계를 간소화하면서 일원화 시킨 경우이고, 문서에 사용되는 문구 역시 가장 기본적인 내용만을 써서 이전의 공문서에서 기재되었던 서경 과정을 모두 생략하였다.

이와 같은 공문서 혁신 사례는 이외에도 더 있을 수 있겠지만, 현전하는 자료가 많지 않아 더 이상 규명하기 어려운 실정이다. 여하튼 『경국대전』의 「오품이하고신식」은 서의 백년 가까운 시간을 노력하여 만들어낸 문서 혁신의 결과 중 하나로 볼 수 있다. 그리고 이 문서식은 대한제국이 성

---

[35] 『古文書集成』 23 居昌草溪鄭氏篇, 한국학중앙연구원, 1995; 『김병구 소장 유물 특별전』, 청주 고인쇄박물관, 2000 및 홍해배씨 고문서 등에 조선 초기 인사 문서가 상당수 확인된다.

립되어 황제 국가로서 위상이 변화되기 전까지 조선의 주요 인사 문서 중 하나로 계속 사용되었다.

다음으로 조명朝明 외교문제와 관련하여 살펴보자. 무엇보다 명明과 조선朝鮮은 국가 위상부터 전혀 대등한 관계가 아니었다. 일반적으로 조명의 관계는 조공체제에 의해서 상하의 위계질서가 마련되었다. 조공체제에서의 조선과 명은 황제와 신하의 관계로 설정되었으며, 두 나라의 외교 관계는 황제와 신하의 질서에 따라서 세부 단위의 공식 업무가 수행되었던 것이다. 특히 조명의 외교 행위가 사행使行을 통한 문서의 수수 관계를 전제하였으므로, 결과적으로 조공체제하의 조명朝明 외교 문서라는 것은 명에서 사용되었던 행이 공문서가 그대로 적용되었던 것을 의미한다.[36]

그렇다면 조선과 명이 주고 받았던 행이 공문서는 무엇일까? 표전表箋과 같은 문서류를 제외하고 순수한 행정적 문서만을 대상으로 할 때, 『실록』이나 『이문吏文』과 같이 필사된 2차 자료에 의해서 어느 정도 행이 공문서의 종류와 특성을 파악할 수 있다.

『이문』에는 자문咨文 · 자정咨呈 · 조회照會 · 차부箚付 · 정장呈狀 · 신장申狀 · 하첩下帖 등의 공문서가 사용되었다.[37] 정1품 아문인 중서성中書省에서 고려국왕高麗國王에게 자문을, 고려의 도평의사사는 중서성에 신장을, 요동도지휘사사遼東都指揮使司는 고려국왕에 정장을, 도평의사사에는 조회를 발송하였다. 육부(특히 예부)에서 조선국왕에 자문을 보낸 사례가 아주 많다. 반면 『실록』에도 "都評議使司申禮部",[38] "禮部箚付高麗國都評

---

36 김경록, 「조선 초기 『吏文』의 편찬과 對明 외교 문서의 성격」, 『이화 사학 연구』 34, 2007, pp. 221~227.
37 김경록, 앞의 논문, pp. 235~236.
38 『太祖實錄』 卷1 太祖 1年 7月 18日.

議使司",³⁹ "禮部咨高麗權知國事",⁴⁰ "左軍都督府咨文來"⁴¹ 등의 기사가 있는 것을 볼 때, 『이문』과 거의 같은 종류의 외교 문서가 오고갔던 것을 알 수 있다.

앞서 『홍무예제』를 중심으로 분석한 명대明代 행이 체제를 통해 볼 때, 조명의 외교 문서로 사용된 평자·자정·조회·차부·정장·신장 등의 공문서는 명에서도 관청 간에 활발하게 오고갔던 공문서였다. 그리고 조명 양국의 문서 행이를 『홍무예제』에 규정된 행이체식과 대조해 보았을 때, 조선의 국왕은 대체적으로 명의 2품 아문 정도의 예우를 받은 것으로 보면 큰 무리가 없을 듯 하다.

그렇다면 『경국대전』에 관·첩정 중심 체제로 규정된 조선 공문서의 특징이 밝혀질 수 있을 것 같다. 관과 첩정은 우선 양국의 외교 문서에서는 거의 사용되지 않는 공문서라는 점과, 관은 상대적으로 덜 할 수 있으나, 첩정의 경우 상달문서로서 명에서는 쓰임이 많지 않은, 낮은 아문의 행이 공문서였다는 점이다. 결국 첩정을 사용하는 조선의 관청은 명의 하급 관청 정도의 위치에 있었던 것을 알 수 있다. 그러나 비슷한 하급 관청의 행이 공문서인 고첩이 조선에서는 초기에만 잠시 사용되고 폐지되었던 점을 감안한다면, 조명의 외교 관계 속에서 이미 사용될 공문서가 결정지어졌다고 하여도, 조선은 그 안에서 최대한 자체적인 혁신 과정을 통해 가장 효율적인 문서 시스템을 구현하였던 것을 알 수 있다.

39 『太祖實錄』卷2 太祖 1年 10月 22日.
40 『太祖實錄』卷2 太祖 1年 11月 27日.
41 『太祖實錄』卷5 太祖 3年 1月 12日.

5
문서 행정과 서명

1. 예제체식으로서 착명·착압

전통시대 싸인signature은 두 종류가 있었다. 하나는 본인의 이름 글자를 변형하여 만든 것으로 착명着名 또는 서명署名으로 불리는 싸인이고, 다른 하나는 이름 글자가 아닌 다른 글자를 변형하여 만든 것으로 착압着押·화압花押·서署·수결手決·수례手例로 불리는 싸인이다.

착명着名과 착압着押이 문서에 쓰일 때는 다양한 방식으로 조합되는데, 착명만 한 경우, 착명과 착압을 모두 한 경우, 착압만 한 경우 등 그 사용 방식에 차이가 있다. 착명·착압이 분화되어 차별적으로 사용되는 데에는 일관하는 원칙이 있었다. 이는 문서 발급 주체와 수령 주체의 상하 위계질서에 따르는 것으로, 바로 예제체식禮制體式에 따른 사용상의 차별이다.[1]

예제체식에 따라서 사용되는 착명·착압에 대해서 박세채朴世采(1631~1695)의 연구가 가장 깊이가 있다. 박세채는 경신년庚申年(1680) 2월 18일에 윤증尹拯(1629~1714)에게 보낸 서간書簡의 별지別紙에서 착명과 착압에 대한 그의 연구를 피력하였다.

---

1 박준호,「手決(花押)의 개념에 대한 연구 – 禮式으로서의 署名과 着押」『古文書研究』 20, 2002.

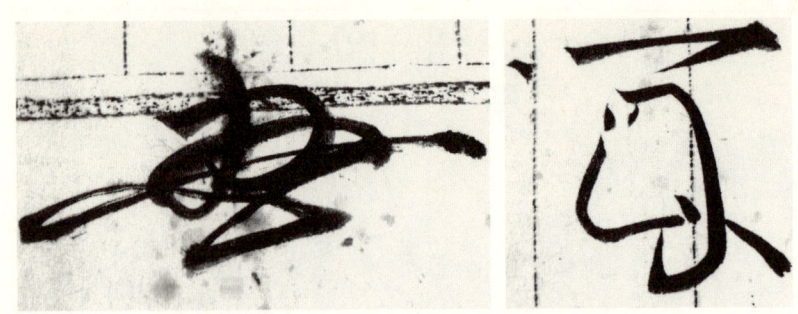

[도-34] 송시열의 착압. 진관의 초서체草書體를 기본 바탕으로 만들었다. (좌)
[도-35] 송시열의 착명. 이름 글자에서 시時를 변형한 것 같으나, 정확하지는 않다. (우)

(가) 『강목綱目』에 '진번陳蕃이 평서平署하기를 수긍하지 않았다.' 하였고, 한문韓文에는 '바로 서서 승승丞을 바라보며 말하기를 당서當署(서명해야 됩니다.)'라고 하였고, 『소학小學』에는 '압자押字를 거듭 바꾸었다.'고 하였으며, 『주자대전朱子大全』의 「범문정공가서范文正公家書」에는 '숙부압叔父押'이라고 하였고, 『어록해語錄解』에는 '화압花押'이라고 하였으니, 이는 서署와 압押에 대한 구별이다. 시속時俗에 그 이름 자字의 본획本劃을 생략하거나 변화시켜 서함書緘에 쓴 것을 착명着名이라고 하고, 별개의 다른 자字를 생략하고 변화시켜 패미牌尾에 쓴 것을 수례手例라고 한다.

(나) 『경국대전經國大典』 「계본식啓本式」 주註에 이르기를, '다만 현직 관원官員이 직함職銜을 쓰고 서명署名한다.' 하였고, 또 이르기를 '현재 설치되어 있는 관직官職은 다 쓰되 이름과 압押은 반드시 모두 쓸 필요는 없다.'고 하였다. 그 다음 계목啓目에서는 다만 서署를 쓰고, 평관平關에서는 다만 압押을 쓰고, 첩정牒呈에서는 서署와 압押을 병용하니, 이를 준하여 비로소 서署라는 것은 시속時俗의 착명着名을 이르고 압押이라는 것은 수례手例를 이르는 것임을 알았다.

(다) 그러나 『소학』 주註에 이르기를, '중역압자重易押字는 구서舊署를 버리고 바꾼 것을 말한다.'고 했는데, 그렇다면 서署로써 압押을 풀이하였으니 다시 분별이 없어진다. 또 『대전大全』 「사창사목社倉事目」의 대보장大保長 밑에 또한 압장押狀을 썼는데, 이는 곧 우리나라의 첩정牒呈의 종류로 다만 압押으로 행하였으니, 중국 조정은 원래 서署와 압押의 구별이 없었던 것인지, 아니면 압押은 착명着名이고 화압花押은 수례手例이며 서署는 곧 두루 풀이하는 것인지 알지 못 하겠다.[2]

박세채의 연구를 세 부분으로 나누어 고찰해 보자.

(가)에서는 문헌 기록의 차이점을 통해서 착명과 착압의 의미를 설명하였다. 그 결론으로 제시된 것은 착명着名과 수례手例이다. 그런데 박세채의 연구를 통해서 중요하게 생각될 수 있는 것은 착명과 수례(착압)를 만드는 방법에 대한 것이다. 다시 말해서 착명은 이름자의 본획을 생략하거나 변화시켜 만들었고, 착압은 별개의 다른 글자를 바탕으로 만들었던 것이다. 서함에 썼다는 말은 편지의 봉함처封緘處에 착명을 했다는 것으로, 간찰 피봉의 접합처에 쓰는 착명을 말한다. 반면에 패미牌尾에 착압을 썼다는 것은 패지牌旨의 끝에 착압을 했다는 말이다. 일종의 위임장인 패지에는 수노首奴에게 어떤 일을 위임시킨 내용을 기재하고 상전上典은 성姓을 쓴 다음에 그 아래에 착압을 하였다.

---

[2] 綱目曰 陳蕃不肯平署 韓文曰 平立睨丞曰當署 小學曰 重易押字 朱子大全范文正公家書曰 叔父押 語錄解曰 花押 此二者之卞也 今俗以其名字 省變本畫 而用於書緘曰着名 別以他字 省變而用於牌尾曰手例 經國大典啓本式註曰 只見在官員書銜署名 又曰悉書見設員位 名押不必斂書 其下啓目 則只用署 平關則只用押 牒呈則並用署押 準此始知 署者今俗着名之謂 押者手例之謂 然小學註曰 重易押字 謂去舊署而改之 然則以署釋押 更無分別 又大全社倉事目大保長下亦用押狀 此乃我國牒呈之類 而只以押行之 未知中朝元無署押之卞耶 抑押是着名 花押是手例 而署則通釋者耶. 『南溪集』 卷28 「答尹子仁」 庚申 二月 十八日 別紙.

(나)에서는 『경국대전』의 문서식을 통해서 착명과 착압의 쓰임을 구분하였다. 법전法典 문서식의 비교를 통한 박세채의 연구는 선구적이라고 하지 않을 수 없다. 착명과 착압은 대부분 고문서에서만 사용되고 있으며, 고문서 중에서 공문서는 법전의 규정대로 사용되었기 때문이다. 박세채가 예를 든 문서는 계목啓目·평관平關·첩정牒呈이다. 이들 문서는 발급자와 수령자가 상하 위계 질서에 따라 명확하게 구분되는 공문서로서 그 예시로든 것이 매우 타당하다. 다시 말해서 박세채는 착명과 착압이 발급자과 수령자의 위계位階에 따라 구별되어 사용되었음을 논증하기 위해 수수授受 관계가 분명한 법전 규정의 공문서를 예시한 것이다. 계목啓目은 최고 높은 임금에게 올리는 공문서이고, 평관平關은 동급 관아에서 오고가거나 아래로 하달하는 공문서이며, 첩정牒呈은 상급 관아로 상달하는 문서이기 때문이다.

전통시대 문서 행정 체제는 철저히 위계 중심적이었다. 따라서 문서 발급 주체와 수령 주체의 위계에 따라 문서의 종류가 달라지는 것이 전통적인 의미에 있어서 문서 행정의 가장 큰 특징이라고 규정할 수 있다. 즉 발급 주체와 수령 주체의 위계에 따라 문서의 투식과 형식이 달라지고, 문서의 투식과 형식이 달라지기 때문에 쓰이는 문서의 명칭도 달라지는 것이다. 동일한 내용의 것이라도 국왕國王에게 올리는 문서와 하급 관청에서 상급 관청에 올리는 문서는 그 투식과 형식이 다르다. 그 투식과 형식에 따라 착명·착압도 쓰임을 달리하고 있다.

이와 같이 상하의 위계에 따라 문서의 표현 형식을 달리하는 것은 모두 예식禮式이라는 형식 틀로써 외형적 요소가 포장되기 때문이다. 전통적 의미의 문서 행정 체제에서 상하 위계질서의 겉으로 드러난 형식은 모두 예식을 기준으로 삼고 있다. 예식에 따라 문서의 투식과 종류가 분화되었으며, 착명·착압도 근본적으로 예식에 따라 그 쓰임이 규정되었다.

(다)에서는 다시금 혼용되어 쓰이는 중국의 착명과 착압의 용어 때문에

이들 개념에 대한 명쾌한 결론을 내리지 못하고 있다. 따라서 앞의 내용과는 다르게 압押은 착명이고 화압은 수례이며 서署는 통용되는 개념인지 확실히 모르겠다고 하고, 중국에서도 이러한 구분이 있었는지 의문을 던진다. 이와 같이 회의적인 시각을 제시하는 것은 조선 후기 착명·착압의 개념적 혼동에 원인이 있다.[3] 개별적으로 규정된 개념 용어로 인해서 결론을 유보하는 것으로 볼 수 있다.

박세채의 착명·착압에 대한 연구는 『남계집南溪集』 외에도 『남계선생예설南溪先生禮說』에 전문이 그대로 실려 있다.[4] 예설禮說에 실려 있다는 사실만 보아도, 착명과 착압이 예식에 관련된 사항임은 여실히 드러난다. 또한 박성원朴聖源(1697~1757)의 『예의유집禮疑類輯』에도 전문이 실려 있으며,[5] 유서類書인 『오주연문장전산고五洲衍文長箋散稿』·『증보문헌비고增補文獻備考』·『문헌촬록文獻撮錄』에도 전문이 실려 있다.[6] 이와 같이 박세채의 연구는 여러 문헌에 중복되어 보인다. 이는 당시 예식禮式과 관련된 착명·착압에 대해서 박세채의 연구가 가장 보편적인 모범 답안으로 인식되었음을 입증한다.

예식으로서 착명과 착압을 이해하는 것은 착명·착압에 관련한 규정이 실정법과 같은 효력을 가지는 것은 아니지만, 엄연한 법法의 역할을 수행하였다는 의미까지도 확장될 수 있다.[7] 문서를 주고받으면서 착명과 착압은 예식의 원칙으로 철저히 지켜져야 했기 때문이다. 예식으로서 철저히 지켜

---

3 박준호, 「조선시대 着名, 署押 양식 연구」, 『古文書硏究』 24, 한국고문서학회, 2004.
4 『南溪先生禮說』 卷3 「答尹子仁拯書庚申」.
5 『禮疑類輯』 附錄 下 「祼禮」 居家雜儀.
6 『五洲衍文長箋散稿』 卷18 「署押辨證說」 ; 『增補文獻備考』 卷229 「職官考」 總論官制 ; 『文獻撮錄』 卷10 「署押之卞」.
7 朴秉濠, 「韓國에 있어서의 法과 倫理道德」, 『近世의 法과 法思想』, 도서출판진원, 1996.

야 했던 그 원칙의 내용은 『임하필기林下筆記』의 기록으로 확인할 수 있다.

우리나라의 경우 압자押字는 오직 군상君上만이 해당되고, 아래 사람은 곧 착함着銜 또는 수결手決이라고 하였다. 착함着銜은 존경하는 상대에게 쓰는 것이고, 수결手決은 비천한 자에게 쓰는 것이다.[8]

『임하필기』에는 압자押字·착함着啣·수결手決의 세 가지 경우를 예시하였으나, 압자와 수결은 동일한 개념이다. 착명·착압은 상하의 위계에 따른 예식을 바탕으로 하고 있다. 이와 같은 측면은 『임하필기』를 통해서도 그대로 확인된다. 다시 말해서 존경하는 상대에게 할 때는 착함(착명)을 하고, 반대로 아랫사람에게 할 때는 수결(수례)을 하는 것이다. 박세채가 예를 든 간찰 피봉의 착명은 상대에 대한 존경의 뜻을 함의하는 것이며, 반대로 수노首奴에 대한 위임장인 패지의 착압은 상대를 낮춘 의미인 것이다.

---

8 我國則押字惟君上當之 下則曰着銜也 手決也 着銜用於尊敬 手決施於卑賤者也. 『林下筆記』卷30 「春明逸史」押字之別.

2. 『홍무예제』「서압체식」의 서명 방식

조선 초기 『홍무예제洪武禮制』를 기본으로 하여 운용되었던 공문서로서는 첩정牒呈·평관平關·차부箚付·하첩下帖·상언上言·계본啓本·계목啓目·고첩故牒이 있었다. 이들 공문서는 모두 『홍무예제』「서압체식」에 문서식이 보인다. 공문서의 형식이 「서압체식」의 제목으로 설명되고 있는 것은 문서 행정에서 서명 방식이 차지하는 중요성을 보여주고도 남음이 있다.

조선 초기 사용되었던 공문서의 착명·착압에 대한 실질적인 사용 방법을 살피기 위해서는 현전하는 조선 초기 공문서 자료와 『홍무예제』의 문서식을 비교하는 방법이 타당할 듯하지만, 불행하게도 조선 초기 공문서로서 현재 남아 있는 것은 몇 점 되지 않는다. 미흡하지만 현전하는 고첩故牒·하첩下帖·평관平關과 같은 조선 초기 공문서를 통해 공문서 행이 체제에서 착명과 착압의 행정적 의미를 살펴보겠다.

『홍무예제』의 고첩식에서 압押으로 표시된 것은 발급 관원의 착압을 의미하는 것으로 볼 수 있다. 『홍무예제』의 첩정식牒呈式을 보면, '知府姓名押 同知姓名押 通判姓名押 推官姓名押'과 같이 문서의 결재 부분에 대하여 '姓名押'으로 규정되어 있다. 이는 첩정의 기본적인 문서식을 감안할 때, 성을

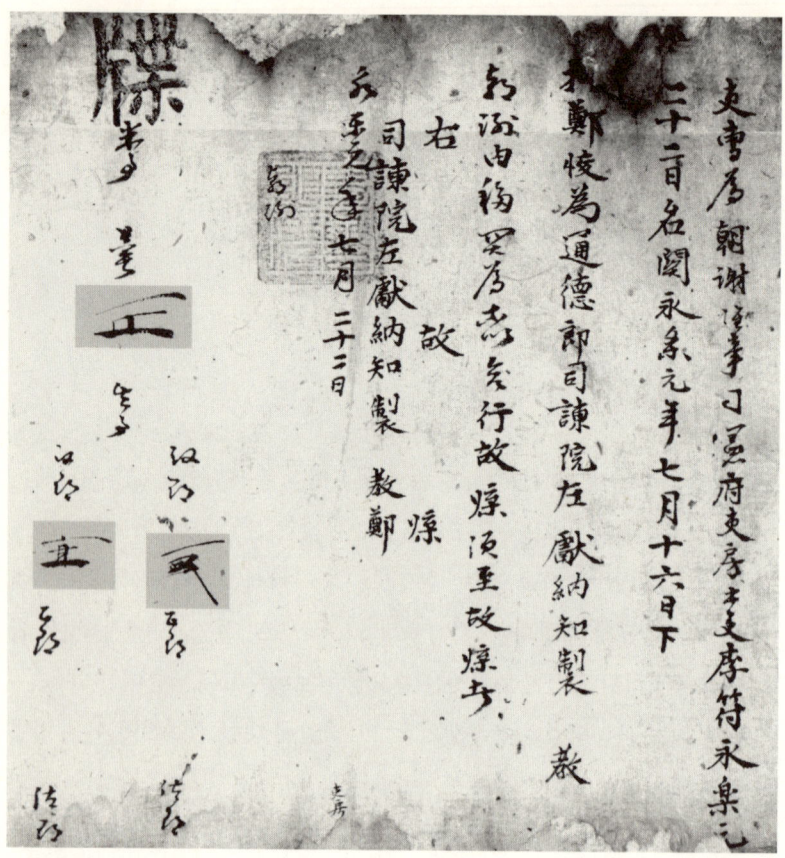

[도-36] 1403년에 작성된 고첩故牒. 이조吏曹에서 통덕랑通德郎 정전鄭俊에게 발급한 인사 문서이다.(음영은 필자)

기재하고 착명과 착압을 모두 한 것을 의미한다. 관청의 상통 문서에서 문서를 상급 아문에 상달할 때는 착명과 착압을 모두 하거나 착명만을 하고, 아래로 문서를 하달할 때는 착압만을 하는 것은 이미 고려시대 공첩상통公牒相通의 방식에서도 확인되기 때문이다. 따라서 하달문서인 고첩에서의 압押은 착압을 의미하는 것이다.

현전하는 고첩을 보면 당시 착압의 실제 형태를 확인할 수 있다.[9] [도-36]

1403(태종 3)년에 이조吏曹에서 통덕랑通德郎 정전鄭悛에게 발급한 고첩은[10] 수령 주체가 비록 개인이지만 관인官人은 공인公人의 의미가 있기 때문에 공문서로 보는 것이 타당할 것이다. 여하튼 문서 발급에 참여한 이조의 관원들은 모두 착압을 하였다. 고려시대 상통문서의 규정에서와 같이 하달하는 문서이기 때문에 발급 관원은 성姓을 생략하고 착압만 한 것이다. 고려시대라면 불성초압不姓草押에 해당된다.

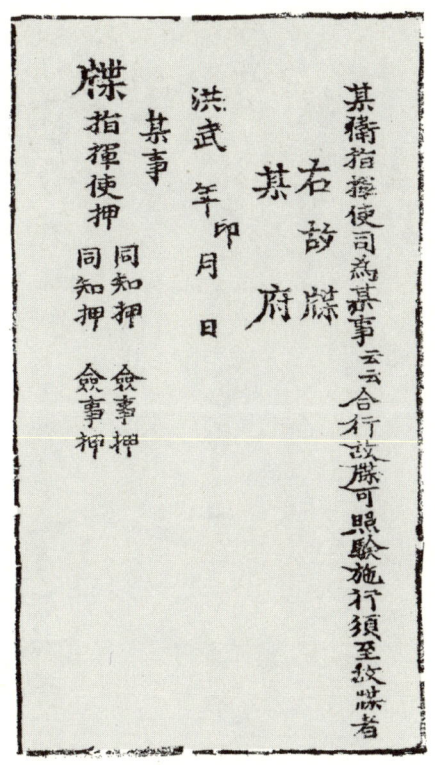

[도-37] 『홍무예제』 고첩식.

다음으로는 하첩下帖을 살펴보겠다. 조선 초기의 것으로 현전하는 하첩도 모두 인사 발령에 관련한 것이다. 하첩은 미관말직에 내리는 공문서라는 점에서 고첩과 다르다. 『증정이문집람』을 참고할 때에 하첩은 명明에서도

---

9 鄭求福 外, 『朝鮮前期古文書集成 -15世紀篇』, 國史編纂委員會, 1997, p 15.
10 거창居昌 초계정씨草溪鄭氏 동계종택桐溪宗宅 고문서.

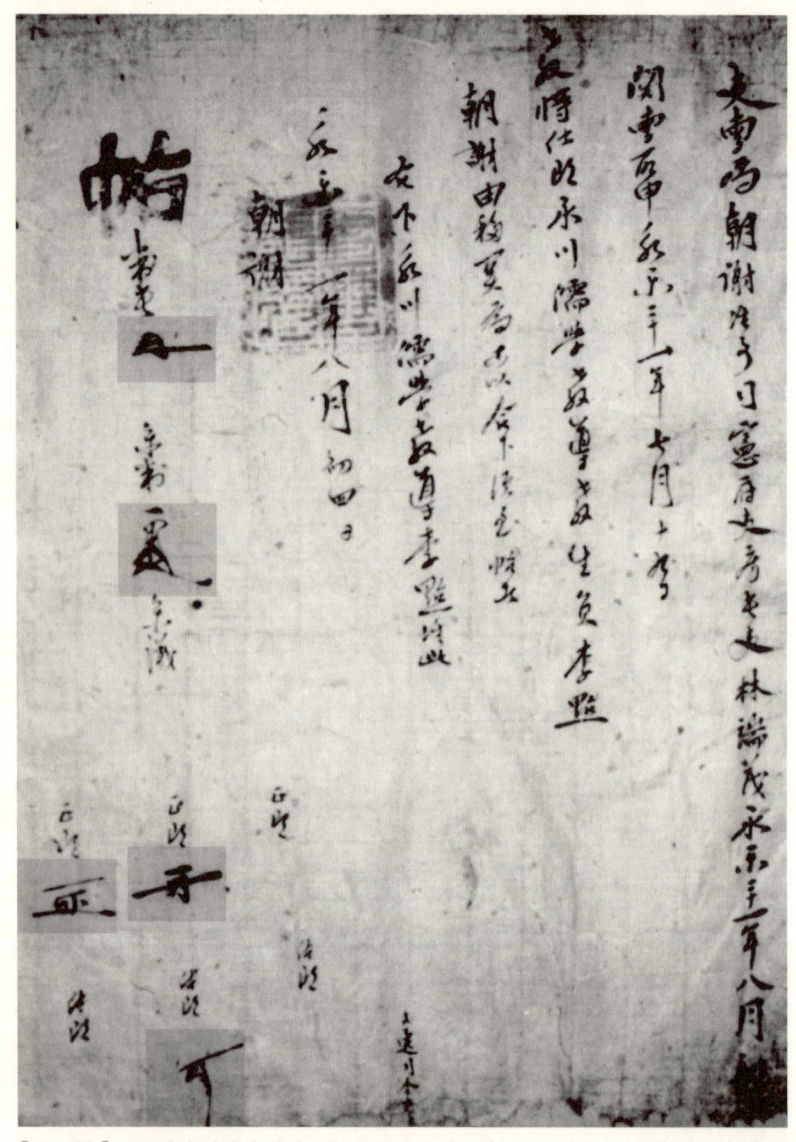

[도-38] 1423년에 작성된 하첩. 이조吏曹에서 장사랑將仕郎 이점李點에게 발급한 인사문서이다. (음영은 필자)

吏曹爲朝謝准事司憲府吏房書吏林端茂永樂二十一年八月初三日
關曹所申永樂二十一年七月十九日
教將仕郎永川儒學教導教生員李點
朝謝由移關爲等以合下須至帖者
右下永川儒學教導李點准此
　朝謝
永樂二十一年八月初四日

帖
　　　　　　　　　　　　　文選司令史□（着名？）
判書（署押）
　　　　　正郎　佐郎
　　參判（署押）參議正郎（署押）
　　　　　正郎（署押）佐郎（署押）
　　　　　　　　　佐郎

[도-38]의 석문.　　　　　　　　　　[도-39] 『홍무예제』 하첩식.

동일하게 사용되었던 것으로 보인다.[11]

　고첩과 비슷하게 하첩노 상급 관청에서 하달하는 문서이기 때문에 발급 관원은 모두 착압을 하였다. 그래서 문서식에서는 '知州押 同知押 判官押'과

11　須至帖者 : 帖文大略與箚付同 但各衙門行所屬官員 居多如國子監行典簿廳 按察使行照磨所之類也. 『增定吏文輯覽』 卷二.

같이 관직만 쓰고 그 아래에 착압을 표시한 것이다.

[도-38]의 하첩은 1423년(세종 5) 이조吏曹에서 장사랑將仕郎 이점李點에게 발급한 것이다.

고첩의 예와 마찬가지로 하첩의 경우도 고려시대 불성초압不姓草押의 형식을 하고 있다. 그러나 고려시대의 상통 규정에 따른 착명·착압의 쓰임과 달리, 조선 초기『홍무예제』에서는 하달문서의 경우 동일한 방식으로 서명 방법을 규정한 것을 알 수 있다. 이는 문서 행정의 역사를 가늠할 수 있는 중요한 특징이자 기준이 될 수 있다. 뚜렷한 성문법成文法 규정이 없이 복잡하고 비효율적으로 처리되던 고려시대의 공문서 제도가 하나의 일관된 원칙으로 귀결되는 과정을 보여주기 때문이다. 다시 말해서 명明의『홍무예제』가 조선의 공문서 행정에 영향을 준 이후로 하달문서라면 관청이나 관원의 직위의 차이에 구애되지 않고 일괄 착압으로만 통일되었던 것이다. 이와 같은 제도적 발전은 고려와 조선의 공문서 제도를 구분짓는 중요한 점이다.

다음으로 평관平關에 대해 살펴보자.『증정이문집람』에 의하면 평관은 3품 이하의 동등한 아문 간에 상통한 문서의 형식이었다.[12] 그러나 고첩의 예에서 보이듯 조선에서 사용된 공문서 평관은 반드시 동등한 아문 사이에 오고 갔던 문서는 아니었다. 평관은 하달문서의 역할도 수행하였는데, 이 점은『경국대전』「용문자식」을 통해서 확인된다.[13] 평관이 동등한 아문 사이에 오고 간 문서만을 지칭한 것이 아니라는 것은 조선의 공문서 행정에 있어서 중요한 특징이라고 할 수 있다.

평관은 하달문서인 고첩이나 하첩과 동일하게 문서 발급 관원의 압押만

---

12 關：三品以下 凡品級相同衙門 相通之文也.『增定吏文輯覽』卷二.
13 凡中外文字 同等以下用關.『經國大典』「禮典」用文字式.

있다. 그러나 현전하는 조선 초기의 평관을 보면 반드시 『홍무예제』의 문서식을 따르지는 않은 것이 주목된다.

[도-40]의 평관은 1413년 이조에서 통정대부通政大夫 정전鄭俊에게 발급한 것이다.

본 문서는 『경국대전』이 시행되기 이전 조선 초기 공문서의 특징을 규명하는데 있어서 아주 중요한 단서를 몇 가지 제공하고 있다. 우선 문서의 발급자는 이조판서(정2품)인데, 수령자는 통정대부通政大夫 성균관成均館 대사성大司成(정3품 당상)이다. 이로써 『홍무예제』의 규정과는 달리, 조선에서 사용되던 평관은 하달문서의 기능을 수행하고 있었던 것을 알 수 있다. 이처럼 명明의 공문서 행정과 조선의 공문서 행정은 형식적인 면은 유사하면서도 실제 운용에 있어서는 다른 점이 보인다. 이는 3품 이하 아문의 하달문서인 고첩이 조선에서는 예외적으로 사용된 것에서도 확인되는 바이다.

또한 본 문서에서 착명·착압을 살펴보면 『홍무예제』의 규정과는 달리 매우 이채로운 점이 확인된다.

우선 발급 관원 중에 판서判書와 우참의右參議는 불성초압不姓草押의 형식을 따르고 있으며, 이하 정랑正郎과 좌랑佐郎은 모두 착성명着姓名의 형식을 따르고 있다. 판서와 우참의의 것이 착압인 것을 확신할 수 있는 것은 본인의 이름자를 변형시킨 흔적을 찾을 수 없기 때문이다. 또한 착명이라면 반드시 자기의 성姓을 기재하는 것이 상례이다. 고려시대 공첩 상통의 원칙에서도 착명을 하는 경우 성姓을 기재하지 않은 예는 없다. 그것은 착명이 상대를 존중하는 의미로 사용하는 것이기 때문이다. 그러나 착압(초압)의 경우에는 성을 쓰는 경우도 있지만, 성조차 쓰지 않는 경우가 많다. 반면에 정랑正郎과 좌랑佐郎은 모두 착성명을 하였는데, 성을 쓰고 착명을 하였다. 이하 관원의 경우 착명인 것은 본인의 이름자를 변형시킨 흔적이 잘 나타나기 때문이다.

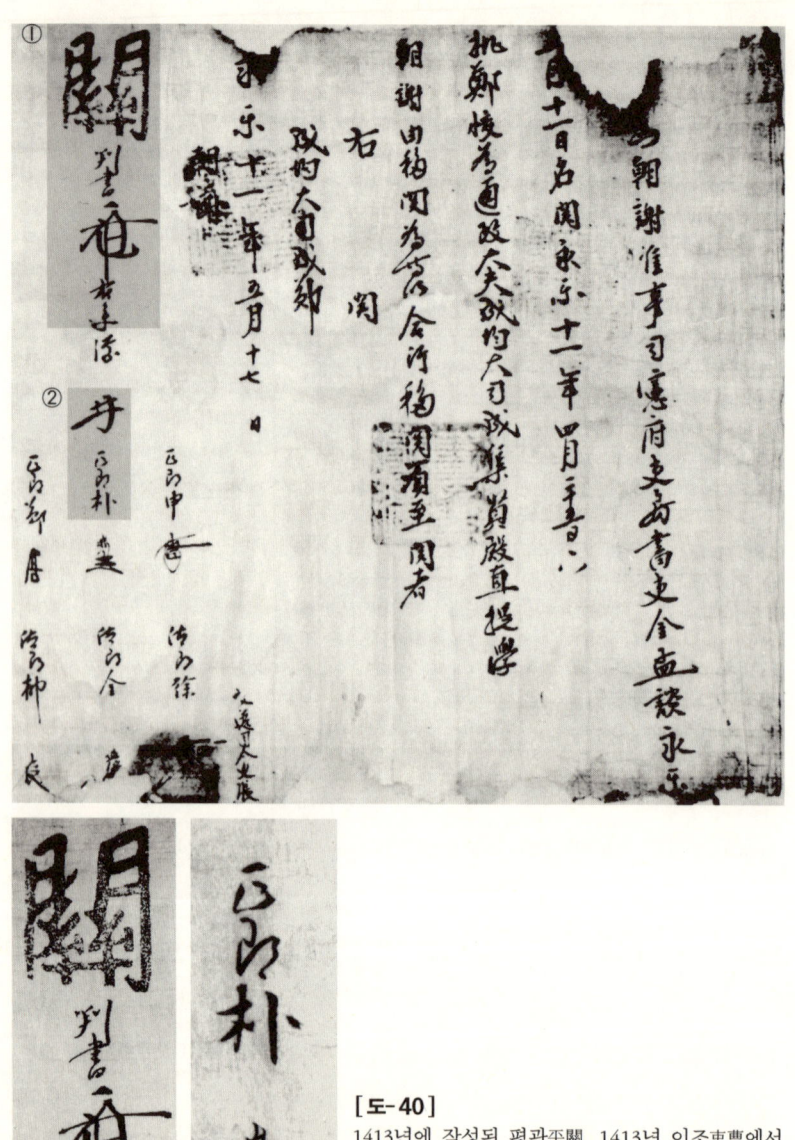

[도-40]
1413년에 작성된 평관平關. 1413년 이조吏曹에서 통정대부通政大夫 정전鄭悛에게 발급한 인사 문서이다.(음영은 필자)
① 이조 판서李天祐의 착압.(좌)
② 이조 정랑 박서생朴瑞生의 착명.(우)

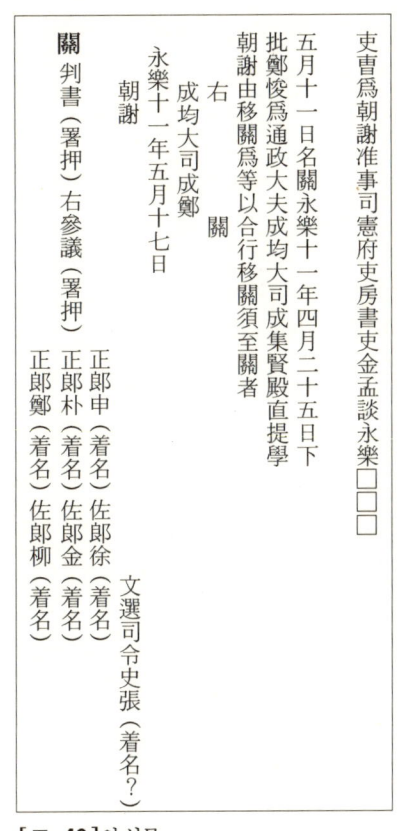
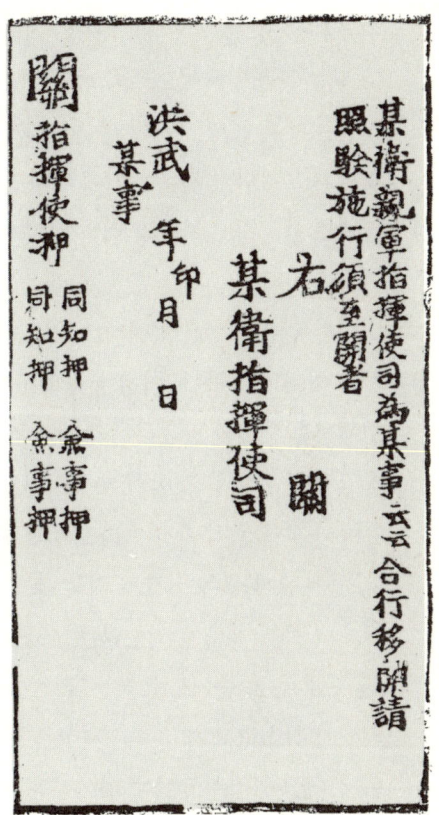

[도-40]의 석문.　　　　　[도-41] 『홍무예제』의 평관식.

　　판서와 우참의는 착압을 하고, 정랑과 좌랑은 착명을 한 것은 일반적인 문서식의 규정과는 위배되는 일이다. 혹 정전鄭悛이 성균관 대사성의 중요 직책을 제수받은 것과 관련이 있을 수도 있다. 유학儒學의 종사宗師로서 대사성의 직책은 만인의 존숭을 받는 지위이기 때문이다. 이와 같은 입장에 무게를 실어 주는 것은, 이조吏曹의 관원 전체가 참석하여 문서에 결재를 한 점이다. 일반적인 공문서의 경우 관원 전체가 결재에 참여하는 것은 거

문서 행정과 서명　195

의 찾아볼 수 없다. 따라서 무슨 이유에서인가 상당히 존경의 뜻을 내포하고 있는 것을 암묵적으로 보여주기에 충분하다. 그러나 이러한 예외성이 드러나는 것은 분명 당시의 공문서 행정 체계가 철저하지 못했음을 반증하는 것이기도 하다. 『홍무예제』에 의하면 평관에는 착압을 하도록 규정되어 있음에도 불구하고 관원의 직위에 따라 착명·착압을 원칙 없이 사용하고 있기 때문이다.

이와 같은 현상은 고려시대 공첩 상통의 유습이 강하게 남아있음을 보여주는 것이기도 하다. 법전에 명확하게 규정된 조항을 따르지 않고, 문서를 수령하는 주체와 발급하는 주체의 개별적 직위와 소속 관청에 따라 착명과 착압을 나누어 한 것이기 때문이다. 이와 같은 현상은 문서 행정의 역사에 있어서 '과도기적 특징'이라고 부를 수 있을 듯하다.

『홍무예제』를 중심으로 하는 조선 초기 공문서 제도는 이후 『경국대전』 체제의 문서 제도를 지향하는 일종의 과도기적 특징이 있는 것이다. 분명 『홍무예제』를 중심으로 하는 조선 초기 문서 행정은 고려시대 문서 행정에 비해서 간소하고 효율적인 특징을 보여준다. 그럼에도 불구하고 조선 초기 문서 행정에서는 규식에 어긋나는 위격문서違格文書의 형식과 운용이 보인다. 이와 같은 문서 행정의 과도기적 특징은 『경국대전』 체제가 성립되면서 일신된다. 사실상 전통적 개념의 문서 행정 제도가 완비된 것은 『경국대전』 체제의 성립을 기점으로 한다고 해도 과언이 아닐 것이다.

3. 조선시대 법전 공문서식과 착명 · 착압

『경국대전』

『경국대전』에 규정된 문서 행정의 원칙은 조선 초기 『홍무예제』의 제도적 틀을 수용하면서 한 단계 더 발전시킨 체제라고 정의할 수 있다. 『홍무예제』를 기저로 하는 조선 초기 공문서 제도는 고려시대의 문서 행정을 발전적으로 계승하였다. 그러나 조선 초기 문서 행정은 여러 곳에서 정합적이지 못한 면을 보이고 있었음은 전술한 바와 같다. 특히 관청 사이에 주고받는 공문서는 중복적으로 사용되는 사례가 있었다.

 동일한 개념의 공문서가 사례에 따라서, 또는 발급하거나 수령하는 관청에 따라서 애매하게 규정된다면, 이는 행정 운영상 비효율적인 면이 많은 것이라고 할 수 있다. 이와 같은 면은 분명 문서 행정 제도의 전근대적 특성을 의미하는 것이다. 그러나 『경국대전』 체제하에서는 기존의 개별적이고 복잡하며 비효율적인 행정 체제가 통일적이고 단순하며 효율적으로 통일되었다.

 [표- 22]를 보면, 『홍무예제』를 바탕으로 하였던 조선 초기에는 최소한 상달문서 2종, 평달문서 2종, 하달문서 4종이 사용되었다. 반면에 『경국대

	『홍무예제』	『경국대전』
상달문서	牒呈·呈狀	牒呈
평달문서	平關·咨	平關
하달문서	照會·箚付·故牒·下帖	平關·下帖

[표-22] 『홍무예제』와 『경국대전』의 공문서 비교.

전』 체제에서는 상달문서 1종, 평달과 하달을 포함하는 문서 1종, 하달문서의 역할만을 하였던 문서 1종이 사용되었다. 단순하게 숫자적인 비율만 보더라도 조선 초기에 비해 『경국대전』 체제의 공문서는 대폭 간소화되는 특징을 보인다.

　조선 초기 공문서는 명明의 제도를 수용하였지만, 그것이 애초에 명에서 사용된 방식대로 활용되지 못하였다. 따라서 명의 규정상으로는 품계의 차이에 따라 세분되는 공문서가 조선에서는 별다른 구별 없이 사용되고 있었다. 따라서 조선 초기에는 중복되는 공문서가 있었을 것이며, 행정 처리 과정에서도 상당히 난삽한 면이 있었을 것이다. 그러나 『경국대전』에서는 이와 같은 난삽함을 일괄 1종의 공문서로 대체하면서 품계의 차이에 따라 세분되는 공문서 자체를 없애버렸다. 따라서 상달·평달·하달문서에 1종의 공문서만을 사용하였던 것이다.

　기존 명의 『홍무예제』 체제와 비교했을 때, 『경국대전』 체제에서 확연하게 변화된 공문서는 평관平關이다. 『홍무예제』의 규정에 의하면, 하달문서는 차부箚付·고첩故牒·하첩下帖이다. 그러나 조선 초기에는 이미 평관도 하달문서의 역할을 하였다. 그렇다면 실제적으로 조선 초기에 하달문서의 역할을 하였던 문서는 차부·고첩·하첩·평관의 4종이 된다. 조선 초기에는 상달문서나 평달문서에 비해 하달문서의 숫자가 상대적으로 많이 있었던 것이다. 이와 같은 복잡한 체계는 결과적으로 『경국대전』이 확립되면서 해소되는데, 『경국대전』에서는 다종한 하달문서를 평관과 하첩으로 간소

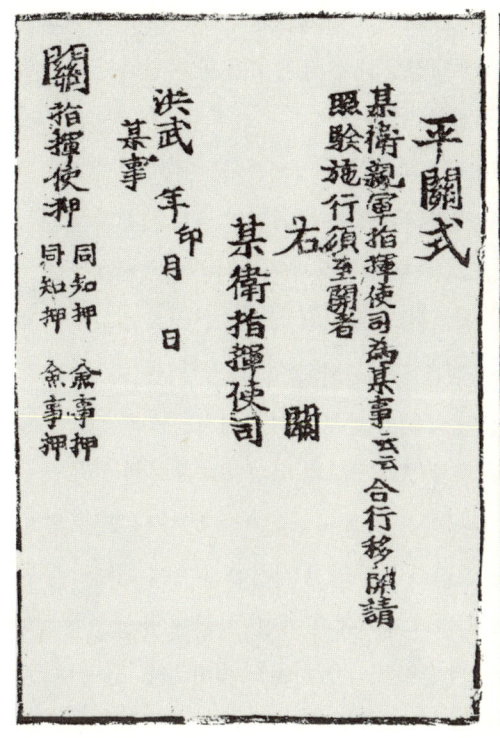 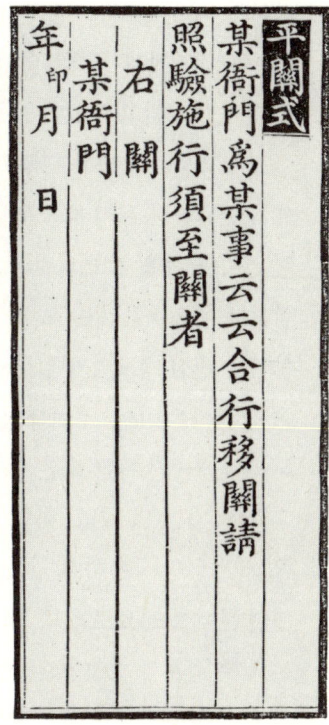

[도-42] 『홍무예제』 평관식.   [도-43] 『경국대전』 평관식.

화 하였다. 따라서 『경국대전』 체제에서의 평달문서와 하달문서는 평관이 총괄적으로 사용되었던 것을 알 수 있다. 평관은 본래 동등한 아문 사이에서 오고간 공문서였으나, 조선에서는 하달문서의 역할까지도 겸하게 한 것이 특징적이다. 하첩은 미관말직에 문서를 내릴 때 사용하는 공문서이므로 예식禮式을 중요시했던 당시로서는 위계를 세우기 위해서 별도로 하달문서에 추가하였던 것으로 보인다.

『경국대전』 체제에서는 상달·평달·하달문서가 원칙적으로는 단일 문서로 통일되었다. 이와 같은 변화는 공문서의 발전 과정을 설명하기에 충분하다. 다시 말해서 『홍무예제』를 기저로 하였던 조선 초기 공문서 제도는 『경국대전』 체제가 확립되면서 행정상의 편의와 효율을 지향하는 방향으로 대폭 수정되고 있었던 것을 알 수 있다.

시대가 내려올수록 행정 제도는 복잡화되고 세분화된다고 할지라도 그에 수반되는 형식적 제도는 간소화되는 것이 보편적인 사회 체제의 발전상일 것이다. 수반된 형식적 제도라는 것은 공문서의 형식과 행이行移등을 포함하는 부수적인 제반 요소를 의미한다. 형식적 제도의 간소화가 없다면 세분화된 행정 제도의 원활한 운영은 불가능한 것이 또한 사실이다. 이와 같은 관점에 있어서 『경국대전』의 공문서 규식은 복잡해지는 사회상을 원활하게 유지하기 위한 행정 체제의 발전에 중요한 의미를 내포하게 된다.

『경국대전』의 착명·착압 규정은 엄밀한 용어를 사용하지 않고 '모某'와 '압押'으로만 구분하고 있다. 따라서 모某라고 지칭한 용어에 대해서는 엄밀한 분석을 필요로 한다. 법전 행이 체제에서 착명·착압의 규정을 분석하는 것은 평관과 첩정을 우선적인 분석대상으로 하는 것이 좋을 듯 싶다. 왜냐하면 상하 위계에 따라 엄격한 격식을 바탕으로 하는 공문서에 있어서 평관과 첩정이 상달과 하달문서로 가장 극명한 차이점을 보이기 때문이다.

먼저 『홍무예제』와 『경국대전』에 있는 평관식을 비교해보자.

『홍무예제』와 『경국대전』의 평관식은 거의 동일한 형식을 취하고 있다. 다만 『홍무예제』에는 구체적인 관직이 기재된 반면 『경국대전』에는 생략되어 있다. 조선에서 평관은 하달문서의 역할을 하였기 때문에 관원은 모두 착압을 하고 있으며, 성명은 일체 생략하고 있다. 따라서 『홍무예제』와 『경국대전』에서 모두 압押으로 명시하고 있다. 고려시대 공첩 상통 과정의 불성초압不姓草押에 해당된다.

다음으로 『홍무예제』와 『경국대전』에 있는 첩정식을 비교하자.

첩정식의 착명과 착압은 『홍무예제』가 다소 자세히 표현되어 있다. 『홍

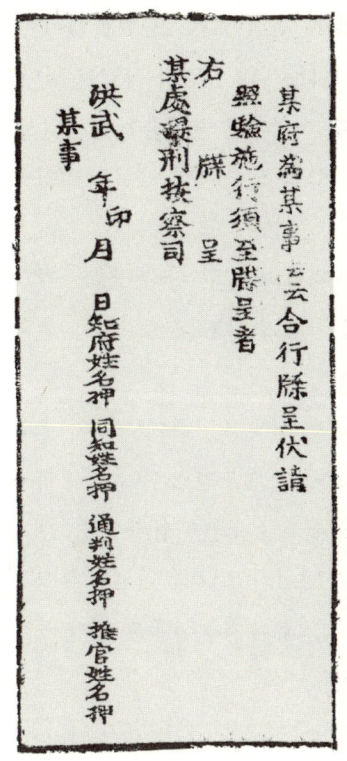 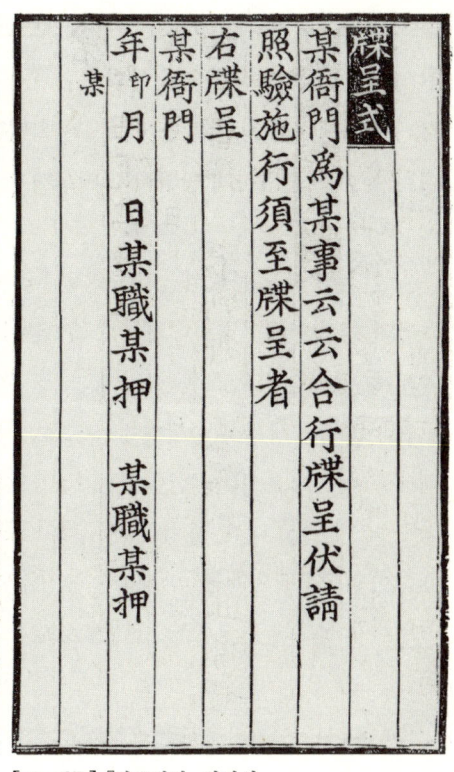

[도- 44] 『홍무예제』 첩정식.   [도- 45] 『경국대전』 첩정식.

무예제』의 '知府姓名押'과 『경국대전』의 '某職某押'을 비교할 때에 『홍무예제』에서 성명姓名으로 기재된 것이 『경국대전』에서는 모某로 표현되었다. 『경국대전』의 모는 관원이 성姓을 기입하고 그 아래에 착명을 한 것을 의미한다.

[도- 46]는 1489년(성종 20)에 발급된 것으로 사만수직仕滿受職과 관련

하여 사조四祖의 가계家系를 상부에 보고하는 첩정이다.[14] 봉화현감이 관찰사에게 올리는 첩정으로 봉화현감 홍洪 아무개의 착명과 착압이 있다. 당시 봉화현감을 확인할 수는 없으나 착명은 이름자를 변형한 15세기의 양식적 특징을 충실하게 반영하고 있으며, 착압 역시 15세기 양식을 반영하고 있다.

 이 첩정과 법전 문서식을 비교하면『홍무예제』의 명압名押은 착명·착압을 명시한 것이고,『경국대전』의 모압某押는 착성명서着姓名署(姓＋着名＋着押)을 명시한 것으로 볼 수 있다.

 『경국대전』체제의 문서식에서 모某는 성姓과 착명을 함께 지칭하였다. 이에 대해서 오품이하고신식五品以下告身式을 보면 모의 쓰임이 더 명확해진다. 먼저『경국대전』에 규정된 오품이하고신식을 보면 다음과 같다.

 오품이하고신식에는 '判書臣某'의 규정이 명시되어 있다. 앞서 첩정식과 동일하게 모某는 착성명着姓名, 즉 성姓과 착명着名을 동시에 한 것을 의미한다.

 [도- 47]은 정도응鄭道應에게 관직을 내려주는 오품이하고신이다.[16] 이조가 담당하였으므로 이조 관원의 결재 여부가 문서 좌측에 보인다. 당시 이조판서는 송시열宋時烈로, 이조판서인 송시열은 "判書 + 臣 + 宋 +着名"의 형식으로 본 문서에 결재를 하였다.

 이 문서에 있는 이조판서 송시열의 착명이 착압이 아님을 확증할 수 있는 근거는 다른 문서에 있는 송시열의 착명과 비교를 통해서이다. 송시열이 보낸 간찰簡札 피봉에는 그의 착명이 남아 있다. 간찰 피봉에는 의례적으

---

14 『古文書集成』56 安東松坡晋州河氏 河緯地後孫家篇, 韓國學中央研究院, 2002.
15 『經國大典』「禮典」文武官五品以下告身式.
16 본 문서는 1658(孝宗 9)년에 吏曹에서 鄭道應에게 발급한 五品以下告身으로 현재 尙州 晋州 鄭氏 山水軒에 소장되어 있다.

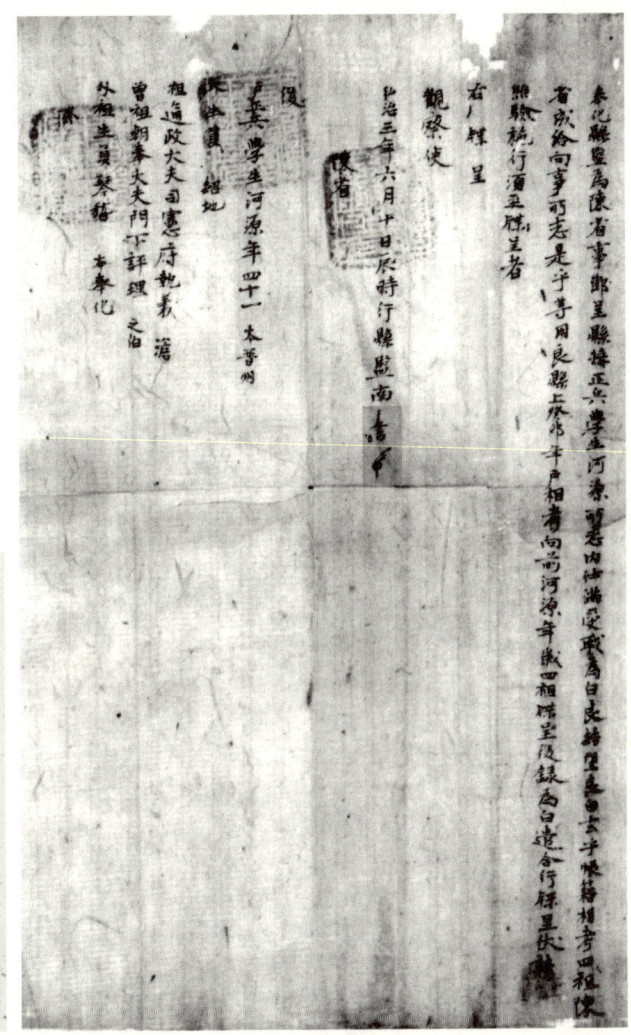

[도- 46] 1489년 봉화현감이 관찰사에게 올린 첩정牒呈과 봉화현감 홍洪 아무개의 착명·착압.(음영은 필자)

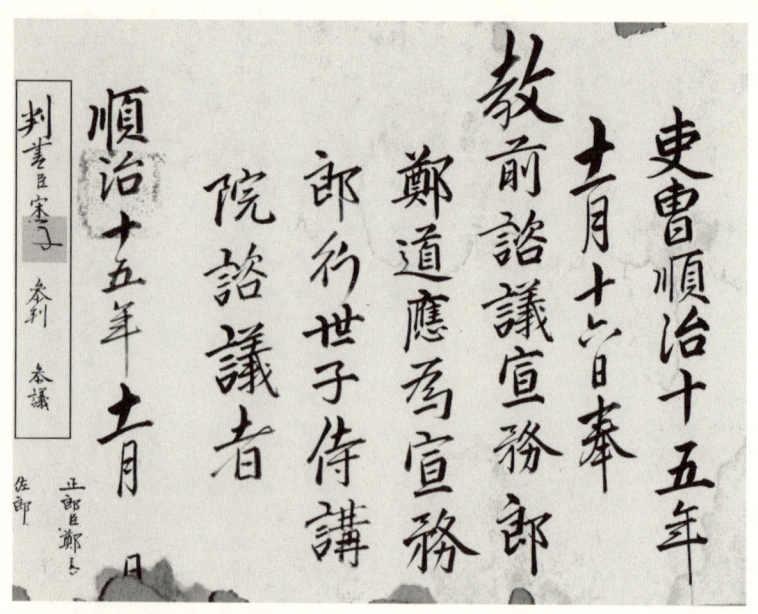

[도- 47] 송시열이 이조 판서로 있으면서 발급한 오품이하고신. 좌측 상단에 "判書臣宋"은 송시열을 가리킨다.(음영은 필자)

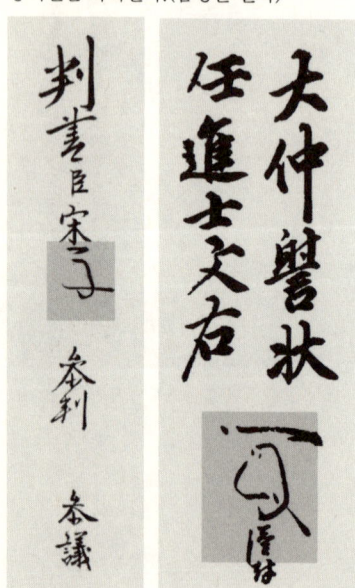

[도-48]
송시열의 착명 사례. 고문서(좌)와 간찰 피봉(우)의 사례를 참고할 때 그의 착명은 時자를 변형한 것으로 추정된다.(음영은 필자)

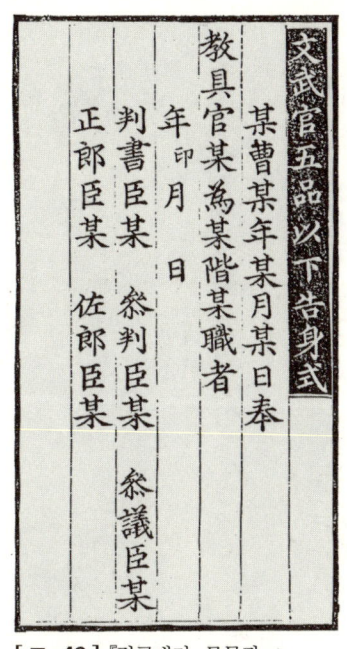

[도-49] 『경국대전』 문무관
오품이하고신식

로 착명을 하였는데, 특히 시대가 올라가면 갈수록 그 사례가 많다. 간찰에 있는 송시열의 착명은 앞서 보았던 고신에 있는 이조판서 송시열의 착명과 동일하다. 따라서 『경국대전』 문서식에 규정된 모某는 착성명着姓名, 즉 성을 기입하고 착명한 것임을 확증할 수 있다.

오품이하고신식은 『경국대전』 체제의 인사 발령 문서이다. 4품과 5품의 품차品差를 기준으로 공문서의 형식을 나눈 것은 서경署經과 밀접한 관련이 있다. 그러나 오품이하고신은 『경국대전』이 시행되기 이전에는 고첩故牒과 같은 공문서로 발급이 이루어졌다. 그러나 『경국대전』 체제가 완성되면서 인사 발령에 관련한 제반 문서가 정비되는데, 그것이 사품이상고신식四品以上告身式과 오품이하고신식五品以下告身式 그리고 차첩差帖이다. 차첩은 하첩 중에 인사 발령에 관련한 것만을 별도로 지칭한 것으로, 실제로는 하첩이라고 해도 무방하다. 그리고 사품이상고신식은 이전에 왕지王旨 등으로 사용된 것이 교지敎旨의 형식으로 정착된 것이다. 조선 초기에는 서경과 관계되어 고신을 받는 주체의 품계 변천이 많이 나타나지만, 『경국대전』의 시행 이후로는 모두 4품으로 통일되었다. 오품이하고신식은 조선 초기의 조사朝謝와 관련된 고첩이 변화된 것으로, 서경 과정과 밀접하게 연관되어 있다. 그런데 조선에서는 조사 관련 고첩의 제도를 폐지하고 오품이하고신식이라는 새로운 문서 형식을 제정한다.

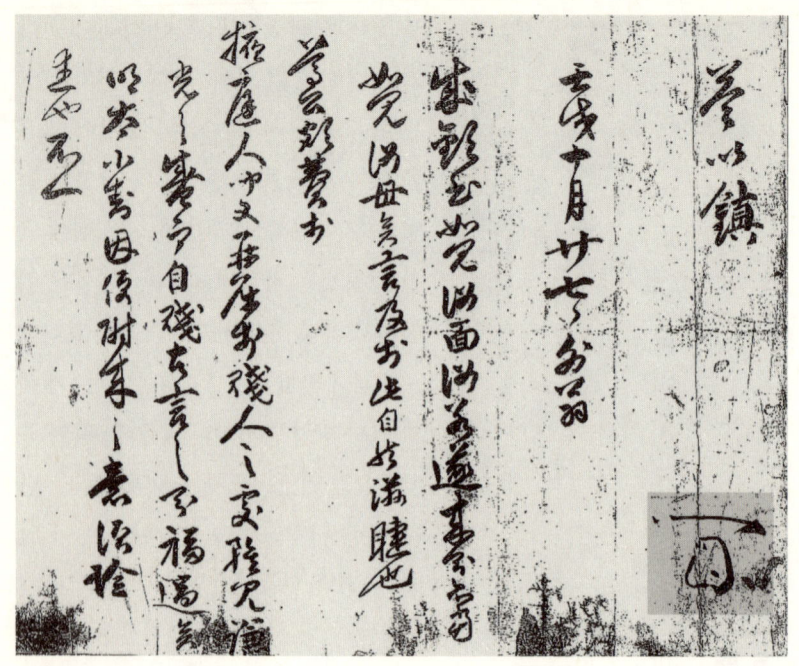

[도-50] 송시열이 그의 외손外孫인 권이진에게 보낸 간찰. 피봉에 송시열의 착명이 있다.(음영은 필자)

    인사문서에서 고첩을 폐지하고 오품이하고신식을 제정한 것은 몇 가지 측면으로 이해될 수 있다. 무엇보다도 오품이하고신식을 만든 것은 하달문서의 복잡한 체계를 정리한 것으로 볼 수 있다. 조선 초기의 하달문서는 고첩 외에도 차부·하첩·평관 등이 사용되었다.[17] 상달문서에 비해 그 숫자가 많아서 복잡하고 비효율적인 면이 있었다. 특히 조선에서는 평관이 하달문서의 역할을 겸하였기 때문에 차부와 고첩의 존재는 굳이 필요가 없었을 것이다. 따라서 복잡한 하달문서의 체계를 지양하고 상고相考나 해유解由 등

---

17 朴婭鎬,「『洪武禮制』와 朝鮮 初期 公文書 制度」『古文書硏究』22, 2003.

의 내용에 대해서는 하달문서로 평관을 사용하고, 인사 발령에 관련해서는 오품이하고신식을 사용한 것으로 보인다.

하달문서인 고첩의 내용적 특질을 계승한 오품이하고신에는 착압을 하는 것이 원칙적으로 옳다. 그러나 『경국대전』 문서식에서 확인되듯 오품이하고신에는 착명을 하였다. 오품이하고신을 발급한 주체는 이조吏曹나 병조兵曹이다. 이조나 병조는 모두 정2품 아문이고, 수령 주체는 오품 이하의 관원이라면 예식禮式에 따라 문서를 발급하는 이조나 병조 관원은 착압을 하는 것이 원칙에 맞는 것이다. 그러나 오품이하고신의 경우에는 착명을 하였는데, 이와 같은 예외적인 상황은 두 가지 측면으로 이해할 수 있다.

먼저 관원의 인사 발령에 대한 예우 차원에서 이루어진 예외 규정으로 볼 수 있다. 이러한 특징은 간찰簡札의 예에서 볼 수 있는데, 간찰의 경우 보내는 사람과 받는 사람의 지위에 상관없이 착명만을 하였다. 간찰에 착명을 하는 것은 상대에 대한 예우의 측면으로 이해할 수밖에 없다.

[도-50]은 송시열宋時烈(1607~1689)이 권이진權以鎭(1668~1734)에게 보낸 간찰이다.[18] 송시열은 권이진의 외조外祖이지만, 피봉에는 착명을 하였다. 간찰에 착명을 하는 것은 상대에 대한 예우의 측면이 있는 것이다. 오품이하고신에도 이와 같은 예외성이 적용되었을 개연성은 충분히 있다.

다음으로 오품이하고신은 이조나 병조의 관원이 왕명을 받들어 대행하는 체제이기 때문에 실질적으로는 왕명에 대한 확인 절차로서 착명을 하였을 경우도 있다. 이는 유지有旨의 경우와 비슷한 측면이 있다. 유지의 발급 주체는 승정원承政院의 승지承旨이지만, 승지는 왕명을 받들어 대행하는 것이기 때문에 유지에 착명을 하였다.

[도-51]은 인조仁祖가 관직을 사양하고자 하는 장현광張顯光에게 발급

---

18 본 簡札은 1682(肅宗 8)년에 작성된 것으로, 현재 대전 安東權氏 有懷堂에 소장되어 있다.

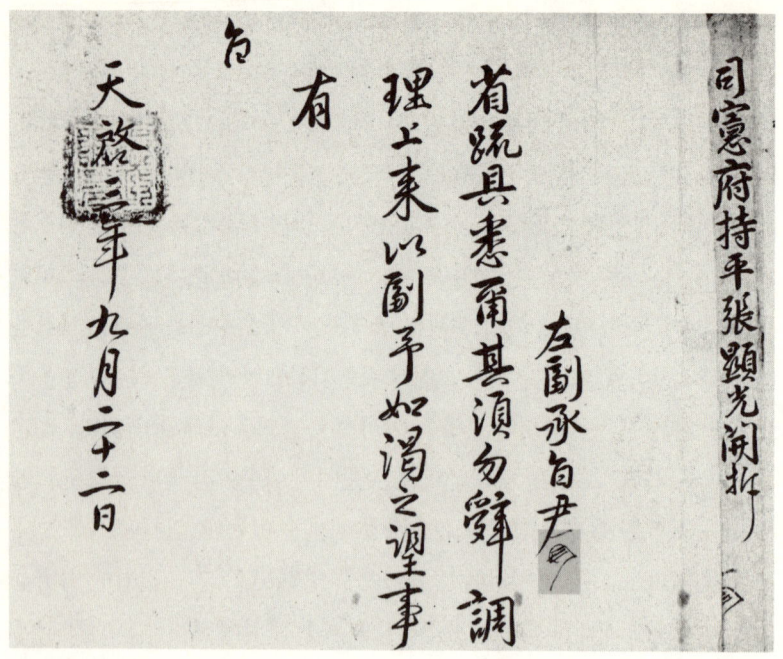

[도-51] 인조仁祖가 장현광張顯光에게 내린 유지有旨. 우측에는 담당 승지인 좌부승지左副承旨 윤尹 아무개의 착명이 있다.(음영은 필자)

한 유지有旨이다.[19] 우측에 좌부승지左副承旨 윤金 아무개의 착명이 있다. 비록 승지보다 품계가 낮은 사람이 유지를 수령하더라도 승지는 유지에 착명을 하였다. 이는 왕명의 출납을 관장하는 승정원의 문서 행정에서 나타나는 특징적인 사항이다.

오품이하고신에 착명을 하는 것은 일반적인 행이 과정에 따른 원칙과 차별이 있다. 그러나 사문서私文書인 간찰의 경우보다 공문서인 유지의 경우에서처럼 오품이하고신은 왕명王命에 대한 대행의 의미가 있기 때문에 착

---

19 仁同張氏 旅軒宗宅 소장 고문서.

명만 한 것으로 보는 것이 더 타당할 것이다.

마지막으로 입안立案에 대해 살펴보자. 입안은 관청에서 발급하는 것으로 증명證明·허가許可·판결判決의 성질을 가진 공문서이다.[20] 입안의 문서 발급 주체는 관청이지만, 수령 주체는 일반 백성이라고 할 수 있다. 따라서 입안을 통해 관청과 일반 백성의 문서 행이 과정에 따른 착명·착압의 규정을 확인할 수 있다.

입안과 같이 관청에서 일반 백성에게 하달하는 문서 역시 관청 사이의 상통 규식을 따라 착압만 하는 것이 원칙이었던 것으로 보인다. 따라서 『경국대전』에는 '압押'이라고만 명시되어 있다. 법전에 문서의 상통 범주가 뚜렷하게 정해진 바는 없으나, 관官에서 민民에게 문서를 내릴 경우 공문서의 하달 규식을 따라 착압만 하였던 것이다.

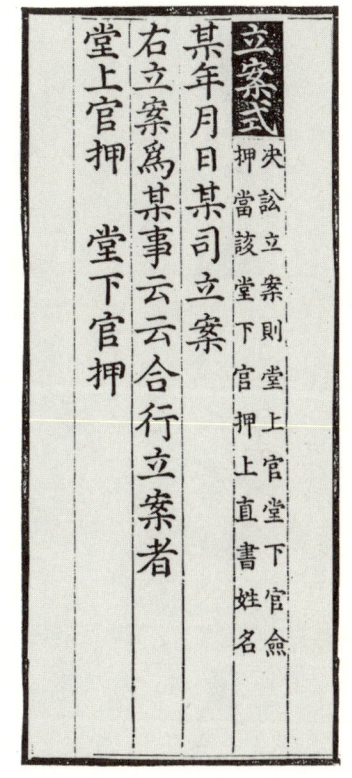

[도-52] 『경국대전』 입안식.

[도-53]은 1662(현종 3)년 3월 예조에서 계후繼後와 관련하여 발급한 입안이다.[21] 발급 주체는 예조이고 수령 주체는 일반 민인民人이다. 따라서 발

20　朴秉濠, 『韓國法制史攷』, 法文社, 1974, pp. 292~293.
21　慶州 驪州李氏 玉山精舍(獨樂堂) 소장 고문서.

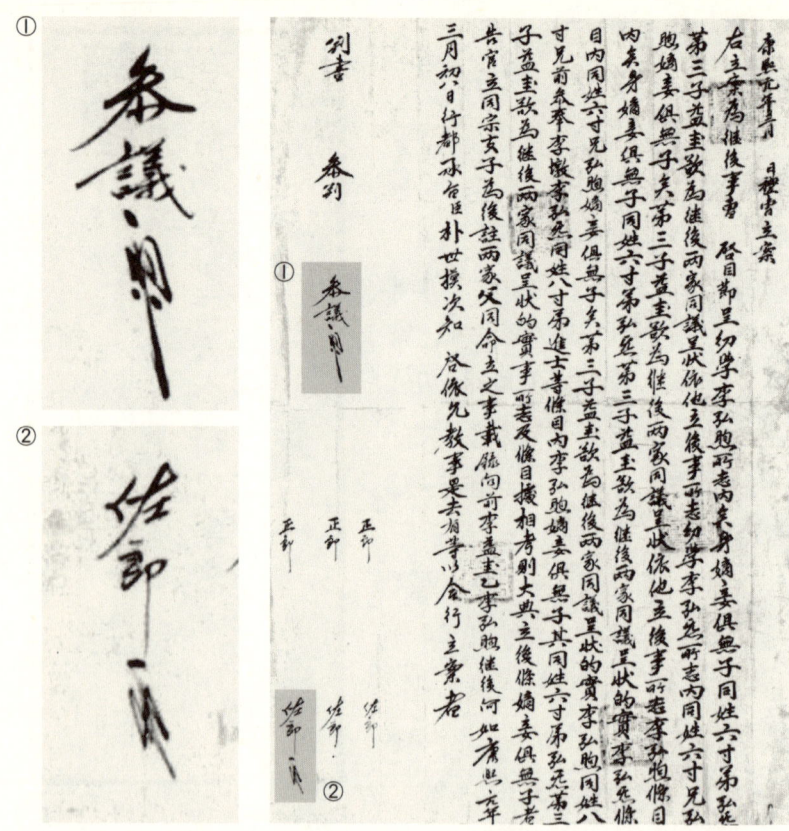

[도-53] 1662년(현종 3) 예조禮曹에서 발급한 계후입안繼後立案. 문서 좌측에 예조 참의와 좌랑의 착압이 있다.(음영은 필자)

급 주체인 예조 참의參議와 예조 좌랑佐郞의 착압이 좌측에 있다.

이와 같은 입안의 형식은 『경국대전』 이전부터 이미 정착되었던 것으로 보인다. 특히 관에서 민에게 발급하는 입안의 예는 고려시대부터 일정한 형식이 있었으며, 당시 입안에는 조선시대의 입안과 동일하게 불성초압不姓草押의 형식을 취하였다.[22]

지금까지 『경국대전』을 중심으로 조선시대 문서 행정에 있어서 서명 방식의 특징을 살펴보았다. 『홍무예제』의 과도기적 문서 제도를 지양하고 편의와 효율을 지향하는 『경국대전』 체제의 공문서 규식은 조선 전체를 아우르는 기본적인 원칙이 되었다. 또한 착명·착압의 규정도 간소화되고 효율성이 증대된 일반 공문서 규식과 동일하게 일괄 품계品階를 중심으로 체제가 통일되었다. 이와 같은 『경국대전』의 문서 제도는 우리나라 문서 행정 제도사에 있어서 획기적인 변화가 아닐 수 없다.

조선의 문서 행정은 고려시대의 비효율적인 체제를 극복한 것이었으며, 그 과정에서 『홍무예제』를 중심으로 하는 과도기적 체제를 바탕으로 새롭게 일신한 체제였던 것이다. 조선의 문서 행정 제도는 갑오경장 이전까지 큰 변화 없이 시행되었다. 다만 조선 후기에 여러 제도의 문란과 궤를 같이 하여 문서 행정 제도의 동요가 있었음은 부인할 수 없다. 그러나 문서 제도의 동요는 심각한 수준은 아니었으며, 효율적인 문서 제도의 전통을 바탕으로 갑오경장 이후 새로운 제도를 손쉽게 수용할 수 있었던 것으로 생각된다.

---

22 朴秉濠, 「高麗末의 奴婢贈與文書와 立案」 『近世의 法과 法思想』, 도서출판진원, 1996, pp. 624~629.

『전률통보』

『전률통보典律通補』의 공문서식은『경국대전』에 비해 많은 내용을 담고 있다. 그래서『전률통보』가 편찬 될 시기를 즈음해서 공문서식의 변화가 있었을 것으로 이해하는 경우가 종종 있다. 하지만『전률통보』가 편찬될 당시의 법전 편찬 경향과 규정된 공문서식의 내용을 분석해 보면 문서 행정 체제의 변화가 있었다고 보는 견해는 지나친 해석이라고 할 수 있다.

『전률통보』는『홍무예제』나『경국대전』과는 사뭇 성격이 다르다.『전률통보』에는 특정 시기 문서 행정 체제의 변화를 의미하는 원칙이 결여되어 있다. 조선시대의 법전 편찬은 조종 성헌 존중주의祖宗成憲尊重主義를 기본으로 한다.[23] 조종의 성헌을 존중한다는 것은 법조문에 대해서 만세萬世에 불역不易하겠다는 의미가 함축되어 있다.『경국대전』의 법조문이『대전회통大典會通』이 완성되기까지 거의 원형을 잃지 않으면서 관철되고 있는 것은 모두 이러한 연유에서이다. 이는 고법古法을 존중하여 쉽게 바꾸지 않는 당시 사람들의 법사상에 기인한다.

공문서에 있어서도『경국대전』의 규정은 조선 말기까지 거의 변함없이 시행되었다. 따라서『속대전續大典』,『대전통편大典通編』,『대전회통』등에는 한결같이『경국대전』의 문서식을 그대로 따르고 있다. 다만 조선 후기『전률통보』에는『경국대전』과 다른 공문서 규식이 첨가된 것처럼 보인다. 그러나『전률통보』의 문서식은『경국대전』문서식에 대한 부연적인 설명에 지나지 않는다. 이와 같은『전률통보』의 공문서식은『전률통보』가 편찬될 당시의 법사상적 경향을 통해서 이해할 수 있다.

조선 후기에는 법령 정비 사업이 활발하게 이루어졌다. 그것은 당시에

---

23 朴秉濠,『近世의 法과 法思想』, 도서출판진원, 1996 참조.

연이어 인출印出된 법전류法典類를 통해서 확인할 수 있다. 이와 같이 법령의 정비가 활발하게 이루어지는 것은 기본적으로 실학적實學的 법사상에 기인한다. 경세치용經世致用의 원리에 따라 조문의 모순된 점들을 보완하고 자세하게 표현한 것이 조선 후기 법령의 특징이다. 그러나 조선 전시기를 관철하는 조종 성헌 존중의 원칙은 벗어날 수 없는 대전제이기 때문에 조선 후기『전률통보』등의 편찬 체제는 조종 성헌 존중주의를 기본 바탕으로 하면서 당시의 실학적 법사상을 가미한 것으로 보는 것이 타당할 것이다.[24]

법전 편찬의 실용적 측면을 전제할 때,『전률통보』의 가장 큰 특징은 사문화된 법전 조항을 배제하고『대명률大明律』을 포함하여 당시 시행된 모든 법 조항을 참고하여 종합적으로 편찬하였다는 점이다.[25] 따라서『전률통보』를 포함하는 당시의 법전은 두 가지 측면으로 그 특징을 규정할 수 있다. 첫째로 조종 성헌 존중주의를 기본 원칙으로 하여 법조문을 불역不易한 것이며, 다음으로는 실용성을 바탕으로 하여 여러 조항을 종합하고 주해하였던 것이다. 특히『전률통보』의 문서식은 실용성을 기본 원칙으로 하는 당시의 법사상적 흐름이 도처에서 확인된다.

조선시대 법전 편찬의 방향성을 바탕으로『경국대전』,『대전회통』,『전률통보』의 공문서식을 비교하여 공문서와 관련한 이들 법전의 특성을 살펴보겠다.

『경국대전』과『대전회통』에는 모두 25종의 공문서식이 있다. 조종 성헌 존중주의에 의거하여『경국대전』과『대전회통』의 공문서식은 동일하지만, 도첩식度牒式만은『대전회통』에서 "금폐今廢"라고 기재하여, 당시에는 시

---

24 朴秉濠,「朝鮮後期 變法思想과 法令整備事業」『近世의 法과 法思想』, 도서출판진원, 1996.
25 朴秉濠,『韓國法制史』, 韓國放送通信大學出版部, 1986. pp. 25∼27.

행되지 않음을 밝히고 있다. 이와 같이 『경국대전』과 『대전회통』의 공문서식이 동일하면서도 『대전회통』 편찬 당시 시행되지 않는 도첩식을 기재한 것은 그것이 얼마만큼 조종 성헌 존중의 원칙에 철저했는지를 잘 보여주는 것이다. 반면 『전률통보』에는 모두 47종의 공문서식이 있다. 『경국대전』이나 『대전회통』에 비해서 숫자적으로 많이 예시되어 있음에도 불구하고 도첩식과 같은 폐지된 조항은 예시조차 되어 있지 않다. 이는 당시 실용성을 바탕으로 하는 법전 편찬의 흐름과 궤를 같이하는 현상으로 볼 수 있다.

『전률통보』는 당시에 경외아문京外衙門에서 일상적으로 쓰이던 공문서식을 집대성하였다. 그러나 『전률통보』의 규정은 문서 제도를 바꾸는 체제의 변화를 동반하지 않았다. 이는 조종 성헌인 『경국대전』과 그렇지 않은 『전률통보』의 근본적인 차이점이라고 할 수 있다. 『경국대전』에 의해 규정된 문서 제도는 이전 체제에 대한 발전적 전환이었으나, 『전률통보』는 다만 여러 사항을 종합하였을 뿐이다.

『전률통보』에는 과거비봉식科擧秘封式과 같은 문서식이 있다. 그러나 과거비봉식을 공문서로 보기에는 무리가 있다. 과거科擧를 보는 사람이 시권試券의 앞부분에 사조四祖의 신원을 기재하는 것을 아문 사이에 공첩을 상통하는 공문서 중 하나로 규정하는 것은 잘못이다. 그러나 과거비봉식은 당시 과거 응시자가 많았기 때문에 실용성을 바탕으로 『전률통보』에 예시한 것으로 볼 수 있다. 반면에 『전률통보』에는 전령傳令이나 감결甘結과 같은 조선 후기의 중요 공문서식이 제외되어 있었다. 특히 전령은 경외京外의 각 아문에서 사용된 중요 공문서임에도 그 문서식이 기재되지 않은 것은 당시 공문서식을 실용적으로 모았다는 『전률통보』의 근본적인 한계에 해당될 것이다.

[표-23]을 보면, 『전률통보』에 예시된 공문서식은 상당수가 『경국대전』에 규정된 것임을 알 수 있다. 그럼에도 유서식諭書式을 포함하는 다종의 공

문서식은 『전률통보』에서만 확인할 수 있는 주요한 것이지만, 그렇다고 이러한 공문서가 『전률통보』가 제정될 당시부터 사용되었다고는 할 수 없다.

기존의 문서식을 더 세분화시키고 자세히 고증하여 정리한 『전률통보』의 실용적 특징은 여러 문서식을 통해 확인된다. 먼저 계본식啓本式을 경사계본식京司啓本式과 외방계본식外方啓本式으로 나눈 것에서 그 실용성의 일단을 확인할 수 있다. 『경국대전』에는 계본식만이 보이는데, 실제 계본은 경사京司와 외방外方이 달리 쓰였던 것 같다. 그래서 『전률통보』에서는 이들의 차이점을 수록한 것이다.

具銜
姓名年幾本某居京
父具銜名
祖具銜名
曾祖具銜名
外祖具銜姓名本某

[도- 54] 『전률통보』 과거비봉식.

다음으로 차첩差帖을 보자. 차첩의 문서식은 독특한 형식을 보이지만, 사실 그 투식은 하첩下帖의 형식을 따르고 있다. 하첩은 상급 관청에서 미관말직의 하급 관청에 하달하는 문서이기 때문에 그 쓰임이 무척 많았다. 그 중에서 미관말직의 관원에 대한 인사 발령은 특별히 차첩을 사용하였다.[26] 당시 많이 사용된 차첩에 대해 문서식을 기재한 것 역시 『전률통보』의 실용적 특징을 잘 반영한 것이다.[27]

---

26 差帖은 비단 京衙門만 사용한 것이 아니다. 縣監이나 郡守가 大同監官·訓長·戶籍都監 등을 임명할 때에도 差帖을 사용하고 있다. 『雪村家鬼集古文書集』, 國民大博物館, 1996, pp. 192~193.
27 縣監의 差帖은 『典律通補』의 差帖式과 그 격식이 약간 다르다. 그러나 근본적으로 下帖이기 때

법전	『경국대전』 『대전회통』 『전률통보』	『경국대전』 『대전회통』	『전률통보』
공문서식	문무관사품이상고신식 (文武官四品以上告身式) 문무관오품이하고신식 (文武官伍品以下告身式) 당상관처고신식 (堂上官妻告身式) 삼품이하처고신식 (三品以下妻告身式) 홍패식(紅牌式) 백패식(白牌式) 잡과백패식(雜科白牌式) 녹패식(祿牌式) 추증식(追贈式) 향리면역사패식 (鄕吏免役賜牌式) 노비토전사패식 (奴婢土田賜牌式) 계본식(啓本式) 계목식(啓目式) 평관식(平關式) 첩정식(牒呈式) 첩식(帖式) 해유이관식(解由移關式) 해유첩정식(解由牒呈式) 입안식(立案式) 감합식(勘合式) 호구식(戶口式) 준호구식(準戶口式)	입법출의첩식 (立法出依牒式) 기복출의첩식 (起復出依牒式) 도첩식(度牒式)	유서식(諭書式) 차첩식(差帖式) 진전식(進箋式) 초기식(草記式) 장계식(狀啓式) 상소식(上疏式) 차자식(箚子式) 상서식(上書式) 상언식(上言式) 정사식(呈辭式) 하직단자식(下直單子式) 사은단자식(謝恩單子式) 육행단자식(六行單子式) 참알육행단자식 (參謁六行單子式) 문안단자식(問安單子式) 지수단자식(祇受單子式) 수령천단자식 (守令薦單子式) 서목식(書目式) 외관추고발함식 (外官推考發緘式) 외관함답식(外官緘答式) 경관함답식(京官緘答式) 서경단자식(署經單子式) 선원록세계단자식 (璿源錄世系單子式) 돈녕단자식(敦寧單子式) 공신자손세계단자식 (功臣子孫世系單子式) 과거비봉식(科擧秘封式)
비고	22종	3종	26종

● 당상관처고신식堂上官妻告身式과 삼품이하처고신식三品以下妻告身式은 『전률통보』에 구분 된 문서식은 없지만, 내용상 문서식이 있는 것으로 볼 수 있다.
● 『전률통보』의 경사계본식京司啓本式과 외방계본식外方啓本式은 『경국대전』의 계본식啓本式으로 간주하였다.

[표- 23] 『경국대전』『대전회통』『전률통보』의 공문서식 비교.

해유문서解由文書에서도 『전률통보』의 상세한 특징이 잘 발현되고 있다. 해유문서의 해유이관解由移關과 해유첩정解由牒呈은 그 구분을 쉽게 할 수 없다. 『경국대전』 등의 해유문서식解由文書式만으로는 그 내용 설명이 소략하기 때문에 해유문서의 전모를 잘 파악할 수 없다. 이러한 점을 보완하여 『전률통보』에서는 해유이관은 전임관이 후임관에게 보낸 평관을 의미한다고 규정하며, 다음의 해유첩정 이후 순영巡營의 평관과 호조·병조의 평관을 예시하여 해유의 공문서 상통 과정을 정리하고 있다. 해유문서의 공문서 상통 체계를 이해하는 데 있어서 『전률통보』의 상세한 설명은 매우 인상적이다.

某曹爲差定事年號幾年某月某日都承旨臣姓名次知口傳某官姓名遷轉本某亽只進叱使內良如爲口傳施行爲有置有等以合下仰照驗施行須至帖者
右帖下某階姓名准此
年號幾年某月某日
判書　參判　參議　正郞　佐郞

[도- 55] 『전률통보』 차첩식.

녹패祿牌에 있어서도 『전률통보』에서는 반록시頒祿時 소편지小片紙에 대한 규정을 첨부하고 있다. 실제 전해지는 녹패를 보면, 반록시의 소편지가 녹패의 원본에 점련粘連되어 있는 경우가 많다. 상통 체계그럼에도 『경국대전』에서는 반록시 소편지에 대한 규정이 없는데, 『전률통보』에서는 상세히 규정하였다.[28]

문에 문서의 기본 套式은 농일하나. 즉 "爲差定事, 合下仰照驗施行須至帖者, 右帖下某階姓名准此."의 표현은 동일하다.
28　頒祿時小片紙 監察單銜署名着押 該倉亦名押. 『典律通補』 「別編」 祿牌式.

	계본	평관	첩정	하첩
『경국대전』	某職臣某	某職押	某職某押	判書押
『전률통보』	單銜臣姓署名	某職押	某職姓署名着押	某衙門押

[표-24] 『경국대전』 『전률통보』의 착명·착압 용례 비교.

　이와 같이 이해하기 어려운 공문서를 쉽게 풀이하고, 당시에 많이 쓰이던 공문서는 따로 문서식을 예시한 것이 『전률통보』 공문서식의 특징이다. 이와 동일한 맥락으로 기존의 『경국대전』에서는 쉽게 파악하기 어려운 착명·착압에 대해서 『전률통보』에서는 정확한 용어로 구분하여 정의하였다.
　『경국대전』에서 모某가 착성명着姓名을 의미하는 것은 전술한 바와 같다. 『경국대전』에서 모는 『전률통보』에서는 성서명姓署名으로 표시되었다. 이처럼 『경국대전』에 규정된 법전식의 모호한 점을 『전률통보』에서는 아주 자세하게 설명하고 있다. 압押은 첩정식牒呈式에서 착압着押으로 표시된 것 외에는 『경국대전』과 동일하게 압押으로 명시하고 있다.
　『전률통보』의 공문서식은 실용적 법사상의 맥락에서 이해 가능하며, 그에 따라 규정된 공문서의 규식은 『경국대전』 공문서식에 대한 부연 설명의 성격이 강하다. 또한 당시 많이 사용된 공문서를 정형화시켜서 게재한 것 역시 중요한 의미가 있다. 그러나 조선시대를 통관하는 기본 법사상은 조종성헌 존중주의에 있으며, 따라서 『홍무예제』나 『경국대전』의 공문서식에 비교할 때 『전률통보』의 공문서식에서는 비록 그 체제의 실용성은 인정하더라도 체제를 바꾸는 문서 행정 제도의 변화를 찾을 수는 없는 것이다.

6
예禮의 패턴

고문서학에 있어서 예의 문제

전통시대 고문서는 일정한 패턴으로 작성되었다. 그 일정한 패턴에 대해서는 이미 많은 연구 성과가 축적되어 고문서학古文書學의 일단이 밝혀지고 있다. 하지만 패턴을 현상적으로 설명하는 것보다 우선하는 중요한 문제로 '패턴의 동인動因'을 들 수 있다.

어떤 이유로 공문서를 상달·평달·하달문서로 구분할 수 있는지, 또 어떤 이유 때문에 서명 방식을 그토록 구분하려고 하였는지, 또 어떤 까닭으로 서체書體와 종이와 투식어를 문서에 따라 다르게 쓰려고 하였는지 설명하지 않으면 안 될 것이다.

극명하게 대비되는 두 문서를 비교해보자. 하나는 상급 관청에서 하급 관청에 하달하는 관문關文이고, 다른 하나는 하급 관청에서 상급 관청에 상달하는 첩정牒呈이다. 이 두 문서의 형식적 요소들은 다음 [표-23]과 같은 차이가 있다.

관關의 경우에 서명은 불성착압不姓着押을 하고, 서체는 초서草書를 위주로 하며, 투식어도 문서 수령자에 대한 예우가 상대적으로 약하다. [도-56]은 병마절도사兵馬節度使가 배전자사원陪箋差使員에게 하달한 관인데, 문서 말미에 있는 착압은 하급자에게 내리는 상급자의 결재 행위로서

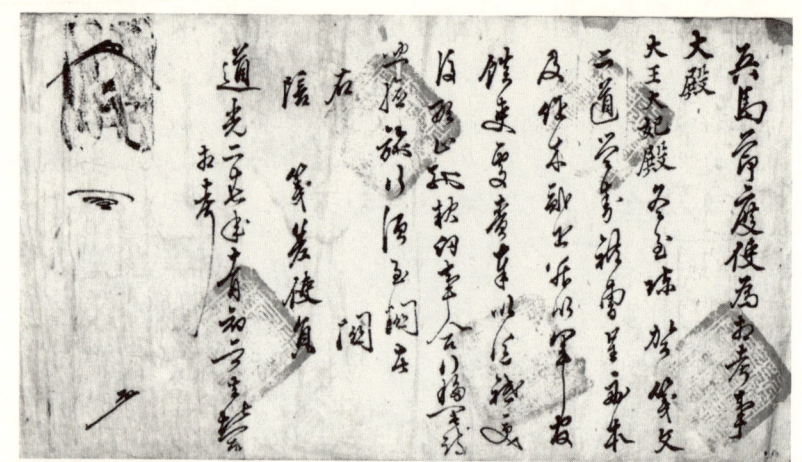

[도-56] 1847년(헌종 13) 병마절도사兵馬節度使가 배전차사원陪箋差使員에게 보낸 관關.

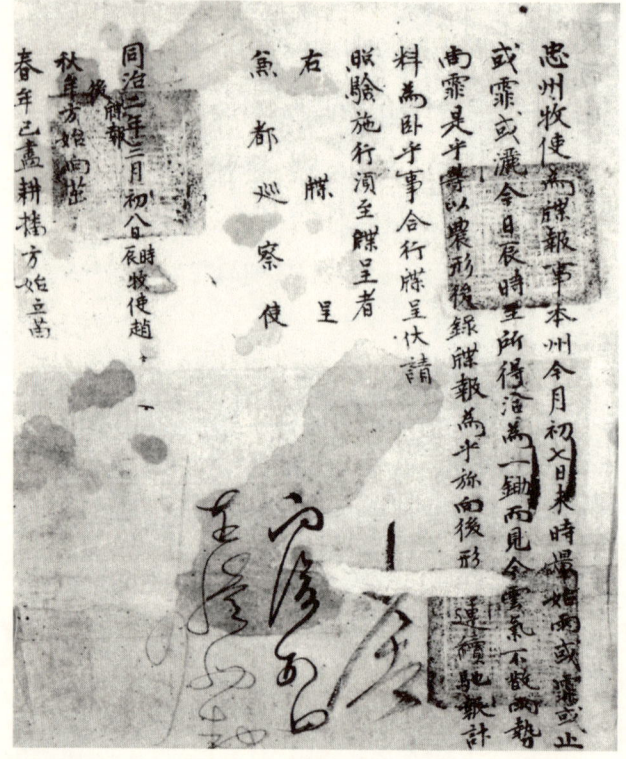

[도-57]
1863년(철종 14)
충주 목사가 도순
찰사都巡察使에게
보고한 첩정.

	서명署名	서체書體	투식어套式語
관문關文	不姓着押	草書	請照驗施行須至關者
첩정牒呈	着姓着名着押	楷書	伏請照驗施行須至牒呈者

[표-24] 관문關文과 첩정牒呈의 형식 요소 비교.

성姓을 생략한 것이다. 또한 서체는 초서로 흘려 썼는데, 문서를 수령하는 상대에 대한 배려가 느껴지지 않는 하달·지시 문서의 전형적 모습을 보이고 있다.

반면 첩정牒呈의 경우 서명은 성姓을 쓰고 그 아래에 착명着名과 착압을 모두 하였으며, 서체는 해서楷書로 깔끔하게 썼고, 투식어도 "복청伏請"과 같이 상대에 대한 경칭을 사용한다. [도-57]을 보면, 충주忠州 목사牧使가 도순찰사都巡察使에게 보고한 첩정인데, 문서의 말미에는 충주 목사 조趙 아무개가 아주 작은 크기로 착명과 착압을 모두 써서 상대에 대한 예식을 다하고 있다.

두 공문서의 형식적 차별은 일정한 패턴이 있고, 그것은 상하上下 위계位階의 기준을 따르고 있다. 이처럼 상하의 위계에 따라 형식적 요소가 일정한 패턴으로 사용되는 것은 전통 사회의 시스템이 예제禮制에 맞추어져서 운용되었기 때문이다. 따라서 고문서는 반드시 문서 발급 주체와 수령 주체의 위계적 관계선상에서 이해되어야 하는 것이고, 그 위계 질서에 의해 모든 형식적 원칙은 이미 규정되어 있었던 것이라고 단언할 수 있다.

고문서학에서는 고문서古文書와 고기록古記錄의 차이를 문서의 발급과 수령자의 유무에 따라 판별하고 있다. 고문서의 발급과 수령의 관계성을 살펴야 하는 이유에 대해서 고문서학 연구자들도 명쾌한 결론은 내리지 않은 듯하다.

하지만 고문서가 쌍방의 수수 행위를 전제하는 한에 있어서, 수수 행위(문서 발급과 수령)에는 필연적으로 예식禮式에 의해 포장되어야 한다. 이는 모든 공문서 관련 법전 조항이 예전禮典이나 예제禮制에 규정되어 있는 것과도 일맥상통하는 것이다.

고문서는 발급자와 수령자의 수수행위를 전제하기 때문에, 이 양자의 수수행위에는 모종의 원칙을 전제하는 기본 형식이 존재할 수밖에 없으며, 그 형식은 오로지 예식禮式으로만 규정되었던 것이다. 따라서 모든 고문서는 수수 관계를 전제하는 한에 있어서, 문서 작성자와 문서 수령자 사이의 상하上下 위계적位階的 관계성에 의해서 형식 요소가 구비될 수밖에 없다. 그 형식 요소는 언제나 예외 없이 예식禮式을 동인으로 한다. 형식의 변화를 연구하는 한, 모든 고문서의 형식 요소는 바로 예제체식禮制體式에 의해 변화가 발생한다고 이야기할 수 있다.

> 예조禮曹에서 상서하였다. "예禮라는 것은 위아래를 분별하는 것이어서 언어言語·문자文字에 있어서 서로 범할 수 없는 것입니다. 천자天子에게서 나오는 것을 조詔 또는 고誥라 하고, 태자太子·제왕諸王에게서 나오는 것을 영令 또는 교敎라 하니, 신하가 감히 어기고 범할 수 없는 것입니다. 지금 국조國朝에서 전조前朝의 소박하고 간략한 폐습을 계승하여 전하에게서 나오는 것을 판判이라 하니, 신하가 감히 범할 수 없는데, 이에 판서判書·판사判事·판관判官으로 직함을 한 것이 있으니, 바라건대 신판의신申判依申을 봉교의윤奉敎依允이라 하고, 신판가(申判可)를 봉교가奉敎可라 하고 신판부申判付를 봉교하奉敎下라고 하면 거의 예문禮文에 합할 것입니다." 하니 임금이 그대로 따랐다.[1]

---

1 禮曹上書曰 禮者 所以辨上下 於言語文字 不可相犯 出乎天子者 曰詔曰誥 太子諸王 曰令曰敎 則臣下不敢違犯 今國朝承前朝樸略之弊 出於殿下 謂之判 則臣下當不敢有犯 乃有以判書判事判官

이처럼 상하를 분별하는 예식禮式에 따라 형식이 규정되는 고문서는 그 것을 발송하는 주체와 수령하는 주체의 위계 관계에 따라 다양한 형태적이 며 내용적인 특징을 보이고 있다. 또한 이러한 형식은 모두 법전에 규정되 어 있기도 하다. 공문서에 있어서 예제禮制의 형식 요소에 포괄되는 것은 행이行移에 따른 문서 종류, 서명(착명과 착압) 방식, 투식어, 인장, 서체, 종 이 등 거의 전 분야에 해당된다고 할 수 있다.

爲衙者 乞以申判依申 爲奉敎依允 以申判可爲奉敎可 以申判付爲奉敎下 庶合禮文 從之.『太宗實錄』卷22 太宗11年 9月 26日.

부록

국문초록

1. 통치의 기술

문서 행정은 국가 체제를 유지하는 기본적인 시스템이다. 정책 결정권자들의 정책적 사항은 오로지 문서를 통해 시행되었다고 할 수 있는데, 문서 행정의 효율성 여부에 따라서 국가 운영의 효율성도 가늠할 수 있을 것이다.

전통적 의미의 문서 행정은 일정한 패턴을 가지고 있었다. 그 패턴은 법전 규정을 통해 철저하게 지켜졌고, 어느 왕조라고 하더라도 그 패턴에 따라서 가장 효율적인 문서 행정을 구현하고자 하였다. 본 연구는 우리나라의 전통적 의미로서의 문서 행정에 대해서 규명하고, 그 고유한 특징을 설명하고자 한 것이다.

2. 복잡한 행이 방식 - 고려시대 문서 행정

현전하는 문헌 자료를 통해 문서 행정의 특징을 밝힐 수 있는 시대는 고려高麗 이후이다. 그만큼 관찬 사료나 실제 사용되었던 행정 문서가 거의 남아 있지 않은 실정이다. 고려시대 문서 행정의 특징은 『고려사』「공첩상통식」의 내용을 통해 큰 윤곽을 그릴 수 있다.

중국 왕조와의 외교 문서 등으로 인해 고려는 중국 왕조의 통제를 받는 주변적 환경에 맞춰서 문서 행정 체계를 개편하였다. 그래서 당송 교체 이후, 송원 교체 이후 고려의 공문서 행정 체계는 큰 변화를 맞이한다.

당송 교체기에 송나라의 제도를 따르는 고려의 행정 문서 체제는 규명할 자료가 거의 남아있지 않다. 하지만, 원나라의 제도를 따르는 고려의 문서 행정은 어느 정도 윤곽이 드러나고 있다. 그 윤곽은 크게 행이 체제 行移體制와 서명署名 방식의 두 가지 면으로 접근할 수 있다.

행이 체제란 공문서를 주고받는 과정에 대한 규정이다. 공문을 발급하는 관청과 이를 수령하는 관청 사이에 높고 낮은 지위의 차이가 있고, 그 차이에 따라서 문서의 종류와 투식 등을 달리하는 것을 말한다. 또한 문서를 주고받는 과정(행이과정)에서 문서의 결재 담당자들은 서명 방식을 달리한다. 상급 관청에서 하급 관청으로 문서를 보낼 때는 초서草書로 쓴 서명을 하고, 반대로 하급 관청에서 상급 관청으로 문서를 보낼 때는 해서楷書로 쓴 서명을 하였다. 그래서 전통시대의 관원은 서명을 두 종류씩 가지고 사용하였다.

이때 행이 체제와 서명 방식은 모두 품계品階를 기준으로 형식을 나누는 것이 상례인데, 고려시대 문서 행정은 문서를 주고받는 방법이 각 관청의 품계 중심으로 일원화되지 않은 것이 특징적이다. 따라서 고려의 문서 행정에 대한 규정은 단일한 품계 중심의 규정이 아니라, 각 사례별로 복잡하게 규정되고 있다.

이러한 현상은 분명 원나라의 공문서 제도가 복잡하면서 효율적으로 운영되지 못했음을 입증하는 것이다. 이러한 문서 행정의 특징은 원나라가 멸망하고 새로운 명나라가 세워지면서 새롭게 면모하는데, 우리나라의 경우도 고려가 망하고 새로운 조선이 건국되면서 명나라의 새로운 문서 행정 체제를 수용하여 더욱 진일보한 문서 행정 체제를 구현하게 된다.

3. 조선화 과정 - 『경국대전』 이전의 문서 행정

명나라 문서 행정의 원칙은 새롭게 제정된 『홍무예제洪武禮制』에 그 전모가 규정되어 있다. 관청간의 행이 체제行移體制와 서압체식署押體式의 규정은 『홍무예제』의 문서 행정 체제를 규정하는 대표적인 내용이다.

조선은 명나라에서 간행된 『홍무예제』를 그대로 수입하여 조선 자체적으로 재인출再印出하기에 이른다. 새로운 국가 체제를 변방 체제에서 벗어나 다시 당송제唐宋制로 회귀하려는 강한 의지의 표현으로 볼 수 있다.

조선의 문서 행정 체제가 명나라 체제로 전환된 것은 태종5년(1405년) 경으로 볼 수 있다. 당시 대대적인 관제 정비 과정에서 직제가 확정되었고, 새로운 직제에 따라서 관청간에 운영되었던 공문서 체제가 확립되었던 것이다. 당시 확립되었던 공문서 체제는 명나라의 『홍무예제』에 규정된 문서 행정 체제를 거의 그대로 답습하는 수준이었다.

명나라 『홍무예제』의 영향을 받은 조선초기의 문서 행정 시스템이 소위 "조선적朝鮮的" 시스템으로 정착되는 과정은 크게 두 가지 측면에서 이해될 수 있다. 하나는 조선과 명나라의 외교 문서 수수 과정에서 나타나는 국제 질서 양상이고, 다른 하나는 조선 조정에서 왕권과 신권을 사이에 두고 벌이는 서경署經의 범위에 관한 것이다.

조선이 명나라의 문서 행정 체제를 수용한 것은 중국 중심의 질서 체계에 편입되었음을 의미한다. 전통적 개념의 외교 행위는 결과적으로 공문서를 상대 국가에 전달하는 과정이라고 정의할 수 있는데, 이때 양국의 문서 수수 행위는 두 체제를 아우르는 하나의 규정에 의해 통제되는지, 아니면 별개의 체제로 유지되는지에 따라서 중요한 국제 질서 관계를 밝힐 수 있다. 여기에서 명나라와 조선은 『홍무예제』라는 하나의 체제로 공문서 시스템을 운영하였는데, 이는 중국 중심의 국제 질서에 조선이 편입되었음을 뜻하는 것이고, 더 구체적으로 이야기한다면 명나라에 대해 조선은 2품 아문衙門 정도의 예우를 받는 수준의 국제 질서 체제를 유지하였던 것이다.

여하튼, 조선은 대중국 관계를 고려하면서 조선 자체적으로 더 효율적인 문서 행정 시스템을 구현하기 위해 부단히 노력하였다. 당시 『홍무예제』 체제의 문서 행정 시스템을 운용하였던 명나라와 조선의 문서 행정 시스템은 거의 비슷하면서도 조선이 조금 더 간소화되고 효율적인 체제로 변화하고 있었던 것이 그 증거라고 할 수 있다.

조선초기에는 인사 문서의 발급과 관련된 내용이 매우 중요하게 여겨졌다. 이유는 왕권과 신권의 대립 구도 때문이었는데, 그 핵심 내용은 인사에 있어서 신하들의 서경권을 어느 선까지 허용하느냐의 문제였다. 국왕은 가급적 모든 인사 발령을 국왕 개인의 독단적인 일로 처리되기를 바랐던 것이고, 신하들은 서경권을 확보함으로써 국왕의 독단적인 인사 행정을 견제하고자 하였던 것이다. 이 과정에서 인사 문서는 서경을 거친 문서와 거치지 않은 문서가 달랐는데, 서경을 거친 문서는 인사 발령과 관련 있는 이조吏曹나 병조兵曹, 그리고 서경과 관련 있는 대간臺諫의 결재 행위가 문서에 그대로 남아 있는 것이 특징적이다. 반면 서경을 거치지 않은 문서는 국왕의 일방적인 하교下敎로 인사가 이루어지기 때문에 아무런 결재 행위가 문서에 남아있지 않다.

이러한 문제를 일신하며 중앙 집권의 국왕 중심 문서 행정 체제를 구현한 것은 세조世祖였다. 세조 때 조선의 문서 행정 시스템은 국왕을 정점에 두고 실무 관청인 육조六曹 중심으로 재편되었으며, 곧이어『경국대전』체제가 확립되면서 조선의 효율적인 문서 행정 시스템은 정착하게 된다.

4. 관·첩정 중심 체제 -『경국대전』이후의 문서 행정

조선초기『홍무예제』중심의 문서 행정 체제가 조선화朝鮮化 되어 궁극적으로 가장 조선적인 문서 행정 체제를 구현한 것은『경국대전經國大典』체제부터이다.

세조 때 국왕 중심의 중앙 집권화를 이룩한 조선은 그 내용을『경국대전』을 통해 영구히 확정 시키고자 하였고, 그러한 노력의 결과로『경국대전』체제의 문서 행정 시스템은 최소한 갑오경장甲午更張 때까지 거의 변함없이 유지되었다고 할 수 있다.

그렇다면 100여년의 산고 끝에 완성된 조선화된 문서 행정 시스템은 어떤 특징을 가지고 있었을까. 명나라의 문서 행정 제도와 비교한 조선적 문서 행정 제도의 특징은, 첫 번째 문서 행이行移 체제가 간소해졌고, 두 번째 공문서의 종류가 간소화 되어서 업무 효율을 극대화시키고 있다는 것이다.

『경국대전』의 규정에 의하면, 조선시대 공문서는 두 종류의 핵심 문서로 그 특징을 압축할 수 있다. 하나는 관關이고, 다른 하나는 첩정牒呈이다. 관은 동급 관청에서 서로 주고받거나 또는 상급 관청에서 하급 관청에 하달하는 공문서이다. 반면에 첩정은 하급 관청에서 상급 관청에 보고하는 문서이다.

명나라에서는 3품 아문을 기준으로 더 세분화된 문서 행정 시스템을 유지하고 있었다. 문서 행정의 발전 과정을 행정 조직의 효율적 운영이라는 측면에서 전제한다면, 이에 수반되는 문서 행정 체제는 가급적 간소화되면서도 형식적인 요소들을 제외한 효율화된 시스템을 구현해야 할 것이다. 이러한 면에 있어서 조선시대 『경국대전』의 문서 행정 체제는 동시대 어느 나라의 행정 체계보다도 원칙적이었고 효율적이었다.

현전하는 공문서 중에서 경아문京衙門의 문서 행정 체계를 온전히 파악할 수 있는 유일한 자료는 증시贈諡와 관련된 행정 문서이고, 서울과 지방의 문서 행정 체계를 함께 아우를 수 있는 자료는 해유解由와 관련된 일련의 행정 문서이다.

이들 두 종류의 공문서를 한건한건 분석하면, 결과적으로 『경국대전』에 규정되어 있던 공문서 체계가 실제 행정 관료 조직의 운용에 그대로 반영되고 있음을 확인 할 수 있고, 우리가 생각할 수 있는 것보다 훨씬 더 효율적이면서 효과적으로 행정 조직을 운영하였음을 알 수 있다.

5. 문서 행정과 서명

공문서 작성의 마지막 절차는 담당 관청 최고 결정권자의 결재 행위이다. 전통시대 결재 행위는 모두 서명署名으로 하였는데, 서명의 실제 운영 방식은 지금과 달랐다.

당시 서명은 착명著名과 착압著押의 두 종류로 구분되었다. 착명은 본인의 이름 글자를 변형하여 만든 서명이고, 착압은 삶의 좌우명 같은 글자를 변형하여 만든 서명이다. 그래서 착명의 경우는 자세히 보면 누구의 서명인지 어느 정도 윤곽을 잡을 수 있는 반면에, 착압의 경우는 자세히 보더라도 익숙하지 않다면 누구의 서명인지 전혀 알 수 없다.

이렇게 서명을 두 종류로 분화해서 사용한 것은 문서의 종류에 따라 달리 사용하기 위함이다. 문서에 결재하면서 착명만 하는 경우는 이 문서를 받는 상대에 대한 존칭의 의미를 가지고 있다. 그래서 낮은 지위의 사람이 높은 지위의 사람에게 문서를 올릴 때, 하급 관청에서 상급 관청으로 문서를 상신 할 때는 착명만 하는 것이 상례였다. 반면 상급자가 하급자에게 문서를 내릴 때, 상급 관청에서 하급 관청으로 문서를 하달할 때는 착압만 하는 것이 상례였다.

공문서의 결재 행위에 대한 내용은 법전에 규정되어 있었는데, 『홍무예제』에는 「서압체식署押體式」의 제목으로, 『경국대전』 이하 조선의 법전류에서는 문서식의 주요 부분으로써 착명과 착압의 관계와 사용 방식이 규정되었다.

6. 예禮의 패턴 - 고문서학에 있어서 예禮의 문제

지금까지 시대별 문서 행정의 특징적인 운영방식과 공문서의 서명 방법 등에 대해서 살펴보았다. 이 외에도 공문서의 투식套式이나 지질紙質·관인官印 등도 충분히 논증될 필요가 있는 내용이다.

이러한 다양한 공문서의 형식적이고 내용적인 특징들은 결국 어떤 하나의 원칙으로 운용되고 있었는데, 우리는 그것을 분명하게 짚고 넘어갈 필요가 있다. 막연하게 오늘날 문서 행정과 비교해서 과거의 문서 행정은 비효율적이었고, 전근대적이었다고 선험적으로 규정해버리는 것은 비교 잣대를 고려하지 않은 편협한 발상이라고 하지 않을 수 없다.

전통시대 문서 행정의 특징을 모두 아우를 수 있는 전제 조건, 전통시대 문서 행정을 오늘날의 시각이 아닌 당시의 시각으로 이해할 수 있는 원칙을 상정할 수 있는데, 그 원칙은 바로 "예禮의 패턴pattern"인 것이다.

예는 상하의 위계질서를 규정하는 대명제이다. 전통시대의 모든 시스템적인 문제는 예에 의해서 겉으로 드러나는 형식적 절차가 규정되었고, 문서 행정 시스템도 여기에서 자유로울 수 없었다. 그래서 예의 패턴에 따라 공문서는 발급 주체와 수령 주체의 위계 관계에 따라서 행이 방식과 문서 종류를 달리하였던 것이다. 이러한 원칙은 결과적으로 전통시대의 사회 질서를 안정적으로 유지시킬 수 있었던 동력이었다고 규정 할 수 있다.

『홍무예제』와 『경국대전』의 규정은 모두 안정적인 사회 질서 유지를 위한 최소한의 성문화된 규정이었고, 그 규정안에서 우리는 문서 행정 시스템의 발전적 변화 양상을 발견할 수 있는 것이다. 그 바운더리 안에서 살펴볼 때 『경국대전』의 문서 행정 시스템은 더 이상 간소화될 수 없는 행정 효율의 극단에서 만들어진 전통적 의미에서 가장 이상적인 문서 행정 시스템이었던 것이다.

도판목록

[도-1] 박씨유서 부분 ... 49쪽
[도-2] 만력 연간 결송입안 전사본(부분) ... 52쪽
[도-3.1] 이자수 사첩 ... 56쪽
[도-3.2] 383년(우왕 9) 류종혜 사첩 ... 57쪽
[도-4] 허기가 생원 백패 ... 61쪽
[도-5] 『대원성정국조전장』에 보이는 원대 공문서 행이 체제 ... 68쪽
[도-6] 조선 초기 조선에서 인출된 『홍무예제』 ... 74쪽
[도-7] 『홍무예제』 주계본격식 ... 80쪽
[도-8] 『홍무예제』 차부식 ... 82쪽
[도-9] 『홍무예제』 고첩식 ... 84쪽
[도-10] 『홍무예제』 하첩식 ... 87쪽
[도-11] 『홍무예제』 첩정식 ... 89쪽
[도-12] 『홍무예제』 평관식 ... 90쪽
[도-13] 1456년(세조 2) 배임을 수의교위에 임명하는 고첩 ... 98쪽
[도-14] 1457년(세조 3) 배임을 진용교위에 임명하는 첩 ... 100쪽
[도-15] 1468년(세조 14) 정옥견에게 발급된 오품이하고신 ... 102쪽
[도-16] 1471년 정옥견에게 발급된 오품이하고신 ... 106쪽
[도-17] 1425년(세종 7) 배 아무개를 전농판관에 임명하는 차정관 ... 109쪽

[도-18] 1452년(문종 2) 배임을 충무시위사 좌령 사번 별시위에 임명하는 차정첩 110쪽

[도-19] 1466년(세조 12) 아무개를 의흥위 일번 우부 갑사에 임명하는 차정첩 112쪽

[도-20] 정경세의 시장에 대한 예조의 조흘 135쪽
[도-21] 예조로 상달하는 봉상시의 첩정 137쪽
[도-22] 예조에서 이조에 보내는 평관 139쪽
[도-23] 이조에서 의정부에 올리는 첩정 142쪽
[도-24] 의정부에서 국왕에게 올리는 계목 143쪽
[도-25.1] 사간원의 시호 서경 문서 145쪽
[도-25.2] 사헌부의 시호 서경 문서 145쪽
[도-26] 1872년(고종 9) 곤양군수가 관찰사에게 올린 해유 첩정 154쪽
[도-27] 곤양군수의 해유 첩정을 받은 경상도 관찰사가 호조에 보낸 평관 156쪽
[도-28] 경상도 관찰사의 평관을 받은 호조에서 이조에 보낸 평관 158쪽
[도-29] 이조에서 조흘 후 본원에게 돌려주는 내용이 기록된 문서 165쪽
[도-30] 홍문관에서 호조 낭청에 보내는 경아문의 해유문서 166쪽
[도-31] 호조에서 이조에 보내는 경아문의 해유문서 168쪽
[도-32] 1894년 해유첩정에 있는 군수의 착명·착압 170쪽
[도-33] 1885년에 작성된 첩정의 착명·착압 170쪽
[도-34] 송시열의 착압 182쪽
[도-35] 송시열의 착명 182쪽
[도-36] 1403년에 작성된 고첩 188쪽
[도-37] 『홍무예제』 고첩식 189쪽
[도-38] 1423년에 작성된 하첩 190쪽
[도-39] 『홍무예제』 하첩식 191쪽
[도-40] 1413년에 작성된 평관 194쪽
[도-41] 『홍무예제』의 평관식 195쪽
[도-42] 『홍무예제』 평관식 199쪽
[도-43] 『경국대전』 평관식 199쪽

[도-44] 『홍무예제』 첩정식 201쪽
[도-45] 『경국대전』 첩정식 201쪽
[도-46] 1489년 봉화현감이 관찰사에게 올린 첩정과
         봉화현감 홍 아무개의 착명·착압 203쪽
[도-47] 송시열이 이조 판서로 있으면서 발급한 오품이하고신 204쪽
[도-48] 송시열의 착명 사례 204쪽
[도-49] 『경국대전』 문무관 오품이하고신식 205쪽
[도-50] 송시열이 그의 외손인 권이진에게 보낸 간찰 206쪽
[도-51] 인조가 장현광에게 내린 유지 207쪽
[도-52] 『경국대전』 입안식 209쪽
[도-53] 1662년(현종 3) 예조에서 발급한 계후입안 210쪽
[도-54] 『전률통보』 과거비봉식 215쪽
[도-54] 『전률통보』 차첩식 217쪽

표목록

[표- 1] 『고려사』「공첩상통식」 경관직에 규정된 서명 방식 — 41쪽
[표- 2] 『고려사』「공첩상통식」 외관직에 규정된 서명 방식 — 46쪽
[표- 3] 고려시대 왕지 전사 문서 — 60쪽
[표- 4] 『고려사』「공첩상통식」 충렬왕 5년(1279) 기사의 행이 내용 — 42쪽
[표- 5] 『대원성정국조전장』의 행이 체제 — 69쪽
[표- 6] 『증정이문집람』의 조회와 차부 예시 — 83쪽
[표- 7] 『증정이문집람』의 고첩 예시 — 85쪽
[표- 8] 현전하는 조선 초기 고첩의 발급·수령 품계 — 85쪽
[표- 9] 『증정이문집람』의 하첩 예시 — 88쪽
[표-10] [도-13]~[도-15]의 석문 — 97쪽
[표-11] 조선 초기 인사 문서의 비교 사례 정리 — 103쪽
[표-12] 비교와 수제 변화 — 104쪽
[표-13] 차정첩과 차정관 — 108쪽
[표-14] 『홍무예제』 상달문서 행이 체식 — 120쪽
[표-15] 『홍무예제』 평달문서 행이 체식 — 121쪽
[표-16] 『홍무예제』 하달문서 행이 체식 — 122쪽
[표-17] 『경국대전』에 규정된 문서 행정 — 129쪽
[표-18] 현전하는 증시문서의 행이 과정 — 133쪽
[표-19] 해유문서의 발급 관청과 수령관청 — 160~162쪽

[표-20] 『홍무예제』와 『경국대전』 체제의 공문서 비교 ············ 173쪽
[표-21] 인사 관련 공문서 정착 과정 ············ 175쪽
[표-22] 『홍무예제』와 『경국대전』의 공문서 비교 ············ 198쪽
[표-23] 『경국대전』『대전회통』『전률통보』의 공문서식 비교 ············ 216쪽
[예-24] 『경국대전』『전률통보』의 착명·착압 용례 비교 ············ 218쪽

참고문헌

1차 자료

『經國大典』

『經國大典註解』

『高麗史』

『南溪先生禮說』

『南溪集』

『大明律直解』

『大元聖政國朝典章』

『大典通編』

『明史』

『續大典』

『禮疑類輯』

『五洲衍文長箋散稿』

『六典條例』

『銀臺條例』

『林下筆記』

『典律通補』

『朝鮮王朝實錄』

『增補文獻備考』

『增定吏文輯覽』

『度支志』

『洪武禮制』

자료집

『古文書』, 서울大奎章閣韓國學硏究院.

『古文書集成』, 韓國學中央硏究院.

『김병구 소장 유물 특별전』, 청주고인쇄박물관, 2000.

『雪村家蒐集古文書集』, 國民大博物館, 1996.

『嶺南古文書集成』, 嶺南大 民族文化硏究所, 1992.

『朝鮮前期古文書集成-15世紀篇』, 國史編纂委員會, 1997.

『韓國古代中世古文書硏究』, 서울대학교출판부, 2000.

『韓末近代法令資料集』, 國會圖書館, 1970.

단행본

南權熙, 『高麗時代 記錄文化 硏究』, 淸州古印刷博物館, 2002.

朴秉濠, 『近世의 法과 法思想』, 도서출판진원, 1996.

朴秉濠, 『韓國法制史』, 韓國放送通信大學出版部, 1986.

朴秉濠, 『韓國法制史攷』, 法文社, 1974.

朴秉濠, 『韓國의 傳統社會와 法』, 서울大學校出版部, 1985.

朴龍雲, 『高麗時代 臺諫制度 硏究』, 一志社, 1993.

崔承熙, 『韓國古文書硏究』, 지식산업사, 1999.

仁井田陞, 『唐令拾遺』, 東京大學出版會, 1933.

中村裕一, 『唐代公文書硏究』, 汲古書店, 1996.

논문

金鶴洙, 「고문서를 통해 본 조선시대의 贈諡 행정」, 『古文書研究』 23, 2003.

金海榮, 「朝鮮初期 國家 祭禮儀의 정비와 『洪武禮制』」, 『淸溪史學』 9, 1992.

김경록, 「明代 公文制度와 行移體制」, 『明淸史研究』 26, 2006.

김경록, 「조선초기 『吏文』의 편찬과 對明 외교 문서의 성격」, 『이화 사학 연구』 34, 2007.

박성종, 「朝鮮初期 吏讀 資料와 그 國語學的 研究」, 서울대박사학위논문, 1996.

박재우, 「15세기 인사문서의 양식 변화와 성격」, 『역사와현실』 59, 2006.

박재우, 「高麗時期의 告身과 官吏任用體系」, 『韓國古代中世古文書研究』 下, 서울대학교출판부, 2000.

박준호, 「『經國大典』 체제의 문서 행정 연구」, 『古文書研究』 28, 2006.

박준호, 「手決花押의 개념에 대한 연구 - 禮式으로서의 署名과 着押」, 『古文書研究』 20, 2002.

박준호, 「위조僞造·모록冒錄 호적戶籍의 사례」, 『고문서-호적류』, 국립중앙박물관, 2005.

박준호, 「조선시대 着名, 署押 양식 연구」, 『古文書研究』 24, 한국고문서학회, 2004.

박준호, 「『洪武禮制』와 朝鮮初期 公文書 制度」, 『古文書研究』 22, 2003.

이종일, 「光州 陽川許氏家의 古文書 研究」, 『향토문화』 18, 1998.

韓忠熙, 「朝鮮初期 六曹研究」, 高麗大博士論文, 1992.

矢木毅, 「高麗時代の銓選と告身」, 『東洋史研究』 59卷 2號, 平成12年(2000).

찾아보기

ㄱ

갑오경장 14, 107, 171, 210
결송입안決訟立案 50, 52
『경국대전經國大典』 12, 18, 20, 22, 24, 26, 28, 34, 35, 51, 53, 55, 70, 71, 79, 81, 86, 88, 91~96, 105~107, 114, 116, 121, 123~125, 127~129, 132, 133, 136, 141, 144, 146, 164, 171~175, 177, 182, 184, 192, 193, 196~202, 205, 207, 209, 210, 212~218
『경제육전經濟六典』 73, 77, 119
계목啓目 78, 79, 81, 119, 121, 127, 130, 131, 141, 143, 144, 182, 184, 187, 216
계문啓聞 80
계본啓本 75, 76, 78, 79~81, 119, 121, 127, 182, 187, 215, 216, 218

계후繼後 209
『고려사高麗史』 34, 39, 41, 46, 58, 59, 65~67, 94, 114, 228, 239
고신告身 18, 20, 22, 54, 55, 93, 94, 95, 97, 99, 102, 104~107, 115, 172, 174, 175, 202, 204~208, 216
고첩故牒 12, 55, 66~69, 77, 81, 83~88, 91, 93~99, 118, 119, 123, 174, 175, 177, 187~189, 191~193, 198, 205~207
공식령公式令 잔권殘卷 86
공첩상통식公牒相通式 34, 39, 41, 42, 45, 46, 48, 51, 67
과거비봉식科擧秘封式 214, 215, 216
관關 12, 14, 24, 35, 65, 77, 86, 89, 91, 99, 107, 115, 127, 129, 172, 175, 221, 222
관고官誥 63

관고법官誥法 174
관인官印 58, 105, 118, 189, 221
교명敎命 94
교지敎旨 62, 94~96, 99, 106, 175, 205
교첩敎牒 63, 93~96, 107
구위성명具位姓名 40, 41
구전교지口傳敎旨 107
구함성명具銜姓名 40, 41
구함착성명具銜着姓名 45, 48
구함착성명서具銜着姓名署 42, 48
근계謹啓 80
근신謹申 80
근첩謹牒 86
금고첩今故牒 66, 67, 77
김치광金致光 22
김천부金天富 61

ㄴ

『남계선생예설南溪先生禮說』 185
『남계집南溪集』 185
남권희 60, 63
녹패祿牌 216, 217

ㄷ

『대명률大明律』 75, 213
대언代言 80
『대원성정국조전장大元聖政國朝典章』

67, 69, 123
『대전통편大典通編』 131~134, 138,
 140, 141, 212
『대전회통大典會通』 212~214, 216
도첩식度牒式 213
독락당獨樂堂 50
돈황敦煌 86, 89

ㄹ

류성룡柳成龍 33
류종혜柳從惠 55

ㅁ

명命 70, 74, 75, 78, 85, 89, 91,
 117~119, 127, 129, 173, 176, 177,
 189, 192, 193, 198
문자상통식文字相通式 76, 119
문종文宗 103, 104, 108, 110
『문헌촬록文獻撮錄』 185
밀직사密直司 55, 57~60, 114

ㅂ

박병호朴秉濠 6, 51, 83, 185, 209, 212,
 213
박성원朴聖源 185
박세채朴世采 181
박씨 유서 48, 49, 50

찾아보기 247

배임襃衽 18, 98, 100, 104, 110
불성초압不姓草押 40, 189, 192, 193, 200, 209
불성착압不姓着押 134, 138, 167, 221
비교批敎 99, 103~105

ㅅ
사첩 12, 14, 16, 54~60, 62~64, 93, 94, 175
상고相考 95, 206
상서上書 79, 121
상언上言 79, 80, 121, 187
서경署經 54, 57, 60, 63, 92~95, 104, 116, 131, 205
서명署名 35, 39~42, 45~48, 51, 58, 93, 120~122, 133, 173, 175, 179, 181, 182, 187, 192, 209, 218, 221, 223, 225
선계善啓 80
선신善申 80
선조宣祖 33
성종成宗 55, 65, 105, 201
세조世祖 18, 20, 95~98, 100, 102~105, 107, 108, 112, 174, 175
세종世宗 16, 76, 80, 85, 96, 103, 108, 109, 132, 192
소식消息 79

『속대전續大典』 141, 149, 212
송라도찰방松羅道察訪 164
송시열宋時烈 182, 202, 204~207
시권試券 214
시장諡狀 130, 134, 136, 138
신申 66~68, 75, 76, 80, 81, 224
신문申聞 80
신장申狀 88, 117, 119, 176, 177
신정申呈 80

ㅇ
압押 182, 183, 185, 187, 188, 192, 200, 209, 218
『여지승람輿地勝覽』 62
『예의유집禮疑類輯』 185
『오주연문장전산고五洲衍文長箋散稿』 185
오품이하고신五品以下告身 18, 20, 22, 54, 55, 93, 94, 97, 102, 105, 106, 115, 172, 175, 202, 204~208, 216
왕지王旨 59, 60, 62~64, 75, 93~96, 106, 174, 175, 205
외교 문서 34, 78, 90, 91, 123, 173, 176, 177
원元 34, 55, 63, 65~67, 69, 77, 78, 119, 123, 129, 175
위격違格 20, 115, 170, 196

위조 58, 61, 62
유지有旨 33, 207, 208
윤증尹拯 181
『은대조례銀臺條例』 138, 140, 141
이두吏讀 55, 96, 97, 99
이문吏文 97, 176
이순李淳 51
이자수李子脩 55
이점李點 16, 190, 192
이정李禎 96
이준李浚 51
이징석李澄石 96
이춘수李春壽 51
인사 문서 18, 22, 54, 55, 58, 59, 60,
   62, 63, 64, 92, 93, 94, 95, 96, 97,
   99, 103, 105, 106, 107, 115, 172,
   174, 175, 176, 188, 194
인조仁祖 207, 208
임진왜란 33
『임하필기林下筆記』 186
입안立案 209

ㅈ

자咨 65, 77, 89, 90
자문咨文 176
자정咨呈 88, 117, 119, 123, 176, 177
장신狀申 78, 79, 121

장현광張顯光 207
『전률통보典律通補』 9, 134, 136, 150,
   151, 163, 171, 212~218
전리사典理司 58, 59
전부청典簿廳 88, 118
정옥견鄭玉堅 20, 102, 106
정전鄭悛 12, 14, 63, 86, 188, 189,
   193~195
정경세鄭經世 130
정장呈狀 77, 88, 117, 119, 123, 174,
   176, 177
조사첩朝謝牒 55, 93, 94
조회照會 77, 83, 84, 91, 118, 119, 123,
   173, 176, 177
조흘照訖 131~135, 138, 144, 148, 151,
   162~165
『증보문헌비고增補文獻備考』 134, 136,
   138, 140, 141, 185
증시贈諡 130~133, 138, 140, 141, 144,
   171
『증정이문집람增定吏文輯覽』 78, 83,
   85, 87~89, 189, 192
지신사知申事 80
지휘指揮 65, 66, 67, 119
직계直啓 79, 115, 127
진성陳省 95

찾아보기 249

ㅊ

차부箚付 65, 77, 81, 82~88, 91, 118, 119, 123, 174, 176, 177, 187, 198, 206

차임差任 95, 115

차정差定 95, 107~110, 112, 114~116

차첩差帖 96, 205, 215~217

착명着名 20, 39~42, 48~53, 77, 136~138, 141, 143, 165, 167, 169~171, 181~188, 192~197, 200~210, 218, 223, 225

착서着署 48, 49, 77

착성명着姓名 40~45, 141, 193, 202, 205, 218

착성着姓 43, 48

착성초압着姓草押 40~45

착성명서着姓名署 42, 43, 48, 138, 167, 202

착압着押 20, 40~42, 48, 50~53, 59, 82, 134~139, 141, 145, 165, 167, 169~171, 181~189, 191~197, 200, 202, 203, 207, 209~211, 218, 221, 223, 225

착초압着草押 40, 41, 43

첩정牒呈 24, 26, 35, 65~69, 77, 88, 89, 117, 119, 123, 125, 127, 129, 130, 133, 134, 136~142, 144, 150~153, 155, 157, 163~167, 169, 170, 172, 173, 177, 182~184, 187, 200~203, 216~218, 221~223

첩帖 87, 88, 127, 175

첩牒 18, 66, 86~88, 93~95, 100, 104, 107, 115, 175

첩상牒上 34, 39, 40, 41, 42, 45, 46, 48, 51, 67, 68, 69, 117, 119, 188, 228, 239

초사招辭 50, 51

초압草押 41, 52

최상중崔尙重 169

ㅌ

『탁지지度支志』 151, 152, 153

태조太祖 73, 94, 95

태종太宗 12, 14, 63, 79, 81, 85, 103, 104, 119, 123, 127, 189

토로번 88

ㅍ

평관平關 55, 63, 77, 89~91, 93~96, 117~119, 123, 130, 131, 138, 139, 144, 150~153, 157, 159, 163~165, 167, 169, 182, 184, 187, 192~196, 198~200, 206, 207, 216~218

평자平咨 90, 118, 119, 123, 177

평첩平牒 66~69, 118, 119

ㅎ

하첩下帖 16, 28, 55, 77, 81, 87, 88, 91, 93, 94, 96, 107, 114~116, 118, 129, 152, 163, 172, 173, 175, 176, 187, 189, 190~192, 198, 199, 205, 206, 215, 218

함唧 141

해유문서 134, 147, 149~153, 160, 163~169, 171, 217

해유이관解由移關 151, 217

해유장解由狀 149, 152

해유첩정解由牒呈 150, 151, 170, 217

『홍무예제洪武禮制』 12, 14, 16, 18, 20, 28, 34, 55, 70, 73~82, 84, 86~95, 117~123, 128, 172, 173, 175, 177, 187, 189, 191~93, 195~202, 209, 210, 212, 218

고문서연구총서 – 3
예禮의 패턴:
조선시대 문서 행정의 역사

2009년 8월 1일 1판 1쇄

지은이 : 박준호

펴낸이 : 柳炯植
펴낸곳 : (주)소와당 笑臥堂
신고번호 : 제313-2008-5호
주소 : (121-848) 서울시 마포구 성산동 274-2 비에스빌딩 5층
전화 : (070)7585-9639
팩스 : (02)3141-9639
전자우편 : sowadang@gmail.com

저작권자와 맺은 협약에 따라 인지를 생략합니다.

값은 뒤표지에 적혀 있습니다.
잘못 만든 책은 서점에서 바꾸어 드립니다.

ISBN 978-89-960638-1-0 93910